Raio Azul

Raio Azul

Pelo espírito Alexandre Villas
Psicografia de Fátima Arnolde

Raio Azul

pelo espírito Alexandre Villas
psicografia de Fátima Arnolde

1ª edição – outubro de 2014

Direção editorial: Celso Maiellari
Direção comercial: Ricardo Carrijo
Coordenação editorial: Sandra Regina Fernandes
Preparação: Alessandra Miranda de Sá
Revisão: Sandra Regina Fernandes
Projeto gráfico e arte da capa: Vivá Comunicare
Impressão e acabamento: Yangraf Gráfica

DADOS INTERNACIONAIS DE CATALOGAÇÃO NA PUBLICAÇÃO (CIP)
(CÂMARA BRASILEIRA DO LIVRO, SP, BRASIL)

Villas, Alexandre (Espírito).
Raio azul / pelo Espírito Alexandre Villas ;
psicografia de Fátima Arnolde.
-- 1. ed. -- São Paulo : Lúmen Editorial, 2014.

ISBN 978-85-7813-155-5

1. Espiritismo 2. Psicografia 3. Romance
espírita I. Arnolde, Fátima. II. Título.

14-09780 CDD-133.93

Índices para catálogo sistemático:
1. Romances espíritas psicografados : Espiritismo

Rua Javari, 668 - São Paulo – SP - CEP 03112-100
Tel./Fax (0xx11) 3207-1353

visite nosso site: www.lumeneditorial.com.br
fale com a Lúmen: atendimento@lumeneditorial.com.br
departamento de vendas: comercial@lumeneditorial.com.br
contato editorial: editorial@lumeneditorial.com.br
siga-nos nas redes sociais:
twitter: @lumeneditorial
facebook.com/lumen.editorial1

2014

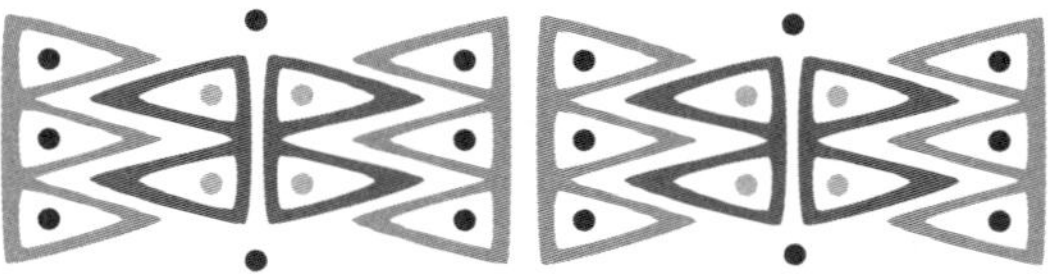

Sumário

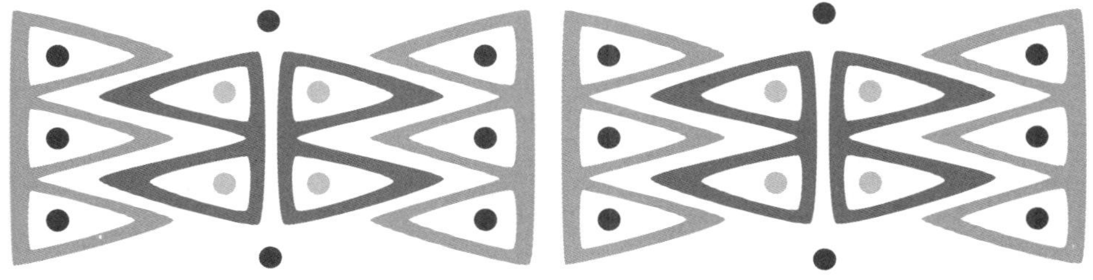

Introdução

O mundo das artes é fascinante, seja com as mãos ou com os pincéis. Mãos glorificam o místico mundo das tintas, passando a ser um só elo entre o artista e sua verdade inspiradora. A vida surge diante dos olhos fixos na tela, exaltando a alma sequiosa e registrando realidades; essas "realidades" são fonte de inspiração do artista, que através delas representa muitas vezes não um significado plausível de formas, mas sim suas ilusões fantasiosas, cujos traços riscados na tela só ele identifica.

Seja em peças, a trazer em suas formas a originalidade de momentos tão íntimos de seu escultor; seja nos detalhes esmerados de uma imagem abstrata ou nas curvas de um corpo perfeito, ou mesmo no contorno de um rosto, que para o artista é belo e resplandecente, a arte expõe uma beleza que nos excita. Contudo, nunca desvendaremos os segredos mais ocultos, onde a alma do artista não condiz com o que nossos olhos têm a capacidade limitada de captar.

O que diremos então de escritores, que podem deixar fluir suas fantasias, sendo cada linha escrita um espaço onde tudo é permitido? Escritores esses que podem se dar o direito de viajar em suas ilusões sem ter que explicar a veracidade de sentimentos explícitos, ou amarguras de seu "eu", e que, ao escreverem, deixam-se levar por aquele momento em que se bastam: eles, uma escrita e muitos papéis como companhia. A fascinante força do universo é sua aliada, trazendo inspirações arrebatadoras de uma história forte e marcante, conduzindo-os em inebriantes mundos onde os desejos tornam-se possibilidades.

Esta história que vou contar é a de um amante de várias artes, que busca em suas ilusões a verdade para fazê-lo completo. A arte em si, seja em telas, esculturas, bons livros, na letra de uma música, na dramatização e nos contornos de muitas formas de um bom retrato, são realidades inspiradoras de quem faz pulsar sentimentos incoerentes, mas repletos de magia e sonhos.

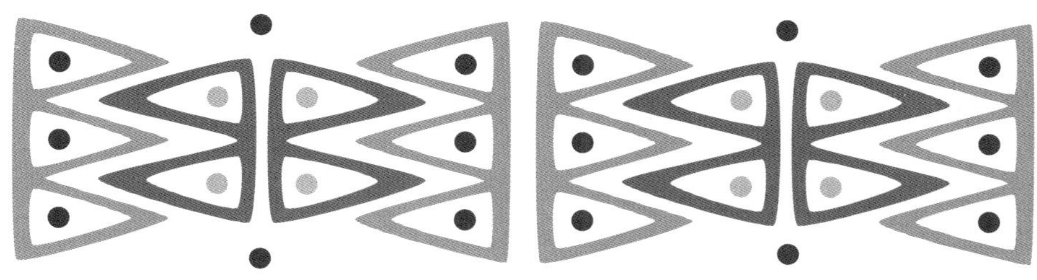

Capítulo 1

UMA VIAGEM MUITO ESPERADA

Raul Hernandez Martinez nasceu no Brasil. Quando ainda bebê, teve que fixar residência na Espanha, país de origem de seus pais, acompanhado também de seu irmão Ramon.

Raul viveu muito tempo na Espanha, aprendendo a se comunicar em espanhol e em português; estava adulto quando resolveu voltar. Embora não tivesse lembranças do país de origem, algo o impulsionava para lá. Passou a ter uma ideia fixa: queria rever a terra natal de qualquer maneira.

– Mas por que, meu filho? Faz tantos anos; você nem ao menos conhece o Brasil, para deixar tudo para trás assim e se aventurar em um lugar do qual sequer pode dizer que sente saudades.

– Eu preciso...

– Mas por quê? Tem que haver uma explicação!

– Por que tudo tem de ter explicações, mãe?

– Meu filho, sua família está toda aqui. Por que essa ideia fixa?

– Mas a senhora mesma disse que tem uma irmã lá, que posso conhecê-la. Quem sabe ela não pode me auxiliar nos primeiros dias? A senhora me contou que temos primos brasileiros.

– Mas sua família somos nós. Seu irmão vive aqui, seus pais também, já não basta para você?

– Por favor, mãe, prometo voltar logo.

– Tudo bem, Raul. Você já é homem feito; não posso impedi-lo de ir.

– Obrigado, mãe, sabia que ia atender a um pedido meu.

– Isso já não é mais um pedido... é uma teimosia sem propósito!

– Vou providenciar meus documentos.

– E sua loja, como vai ficar? Vai deixar a galeria nas mãos de quem? Há muito material de valor.

– Paloma cuidará de tudo. – Disse, mencionando sua assistente de anos.

– Ah... Quer dizer que já estava resolvido entre vocês?

– Não é questão de resolução; sempre dei indícios de que gostaria de conhecer meu país de origem. Assim como a senhora e o papai optaram em morar aqui na Espanha, que é o país de origem de vocês, eu também quero conhecer o meu. Estou dizendo só conhecer, nada mais que isso. Tenho vinte e cinco anos; até quando quer que eu fique sob sua proteção? Tenho necessidade de conhecer outros países, outras culturas, outros costumes.

– Tudo bem, não vou mais impedi-lo. Essa questão já está mais que saturada. Só quero que antes de providenciar seus documentos converse com seu pai. Não sei se ele vai aprovar essa história de você nos deixar.

– Tudo bem, falarei com ele agora mesmo. E, por favor, deixe de drama, mãe!

– Espere para falar com ele no jantar. Quanta pressa!

– Não dá para esperar mais.

Raul saiu apressado. Consuelo, sua mãe, ficou pensativa, e Maria, a empregada, consolou-a:

– Não fique assim, dona Consuelo. Quando se vir sozinho, ele voltará. Sabe muito bem que Raul gosta de agito e não fica sem companhia, sem amigos.

– Espero que esteja certa. No fundo, sabia que Raul um dia iria cobrar isso. Desde muito pequeno ele já dizia que era brasileiro.

– Ramon também é, e nem por isso tem esse desejo incontrolável de voltar ao Brasil.

– Como diz o dito popular, os dedos das mãos se completam, mas são diferentes. Os filhos também; apesar de serem gerados no mesmo ventre e criados da mesma forma, nunca serão iguais.

– Então vamos esquecer este assunto; deixe que ele siga seu caminho.

– Nossa, Maria, do jeito que fala até parece que Raul não voltará mais.

– Que bobagem... Claro que não vai acontecer nada de mau. Conforme--se; é apenas uma viagem como qualquer outra.

Raul, ansioso, logo chegou à empresa do pai. Miguel trabalhava no ramo de autopeças para caminhões e tratores. Ramon, filho mais velho, era o braço direito do pai. Tão logo chegou à empresa, cumprimentou a secretária na antessala:

– Bom dia, Luna, como está?

– Bem, e você?

– Também... Meu pai está?

– Não, precisou ir até a fábrica, mas seu irmão está.

– Tudo bem... Vou falar com ele.

Raul bateu à porta e entrou. Ramon ficou surpreso em vê-lo:

– Que bons ventos o trouxeram aqui?

– Vim falar com papai.

– Está impaciente; qual é a novidade?

– Vou para o Brasil...

– Ainda com essa ideia?

– Preciso ir, Ramon.

– Mas por quê? Pode se abrir comigo. O que está acontecendo com você?

– Nada...

– Como nada? Deve haver alguma razão.

– Não sei, Ramon, mas algo me impulsiona a conhecer minha terra.

Raul falava com tanta propriedade, que parecia nunca ter saído do Brasil.

– E vai ficar em que cidade?

– No Rio de Janeiro.

– Por que não em São Paulo? Mamãe tem parentes por lá.

– Porque quero conhecer a Cidade Maravilhosa. Como todo bom turista, quero conhecer o Rio de Janeiro. Puxa, deve ser o máximo!

Ramon sorria ao ver o entusiasmo do irmão. *Dizem que as muchachas más bonitas estão lá!*, pensou.

Raul e Ramon falaram de outros assuntos, até que Miguel chegou.

– Ora, ora... Quem é vivo sempre aparece.

Raul abraçou o pai, feliz.

– A que se deve tanta felicidade?

– Me sinto feliz mesmo. Vou para o Brasil.

– Vai para onde?

– Para o Brasil. Por favor, papai, não faz essa cara, até a mamãe concordou.

– Mas assim, sem mais nem menos?

– Como sem mais nem menos? O senhor sabe...

Miguel o cortou:

– Tá, tá... Não precisa repetir tudo outra vez. Há anos vejo você com os mesmos pensamentos. Acho que, se não for ao Brasil, não vai ter sossego na vida. Tem o meu consentimento.

Raul abraçou o pai com satisfação:

– Obrigado, pai.

– Mas tome muito cuidado. Você não conhece o país, nem as pessoas. Vai ser você e você, e nada mais.

– Tudo bem, tomarei todos os cuidados, não se preocupem.

– Por que não vai com seu irmão?

– Eu? – respondeu Ramon, atônito.

– Você sim, quem mais?

– Sei lá, pai, não estou preparado.

– Raul também não está, acredito eu, e vai mesmo assim.

Ramon olhou para o irmão, confuso.

– Ótima ideia. Ramon, vamos sim, será ainda mais divertido.

Ramon pensou por algum tempo e em seguida respondeu:

– Por que não? Como resistir a uma viagem ao Brasil, já que as mulheres mais bonitas estão lá?

Miguel ficou mais tranquilo por seu filho mais velho acompanhar o mais novo. Miguel confiava muito em Ramon; ele era um filho responsável.

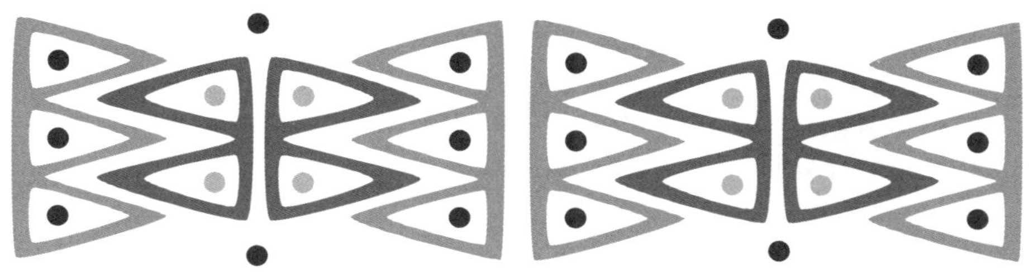

Capítulo 2

RAUL, RAMON E UM ENCONTRO INESPERADO

Raul foi tomar todas as providências necessárias para tirar o passaporte. Ramon já tinha os documentos em ordem, pois fazia muitas viagens com o pai a negócios.

De certo modo, Raul ficou ansioso à espera dos documentos. Mas enfim chegou o grande dia: Ramon e Raul embarcaram para o Brasil.

Consuelo ficou um pouco mais tranquila por Ramon acompanhar o irmão, mas mesmo assim não tinha como negar seus receios. Raul, por sua vez, sentia-se feliz. Não sabia direito o porquê, mas sua alma transbordava bem-estar.

Ramon era muito viajado. Tinha conhecido diversos países na companhia do pai, e algumas vezes também com a mãe. Mas, quando realmente pisou no solo da Cidade Maravilhosa, sentiu "aquela" alegria do irmão. De fato, tudo era *maravilhoso* ali.

– Sou obrigado a concordar com você: este lugar é mágico. Parece que os brasileiros são muito hospitaleiros.

Dentro do táxi, Raul olhava tudo com felicidade, esboçando um sorriso com o canto da boca. Logo chegaram ao hotel, pois Ramon, mais experiente, havia reservado hospedagem da Espanha.

Assim que o táxi estacionou, os funcionários do hotel vieram carregar as bagagens que haviam trazido, a maioria de Raul, que em seus pensamentos não voltaria tão logo para a Espanha.

Depois de instalados confortavelmente, Raul saiu à sacada para contemplar a beleza que seus olhos alcançavam em grande escala:

– Puxa vida, é como eu imaginava!

Ramon se aproximou, pousou o braço em torno do ombro do irmão e concluiu:

– Com toda sinceridade, conheci muitos lugares, mas esta cidade fascina a gente de alguma maneira. Acho que consigo entender você.

Raul não perdia um detalhe sequer; a visão privilegiada do hotel em que haviam se hospedado era algo de fazer babar.

– Vamos nos trocar e andar um pouco? – perguntou Raul, desejando ver de perto aquela beleza toda.

– Mas já? Acabamos de chegar.

– E o que nos impede? Estou ansioso; quero andar por aí.

– Tudo bem... vamos – respondeu Ramon, achando o irmão tão empolgado quanto uma criança.

Raul e Ramon colocaram uma roupa mais confortável e saíram.

Os dois irmãos, quando ganharam o calçadão da Avenida Atlântica, contemplaram com satisfação a natureza generosa daquele país. Raul, sem conseguir se conter – sua ansiedade era visível –, praticamente se arremessou sobre as areias e andou beirando o mar límpido, de um azul celestial, deixando fluir a alegria que sua alma sentia. Raul sentia-se pleno, sem culpa nenhuma – tudo era como ele imaginava; parecia nunca ter saído daquele lugar, que lhe inspirava uma intimidade adquirida de velhos tempos.

Ramon também ficou admirado por toda a beleza que os rodeava. Sua felicidade não era igual à do irmão, mas ficou embevecido pelo lugar e pelas pessoas que sorriam e os cumprimentavam com um leve aceno de cabeça quando passavam por eles. Depois de muito andar, Raul sentou-se em um banco:

– Gostei do Brasil.

– Como gostou, se conheceu apenas o Rio de Janeiro? O Brasil é extenso, tem muito para conhecer ainda! São Paulo, embora seja o coração financeiro do país, tem também sua beleza. Dizem que as noites em São Paulo são maravilhosas e muito agitadas.

– Já esteve em São Paulo, Ramon?

– Sim, mas era muito novo ainda; não me lembro de quase nada. Nunca comentei, mas algumas imagens ficaram guardadas em meu subconsciente: lembro-me de uma casa grande com muitas crianças correndo por todo lado.

– E com quem você foi a São Paulo?

– Você acredita que não me recordo direto?

– Mas não se lembra de mais alguém em sua companhia?

Ramon silenciou, tentando puxar na memória alguns *flashes* daquela viagem. Em seguida, respondeu:

– Não me lembro, mas acho que só estava com o papai.

– E o que mais você lembra?

Ramon tentou voltar ao passado. Depois de alguns instantes, concluiu:

– Não consigo me recordar de mais nada.

– Como é possível se lembrar de papai, das crianças, de São Paulo, e não se lembrar de mais nada?

Ramon ficou incomodado.

– Vamos mudar de assunto? Não vou lembrar mais nada mesmo.

Raul ficou muito interessado naquela história, especificamente naquela "viagem". Mas, vendo o semblante sério do irmão, não insistiu mais. Olhando fixamente para o mar, perguntou a Ramon:

– Já se pegou alguma vez recordando um lugar em que nunca esteve?

Ramon pensou por alguns instantes, depois respondeu:

– Nunca.

O silêncio se fez por um momento.

– Pois tudo isso aqui já me era familiar. Eu posso jurar a você que já estive aqui.

– Mas você nunca veio ao Brasil. Você nasceu aqui como eu, mas nunca convivemos tanto para dizer que tudo é familiar.

Raul, ainda olhando as ondas arrebentarem em um movimento agitado, respondeu:

– Pois é, irmão, mas ainda assim me sinto em casa.

Ramon olhou para o irmão com espanto, porém não respondeu nada. Limitou-se apenas a pousar a mão sobre o ombro de Raul.

– Estou morrendo de fome, você não? – perguntou Ramon, interrompendo os devaneios do irmão.

– Estou sim... Vamos?

Raul e Ramon foram para o hotel, tomaram banho e desceram para jantar. Quando já faziam a refeição com muito apetite, aproximou-se uma moça e indagou:

– Com licença, já não o conheço de algum lugar? – Ela se referia a Raul. Este limpou a boca com o guardanapo e lhe deu um sorriso.

– Acho que não – respondeu ele em espanhol.

A moça o olhou fixamente, parecendo tentar recordar.

– Não fala português? – perguntou ela no mesmo idioma de Raul.

– Me perdoe, falo português sim – respondeu ele. Gentilmente, Raul se levantou, cumprimentou-a e em seguida puxou uma cadeira para que ela sentasse. – Muito prazer. Eu me chamo Raul; este é meu irmão, Ramon. Chegamos da Espanha hoje de madrugada.

A moça sentou na cadeira indicada:

– Meu nome é Adriana.

Adriana ainda tentava recordar de onde conhecia Raul, e num repente deu um gritinho:

– Ah, já sei. Você é de Madri e tem uma galeria de obras de arte!

Raul esboçou um leve sorriso e comentou:

– Sim... Como sabe?

Adriana, empolgada e emocionada, pegou as mãos de Raul e, eufórica, continuou:

– Eu amo seus quadros. Fui à Espanha conhecer suas obras pessoalmente. É de lá que o conheço.

Raul ficou encantado com a simpatia da brasileira e feliz por ela conhecer seu trabalho. O assunto se estendeu por mais tempo:

– Se você é da cidade, por que está hospedada no hotel? – perguntou Ramon, desejando saber mais sobre a garota.

– Na verdade, não sou do Rio, sou de São Paulo. Estou hospedada aqui como vocês, justamente, ou coincidentemente, não sei. Vim tratar de negócios. Trabalho com exposições.

Raul sorriu, mais que admirado. Ficou realmente feliz pela coincidência.

– Puxa vida, que bom! Como é o seu trabalho? Também pinta, ou faz peças de esculturas?

– Não... Quem me dera; sou apenas organizadora. Mas às vezes me arrisco e tento rabiscar algumas coisas.

– Já é um bom sinal...

– Eu me formei em arte, mas acho que pintar, produzir esculturas, é dom. Não é simplesmente estudar e pronto.

– Acho que está enganada. Sou conhecedor de obras; nem sempre é apenas dom.

– Você também estudou arte?

Raul, humildemente, tentou se igualar à recente amiga:

– Bem... não, não estudei. Mas dei muitas aulas e hoje vários alunos meus expõem quadros.

– Está vendo só? Não é apenas estudar arte; é preciso ter um dom. Discordo de você. Criar uma obra é algo que vem da alma, e não dos ensinamentos de traços e cores.

Raul não a interrompeu, permitindo que os sentimentos da jovem sobre o maravilhoso mistério das artes fluíssem. Raul era simples, havia notado que a sensibilidade daquela moça era singular; realmente não era qualquer um que expunha suas opiniões com tanta propriedade. Percebeu que Adriana era a ponta do novelo que precisava para levar suas inspirações àquela cidade que o tinha deixado tão à vontade para firmar sua trajetória – para fazer aflorar um pouco de si em forma de arte.

Ramon também não interrompeu Adriana, deixando-se envolver por aquele assunto que fazia o irmão tão feliz.

– Estou falando muito, não é? Falem um pouco de vocês.

Ramon sorriu diante do jeito extrovertido da jovem.

– Falar um pouco de nós? Vamos ver... Somos brasileiros com descendência espanhola. Trabalho no ramo de autopeças com meu pai Miguel, e tenho uma mãe maravilhosa que neste momento deve estar muito preocupada por nós não termos dado notícias.

– Puxa, Ramon, é mesmo. Nem me lembrei de nossa mãe.

Adriana riu das palavras de Ramon. Achou o espanhol comunicativo e inteligente.

– Fale-me um pouco de você. – A moça se voltou para Raul.

– Não tenho grandes novidades a dizer... Bem, sou amante das artes, seja de qual tipo for. Trabalho com isso, amo pintar. Sem a pintura talvez não sobrevivesse. Aprecio também arte em fotos, me arrisco às vezes em algumas esculturas. E procuro realizar uma vernissage aqui no Brasil.

Ramon olhou o irmão, preocupado. Adriana, ao contrário, sentia-se encantada com os irmãos de descendência espanhola.

– Seria uma honra muito grande ser a organizadora de suas exposições.

– Raul está exagerando; é muito prematuro falar sobre instalar as obras dele aqui no Brasil. Acabamos de chegar; mal sabemos andar por esta cidade.

– Tem toda razão; ainda estão aqui como turistas. Não devemos falar sobre trabalho; afinal de contas, estão a passeio, não é?

– É isso mesmo; somos apenas turistas explorando a Cidade Maravilhosa.

– Quanto tempo pretendem ficar aqui no Rio?

– Ainda não sabemos, mas talvez uns dez, doze dias no máximo.

Adriana notou que Ramon é quem respondia pelo irmão. Talvez Raul não fosse tão maduro quanto aparentava. A jovem sentia-se lisonjeada por ter conhecido um dos seus artistas prediletos da época, e achou-o mais simples do que suas obras faziam acreditar.

Raul não imaginava que suas obras já fizessem sucesso em outros países. Quem sabe o Brasil não fosse uma porta para expandir seus conhecimentos, tal qual o artista busca incessantemente...

– Bem, acho que já vou indo. Preciso descansar; amanhã tenho um dia cheio pela frente. Não sei se devo convidá-los, mas, se puderem ou acharem que devem prestigiar a exposição que estou organizando, seria um grande prazer recebê-los.

– A que horas será a exposição? – perguntou Raul.

– A partir das oito da noite.

– Você nos deixa o endereço?

– Se quiserem, posso falar com minha superior. Se ela permitir, eu venho buscá-los. O que acham?

– Não se preocupe; nos veremos na exposição.

– Tem certeza?

– Temos, fica sossegada – decidiu Raul, observando o olhar reprovador de Ramon.

– Tudo bem. Se preferem assim...

Adriana deu seu cartão com endereço e telefone, e foi embora.

– Por que acha que eu perderia essa exposição?

– Não falei que era para perder; apenas é de bom-tom que nos preservemos. Não conhecemos essa moça. Quem nos garante que não é uma impostora que o reconheceu?

– Como consegue desconfiar assim de todo mundo?

– Não desconfio; apenas sou precavido. E depois, se há realmente essa tal de exposição, podemos muito bem ir de táxi. Afinal, estamos aqui para conhecer tudo, não estamos?

– Eu sei muito bem como você é, Ramon.

– Se já sabe, não deveria nem questionar. Se quiser firmar suas obras aqui, é muito bom conhecer onde está pisando.

– Não pensei tão alto assim.

– Ah, não? Tem certeza?

Raul não segurou seu cinismo e riu escancaradamente.

– Eu o conheço ou não, hein? – perguntou Ramon em tom de brincadeira, deixando claro que conhecia o irmão totalmente.

– Quem sabe?

Ramon deu um tapa de leve na cabeça de Raul e saiu andando em direção ao elevador, com Raul atrás de si.

Ramon organizou suas roupas e a do irmão no armário, telefonou para a mãe, tranquilizando-a, e deitou-se para ver TV. Logo pegou no sono.

Raul, ainda muito excitado, pegou sua prancheta e um grafite específico, e começou a esboçar alguns traços da orla de Copacabana, sentado sobre reconfortante poltrona na sacada do hotel. Depois de poucas horas estava pronto. Ainda sem sono, deixou a imaginação fluir e, com as mãos, percorrer o imenso papel branco. Sem ter consciência de tempo ou espaço, mergulhou naquela viagem inspiradora, seguindo seu curso. Ao término, Raul colocou o desenho sobre a mesa que havia na sacada, fitando aquele esboço por longos minutos. Suas indagações eram incessantes sobre aquele rosto tão familiar e ao mesmo tempo carregado de mistérios. Raul contornou o delicado rosto do desenho com o dedo.

Era indescritível a sensação que sentia percorrer seu cérebro quando, do outro lado, como um humilde apreciador de belas obras entre tantos espalhados pelo planeta, buscava de onde vinha aquela imagem, de onde vinha o mesmo rosto, sempre. Cada vez que Raul terminava a pintura e caía em si, não sabia responder por que, inconscientemente, buscava aquele rosto de expressões ao mesmo tempo delicadas e marcantes.

– Quem é você? Por que não consigo dissipar da minha mente sua imagem? Por que insiste em me acompanhar?

Com um movimento brusco, Raul levantou-se e foi para o quarto, deixando sobre a mesa o esboço do rosto solitário, como se punisse a mulher do desenho por jamais lhe responder às indagações persistentes. Deixando-se cair sobre a cama, adormeceu profundamente.

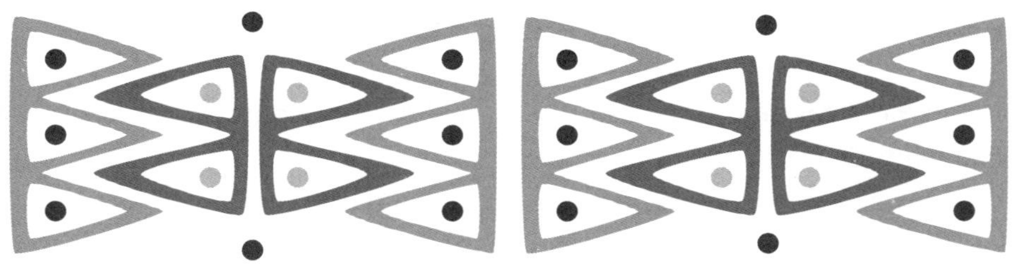

Capítulo 3

UM ESBOÇO MISTERIOSO

Na manhã seguinte, Ramon se levantou, tomou banho e tentou acordar o irmão, mas foi impossível. Ao olhar os esboços espalhados pela sacada, já sabia que ele tinha mergulhado em suas inspirações, colocando sobre o papel suas belíssimas pinturas madrugada adentro. Sendo assim, deixou-o descansar por mais tempo.

Enquanto isso, desceu para tomar seu café, deixando o quarto em silêncio para que o artista da família descansasse em paz.

Assim que Ramon se serviu e se sentou, viu Adriana entrar na sala de refeições.

– Bom dia, Ramon!

Ramon gentilmente se levantou para cumprimentá-la:

– Bom dia. Descansou bem?

– Muitíssimo bem.

Ramon puxou uma cadeira para que Adriana se acomodasse. A jovem aceitou de pronto o convite.

– E Raul, por que não está aqui tomando café?

– Raul ainda está dormindo. Quer dizer, Raul não dormiu. Sua inspiração o conduziu noite adentro.

Adriana sorriu, entusiasmada.

– Como é fascinante a vida de um artista. Não importa onde estejam suas inspirações, sempre o acompanham.

– Vejo que gosta realmente desse mundo das artes.

– Mais que isso: é meu universo. Sabe, depois que comecei a conviver com a arte, com expositores, sinto que necessito mais e mais saber, buscar. Tenho absoluta certeza de que os trabalhos de seu irmão dariam muito certo aqui.

– Por favor, não diga uma coisa dessas perto dele.

– Mas por quê? Seu irmão tem talento, e seria uma excelente oportunidade de trazer para o Brasil sua cultura. Este país necessita de boas obras para incentivar os jovens no mundo da arte.

– É, a arte é interessante. Meu irmão, por exemplo, definitivamente nasceu para fazer isso. Não o vejo exercendo outro seguimento.

– Como eu gostaria de ver o que ele pintou esta noite.

– É um pedido?

– Quem sabe? Se não me achar intrometida.

Ramon pousou sua mão sobre a da moça e, com suavidade, respondeu:

– Gostaria muito, de verdade, de deixá-la ver suas mais recentes obras, mas não posso sem a permissão dele. Afinal, é ele o artista. Não seria delicado deixá-la ver qualquer coisa sem antes consultá-lo..

Adriana, decepcionada, respondeu:

– Puxa, sua sinceridade é notável!

– Melhor assim, não acha?

– Tudo bem. Você está certo. Posso lhe fazer outro pedido, então?

– Sem problemas. Se puder atendê-la.

Antes de Adriana pronunciar seu pedido, a jovem acrescentou com veemência:

– Você poderia ser o empresário dele, pois o defende como ninguém.

Ramon sorriu, passou o guardanapo com calma nos lábios e respondeu com astúcia:

– Poderia. Contudo, não acho viável; sou muito exigente.

Ramon sorriu e procurou ser mais cavalheiro com a moça, pois ela já estava se sentindo constrangida:

– Perdoe-me, estou apenas provocando. Como todos os *marchand*, deve sempre procurar novidades mesmo.

– Ainda bem que está apenas brincando; eu já estava te achando um chato, sabia?

– Estou apenas valorizando o trabalho do meu irmão.

– Enganei-me quando disse que poderia ser empresário de seu irmão; acho que daria mais para advogado... Você o defende como ninguém.

Ramon riu sonoramente:

– Relaxe, não estou aqui a trabalho, estou a passeio. Por favor, diga qual é seu pedido.

– Gostaria tanto que fossem à exposição para a qual os convidei. Tenho certeza de que seu irmão faria o maior sucesso.

– Quanto eu levo nisso?!

– Não está falando sério, está? – perguntou Adriana, assustada.

– Claro que não. Vamos fazer o seguinte: assim que Raul acordar, conversamos. O que ele resolver, pra mim está ótimo...

– Sei que você é chato, abusado, cínico, brincalhão, mas convença-o, por favor, vai, não custa...

– Se pagar bem, que mal tem?

– Nossa, você nunca fala sério?

Ramon pousou um beijo no rosto de Adriana e se levantou.

– Fique tranquila, estaremos lá. Agora preciso dar uma corridinha. Faz bem para o corpo e a mente. Vou admirar a beleza das *muchachas*...

Ramon saiu, e Adriana ficou pensando: "Que cara louco! De onde saiu esse ser?".

Ramon era desconfiado e não se abria facilmente. Estava sempre observando as pessoas e, enquanto não se sentia seguro, era monossilábico nas respostas. Ramon era uma pessoa, digamos, introspectiva.

Ele voltou ao hotel totalmente suado. Assim que adentrou o quarto, reparou que Raul já havia acordado e guardado suas pinturas e esboços.

– Pensei que fosse dormir mais um pouco.

– Não, dormir é morrer para a vida, e eu ainda quero ganhar o mundo.

– Cadê suas pinturas?

– Eu as guardei.

Ramon se dirigiu ao banheiro para tomar uma ducha, e de lá continuou a conversar com o irmão:

– De quem é o rosto que desenhou, o que estava sobre a mesa na sacada?

– É um rosto qualquer.

– Não me pareceu.

Raul ficou intrigado com a observação do irmão, ainda mais vindo de Ramon, que era realista e cético em relação às intuições astrais e não cultivava sentimento nenhum em relação às suas obras. Curioso, aproximou-se de Ramon.

– O que quis dizer com não me pareceu?

– Sei lá, não entendo nem tenho sua sensibilidade, mas me pareceu que aquela imagem tem vida.

– Como assim?

Ramon, saindo do banheiro, parou diante do irmão e respondeu:

– Parece com alguém que conheci. Parecia que ela olhava dentro dos meus olhos, querendo dizer algo.

Os olhos de Raul ficaram marejados.

– Quem é essa pessoa? – insistiu Ramon.

– Não sei.

– Está emotivo, cara?

Raul, desviando os olhos úmidos, desconversou:

– Quem, eu? Está louco?

– Cadê o rosto que desenhou?

– Eu o guardei – Raul respondeu brevemente.

– Devia expor na galeria. Gostei muito, me pareceu tão real!

Raul cortou o assunto:

– Vou dar uma caminhada.

– Depois entre no mar. A água está uma beleza!

Raul saiu, e Ramon, pensativo, foi até a sacada. Olhando aquela paisagem que inspiraria qualquer um, perguntou-se: "Quem é essa mulher? Por que Raul não gosta de tocar nesse assunto?".

Raul também procurava respostas, embora Ramon não acreditasse que se tratava apenas de um rosto de suas inspirações, como é próprio de um pintor ou escultor de uma obra entregando-se a uma viagem fantasiosa. Ramon tinha quase certeza de que era a mesma imagem que o irmão mantinha em sua sala, atrás da mesa, totalmente envolta em panos brancos, escondida dele próprio.

Já era próximo do almoço quando Raul, animado, entrou no quarto:

– Não sabe quem encontrei no saguão...

– Adriana.

– Como sabe?

– Você não a encontrou; foi de propósito.

– Como sabe que foi de propósito?

– Porque com toda a certeza ela o esperava.

– Você é desconfiado demais. Ela acabou de chegar ao hotel...

– Não sou desconfiado, já disse que sou apenas precavido. Eu a encontrei quando fui tomar café pela manhã. O que me admira é ela ter ficado esse tempão à sua espera.

– Por que é sempre taxativo com tudo? Já disse que ela acabou de entrar no hotel!

– Não acredito em coincidências, nem em acasos. Para mim, tudo é milimetricamente calculado, e foi como ela agiu.

– Ela quer...

Ramon o interrompeu:

– Ela quer que você vá à exposição. Já sei.

– Que eu não; ela quer que nós dois estejamos lá.

– Quem é o artista aqui, eu ou você? Ela o quer nessa exposição de qualquer maneira, e não eu. Aliás, se eu não for, será um alívio para ela.

– Por favor, Ramon, seja menos intransigente e antipático. Estamos a passeio!

– Eu, antipático?

– Sim, você. Parece até aqueles velhos implicantes e rabugentos.

– Tudo bem, você tem razão. Vamos a essa exposição. Se não formos, a moça vai ficar esperando você dia e noite.

Raul foi tomar banho e depois desceu com o irmão para o almoço.

Capítulo 4

UMA EXPOSIÇÃO PROMISSORA

Marcavam-se 21 horas exatamente quando o táxi apareceu e os dois irmãos partiram para a exposição. Logo que chegaram, Adriana veio recepcioná-los. Havia muita gente ali, e a exposição estava bem movimentada, não só pelos amantes da arte, mas também pela presença de pessoas belas e interessantes. Raul achou os brasileiros bonitos de modo geral, cada um à sua maneira.

Tal como Adriana previra, Raul foi muito solicitado. O espanhol foi gentil com todos que se aproximavam ou solicitavam opiniões sobre as obras expostas.

Aquela noite foi muito prazerosa para ambos os irmãos. Mesmo que Ramon não apreciasse esse tipo de arte, fez muito sucesso também por ser, claro, irmão da atração, que, sem querer, tornou-se a presença principal do evento. Ramon se misturou aos visitantes, achando os cariocas bem animados e alegres. Ele não estava implicante nem desconfiado; ao contrário, entrosava-se razoavelmente bem.

A exposição estava sendo apreciada, tudo correndo bem e com tranquilidade, quando Raul, andando pela galeria em meio a várias outras pessoas, deparou com muitas fotos em exposição, todas em preto e branco. Havia apenas uma colorida. Todas retratavam um rosto de feições fortes, sob vários ângulos, e os olhos – as janelas da alma –, grandes e verdes, pareciam se fixar nos seus com muito interesse.

Seu coração bateu acelerado e as mãos transpiraram, tanto que parecia tê--las molhado. Ficou por muito tempo apreciando as fotos, impressionado por ele mesmo ter pintado aquele rosto impecável e exatamente como via ali, o que o deixou ainda mais curioso para desvendar aquele mistério que o envolvia.

– Preciso beber alguma coisa – Raul pensou em voz alta.

– O que disse? – perguntou uma moça que estava a seu lado, admirando as mesmas fotos.

– Preciso beber algo forte. Quer me acompanhar? – perguntou ele à jovem, sorrindo.

– Aceito...

Raul segurou em sua mão e foi em direção ao garçom que circulava pelo salão:

– O que você vai beber?

– Gim, por favor...

Raul pediu um uísque duplo e, sem pedir permissão, puxou a moça pela mão. Os dois jovens saíram para uma parte ao ar livre; era um enorme deque onde havia algumas pessoas sorvendo seus aperitivos e conversando com descontração.

– *Como te llamas*? – perguntou à jovem, querendo impressionar. Raul se manteve em um breve silêncio. Depois de um generoso gole, voltou-se para a moça e falou gentilmente: – Ah, você deve me achar um louco. Meu nome é Raul, muito prazer. E o seu?

– Anna Lúcia, mas pode me chamar apenas de Anna.

Ambos estenderam as mãos para se cumprimentar.

– É apreciadora de quadros?

– Muito. Sempre que posso, venho conhecer novos trabalhos, novos artistas. Gostaria de saber o que leva esses artistas maravilhosos a colocar nas telas expressões tão fortes e marcantes. Mesmo que sejamos leigos na arte em questão, conseguimos absorver a quanto amor se entregam quando estão pintando! Será que nos falta sensibilidade? Gostaria muito de sentir realmente o que sentem esses artistas.

– *Gracias por mi parte. Somos movidos gracias a la inspiración!*

– Não me diga que é um desses artistas maravilhosos? Também faz esculturas?

– *También hajo.* Quer conhecer meu trabalho?

Anna ficou desconcertada, e ao mesmo tempo lisonjeada pelo convite.

– Há obras suas aqui?

– Não.

– E como está me convidando para conhecer suas obras?

– É logo ali – brincou Raul, bem-humorado.

– Logo ali onde? Se é que não me enganei, você não mora no Brasil.

– Está certíssima, não resido no Brasil; moro na Espanha. Estou brincando com você. Mas, mesmo assim, fica meu convite: quando puder, venha conhecer nosso trabalho. Há muitos amigos meus com trabalhos belíssimos.

– O que houve, Raul? Não o vi mais – perguntou Adriana, aproximando-se, agitada.

– Não houve nada. Apenas precisava tomar um pouco de ar fresco.

– Alguém o destratou?

– De forma nenhuma. Tive apenas um mal-estar, mas já me sinto bem. Acho que é o clima do Rio, sempre muito quente. Esta é Anna – Raul apresentou a jovem a seu lado para Adriana.

– Já nos conhecemos.

– Ah, *sí*?

– Anna é irmã de Rose, a responsável pela exposição.

– Ah, *sí*... Escondendo o jogo? – perguntou Raul, olhando para Anna.

– Não era para revelar, Adriana – respondeu Anna, encantada pelo artista espanhol. – Esse evento merecia um jornalista!

– Pois é, ela deveria estar aqui, mas houve um imprevisto de última hora, e a jornalista não pôde vir – falou Adriana.

– Quando posso ter o prazer de conhecer a galeria de São Paulo? – perguntou Raul.

– Jura mesmo que quer conhecer nossa galeria? – indagou Adriana.

– Não é preciso jurar. Anna pode me acompanhar.

– Eu?

– Por que não? Agora já descobri seu segredo; não adianta mais me enrolar. Não aprecia essas obras?

– Claro que sim. Qual seria o motivo de estar aqui esta noite se não apreciasse?

– Está vendo? Já tenho muitos motivos para ir a São Paulo. Um deles é a companhia de Anna.

– Que honra!

– Raul está muito saidinho para um artista espanhol recém-chegado ao Brasil. E depois, se Anna Lúcia disse que não conhece obras, está omitindo que também, tal como a irmã, vive em busca de novos artistas, viu? – Adriana acrescentou.

– Puxa, quase me enganou, hein? Pensei que só eu escondesse uma carta na manga.

Anna Lúcia sorriu, sem graça. Adriana conseguira desbancar a sedutora de artistas. Ao contrário da irmã, ela apreciava mais os donos das obras do que as obras em si.

– Não é bem assim. Ainda estou tentando me aprimorar, ao passo que ela e minha irmã já conhecem muito bem esse universo.

– Ficaremos aqui mais dois dias, depois voltaremos a São Paulo. Se quiser, podemos marcar uma visita. Vai gostar muito do nosso trabalho. Nossas exposições são mais de produtos fotográficos, porém há muitas obras contemporâneas, modernistas e algumas peças de escultura.

– Isso é muito bom. Com certeza irei. É um universo em que me sinto muito à vontade. Bem, já me sinto melhor; podemos entrar – falou Raul. Com sua habitual amabilidade, despediu-se gentilmente de Anna: – Anna, *le gustó mucho*. Posso deixar meu cartão com você? Quando puder, vá conhecer *mi trabajo*. Será *mui* bem recebida.

A jovem se encantou ainda mais com Raul; achou-o simples e muito atencioso. Raul havia deixado Anna Lúcia à vontade, pois era muito espirituoso. Ela não poderia deixar por menos, como é próprio dos brasileiros. Aproximou-se do jovem espanhol e lhe deu dois beijos no rosto.

– Aqui estão meu endereço e meu telefone; espero que não me esqueça.

– Claro que não. Obrigado por sua companhia. Nós nos veremos com certeza.

Anna se retirou, e Raul entrou com Adriana.

– Anna ficou de quatro por você.

– O que isso significa?

– Que ela gostou de você. Não há dúvida nenhuma de que vai procurá-lo.

– Não acha que está exagerando? Ela foi apenas agradável e atenciosa comigo.

– Tá bom... Me engana que eu gosto *mucho*, como dizem os espanhóis.

Raul riu com vontade.

– Adriana, me acompanhe. – Raul puxou a jovem.

– Aonde quer ir?

– Logo você vai ver.

Raul parou diante das fotos que o haviam deixado muito intrigado.

– Quem é esta?

– É a jornalista que era para estar aqui hoje.

– E por que não veio?

– Como disse há pouco, houve um imprevisto.

– Essa garota também é modelo?

– Ela... Não... É apenas jornalista.

– E por que suas fotos estão em exposição?

– É uma longa história, mas vou tentar resumir. Já há algum tempo Rose a convidou para fazer alguns ensaios. Ela sempre recusou, dizendo que não levava jeito para isso. Parece brincadeira, pois justamente para este evento ela aceitou a proposta, e daí surgiram essas belíssimas fotos. Rose nem acreditou, e você gostou exatamente delas. Que coincidência!

Raul admirava de modo incansável o rosto misterioso que vivia em seu mundo de inspirações.

– Como é o nome dela mesmo?

– Liz.

– Ah... Belo nome.

– Ei, espere um pouco. Não falei o nome dela ainda. Você está jogando comigo, não é, espertinho?

– Às vezes sou esperto. Mas só às vezes... É só Liz?

– Sim, apenas Liz. Por que tanto interesse?

– Interesse nenhum. Contudo, Rose fez muito bem em insistir, pois Liz é uma belíssima modelo. Espero que aceite fazer mais trabalhos como este.

Adriana não se convenceu de que ele apenas havia admirado o trabalho das fotos, pois o rosto do jovem artista tinha se iluminado.

Adriana naquele momento foi solicitada por Rose, e o espanhol nem ouviu quando ela pediu licença, permanecendo diante daquelas fotos por longos minutos. A exposição estava bem prestigiada, e Raul resolveu sair à procura do irmão.

– Venha comigo, Ramon.

– O que houve? Estou conversando, não seja deselegante!

– Por favor, garota, sou Raul. – Raul estendeu a mão, cumprimentando a moça com quem o irmão conversava. A jovem gentilmente também o cumprimentou, e logo Raul se retratou: – Por gentileza, poderia roubar meu irmão por alguns minutinhos?

A moça fez que sim com a cabeça, rindo do seu jeito extrovertido.

– O que houve? Por que está nervoso, me puxando desse jeito?

– Você logo vai ver.

Assim que Raul parou na frente daquelas fotos, nas quais havia o belíssimo rosto cujos contornos ele cansara de rabiscar – cada detalhe, cada expressão, cada tipo de sorriso –, pediu ao irmão:

– Olhe, Ramon.

Ramon se aproximou e, estupefato, tornou a olhar para Raul.

– O que isso significa?

– Olhou bem?

– Claro que sim. Por isso mesmo quero saber o que significa tudo isso.

Depois de alguns instantes em que Ramon observara as fotos, perplexo, perguntou ao irmão, sem tirar os olhos da moça na parede à sua frente:

– Esta é a sua garota? Quero dizer, é a garota que pintou com toda a exatidão na tela esta madrugada, na sacada do hotel?

– É ela.

– Mas como? De onde você a conhece?

– Eu não a conheço, mas ela vive em minhas inúmeras inspirações, em minha imaginação. Há muito ela me faz companhia. Há muito pinto telas deste rosto. Sei cada contorno, cada traço, cada expressão, exatamente como está vendo à sua frente. Para mim, ela não é uma estranha.

O corpo todo de Ramon se arrepiou. Sem mais, puxou o irmão pelo braço:

– Vamos embora.

– Mas por quê?

– Não sei, não estou me sentindo muito à vontade. Vamos, por favor.

Raul estacou no meio da exposição:

– Mas por que devemos ir embora?

Ramon se aproximou do irmão e disse-lhe no ouvido:

– Vamos embora agora; estou sentindo algo errado no ar.

– Errado como? Explique-se.

– Não sei... Quer confiar em mim?

Raul sentiu que o irmão estava estranho. Portanto, sem muita demora, foi se despedir de Adriana:

– Adriana, já vamos.

– Mas já? Ainda temos muitas fotos para ver!

– Desculpe-me, mas meu irmão não está se sentindo muito bem.

– Está certo. Quando poderemos nos ver?

Raul tirou um cartão do paletó e o entregou a Adriana:

– Amanhã nos falamos.

– Tudo bem. Ah, Raul? Posso tirar uma foto sua?

– Sim, claro.

Adriana tirou várias fotos de Raul, e em seguida os irmãos foram embora. Adriana os acompanhou com o olhar até desaparecerem de seu campo de visão. Então pensou: "Esse Ramon deve ser um chato mesmo!".

No caminho de volta ao hotel, Ramon não disse nada, e Raul ficou intrigado.

– O que houve para querer sair assim tão de repente? Eu, que deveria estar impressionado, não estou.

– Quem disse que estou impressionado?

– Se não está, deve ter outra explicação.

Pela cabeça de Ramon passaram muitos pensamentos, mas nada que justificasse aquela atitude.

– Por favor, Ramon, fale alguma coisa.

– Falar o quê?

– Sei lá, qualquer coisa...

Ramon pensou por alguns minutos e, depois:

– Não houve nada, apenas achei tudo muito estranho. Você não acha muita coincidência encontrar as fotos justamente da moça que você pintou, exatamente igual?

– Você não acredita em coincidência...

– Por isso mesmo. Será que não vê que tudo foi armado para você?

– E fariam isso por quê? Não sabem da minha vida, muito menos da moça da foto.

– Eu também não sei tudo, puxa vida! Só sei que estão na sua mira, e não gosto de me sentir acuado.

– Não acha a palavra *acuado* um pouco forte?

– Não gosto de me sentir perseguido.

– Perseguido?

– Raul, use a palavra que quiser, mas não vou deixá-lo próximo dessa moça. Você não sabe quem ela é. Fico preocupado com você.

– É exagero seu. Ela foi à Espanha conhecer minha galeria.

O táxi parou na frente do hotel. Antes de Ramon descer, ele respondeu, irritado:

– Quem garante que essa história dela é verdadeira?

Ramon saiu, e Raul pagou o taxista e desceu logo atrás. Assim que entraram no quarto, Raul, inconformado, abriu a porta de vidro que separava o quarto da sacada, sentindo-se muito nervoso, e ficou lá por um tempo.

Ramon por sua vez se jogou na cama, os pensamentos correndo enquanto se perguntava de onde conhecia aquela jovem. Ramon era cético: não acreditava em religião nenhuma, apenas na exatidão dos fatos. Acreditava em matemática exata, e, para ele, havia uma explicação significativa para qualquer situação. Ramon não acreditava em casualidades e muito menos em coincidências. Mas também tinha ficado intrigado com o rosto daquela jovem. Que ela existia era fato, mas onde a havia visto?

Depois de tanto pensar, adormeceu. Raul estava sem sono, por isso deixou que o irmão dormisse sossegado e desceu. Caminhou até o bar do hotel e pediu um suco, sentando-se. Era tarde da noite, mas ainda havia um moço tocando piano com entusiasmo.

Passou-se algum tempo, Raul ainda absorto em seus pensamentos e na melodia, quando foi interrompido por Adriana, que soubera pelo recepcionista do hotel que ele se encontrava no bar:

– Sem sono?

Raul olhou assustado para ela:

– Estou, e você?

– Ainda nem tentei dormir; acabei de chegar. Que atitude foi aquela de seu irmão?

– Adriana, me desculpe. Às vezes Ramon é imprevisível. Sinceramente, não sei o que deu nele para sair com tanta pressa.

– E você, o que acha de tudo isso?

– Como assim? Não entendi sua pergunta.

– Sei que seu irmão teve algum motivo. Mas, mesmo que você não saiba o verdadeiro motivo, deve ter tirado suas conclusões.

– Sinceramente, Adriana, não sei o que lhe responder.

– Não sabe ou não quer?

– Como assim?

– Tudo aconteceu muito rápido, mas notei que foi depois de mostrar as fotos a seu irmão.

Raul ficou calado, observando-a sem saber o que dizer, mas Adriana concluiu:

– Aquela moça das fotos vem para o Rio amanhã bem cedo. Ela vai embarcar na primeira ponte aérea.

Raul se remexeu no banquinho à frente do balcão. Adriana tentava descobrir o que havia acontecido com os irmãos espanhóis depois de terem observado as fotos de Liz em exposição. Tinha que colocar Raul à prova para tirar suas dúvidas. Adriana tinha certeza de que algo havia acontecido, só não sabia o quê.

– Não vai dizer nada?

– O que quer que eu diga?

– Não sei; algo que me permita entender o porquê de ter ficado confuso e estranho comigo.

– Adriana, não... – Mas Adriana o interrompeu:

– Raul, antes de dizer qualquer coisa, quero deixar claro a você que não sou golpista nem trapaceira de gringo. Realmente conheço seu trabalho e fui à sua galeria na Espanha. Fizemos uma reportagem de uma página inteira sobre suas obras.

– Não sei o que lhe responder; devo confessar que cheguei a pensar que você fosse sim uma aproveitadora, mas peço mil desculpas.

– O que sentiu não veio de você, e sim de seu irmão.

– Adriana... – Ela mais uma vez não o deixou terminar:

– Não se preocupe; seu irmão está certo. Você é jovem, bonito, de boa família, além de ser um artista e, mais ainda: é gringo. É tentador para muitos ludibriarem qualquer um que venha de fora. Mas tranquilize-se: não é esse nosso caso. – Dito isso, Adriana se levantou para ir embora.

– Espere... Não quero que guarde má impressão do meu irmão ou de mim; peço mil desculpas.

– Tudo bem... Desculpas aceitas. Vá descansar; amanhã dê um passeio pela cidade. Há muitos lugares legais para você conhecer.

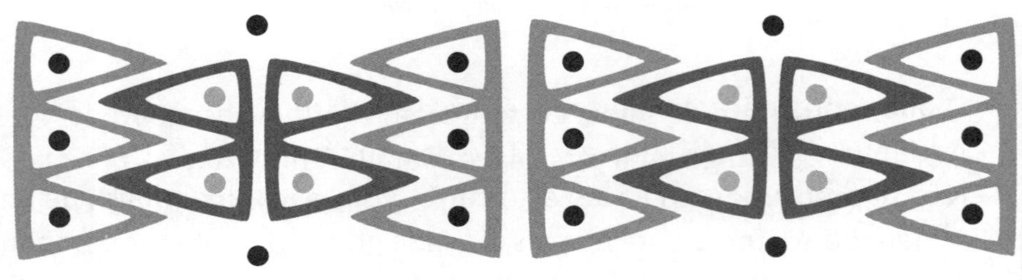

Capítulo 5

CICATRIZES

Na manhã seguinte, Raul foi quem acordou cedo para correr na praia. Logo que voltou, tomou um banho e desceu para tomar café. Seus olhos percorriam todo o ambiente com muita ansiedade, esperando que Adriana entrasse em companhia da moça das fotos. Mas não foi o que aconteceu. Raul terminou seu café, e elas não vieram. Sem outra alternativa, subiu para o quarto. Encontrou Ramon na sacada, debruçado, olhando o mar. Em silêncio, postou-se ao lado dele.

– Fui muito grosseiro ontem? – perguntou Ramon, sem graça.

– Não... Você estava certo, devo ser mais reservado.

– Concorda comigo? – perguntou Ramon, admirado.

– Em partes. Se eu não me expusesse, talvez você não precisasse chegar ao ponto que chegou; não seria necessário se preocupar tanto comigo.

– Você me desculpa?

– Pelo quê? Sou eu que devo mudar meu modo de agir. Assim, quem sabe, você e papai confiam mais em mim. – Raul silenciou, mas Ramon sentiu que o irmão não se sentia confortável com tanto zelo.

– Vamos dar umas voltas por aí? – convidou Ramon.

Raul o olhou e respondeu com um sorriso nos lábios:

– É pra já...

Quando já estavam de saída, encontraram com o mensageiro do hotel.

– Por gentileza, trago uma mensagem para o senhor Raul.

– Sou eu. – Raul pegou o papel que o mensageiro lhe oferecia e leu:

Olá, Raul, deixei este bilhete para desejar a você toda sorte do mundo. Tive que voltar a São Paulo, aconteceu um imprevisto. Quem sabe ainda nos esbarramos...

Abraços, Adriana.

– O que será que houve com ela? – Raul perguntou ao mensageiro.

– Parece-me que teve um acidente com a moça que viria para o Rio hoje.

Raul não esperou o mensageiro terminar. Entrou de novo no quarto e desabou sobre a cama.

– O que aconteceu, Raul? Qual é o problema?

– Ainda não sei, mas vou ficar sabendo!

Raul disparou quarto afora. Apertou o botão do elevador com impaciência, várias vezes, como se o elevador soubesse de suas aflições e pudesse atendê-lo na mesma hora. Assim que o elevador parou em seu andar, ele entrou e chegou em poucos minutos no saguão, indo direto para a recepção.

– O senhor sabe me dizer o que aconteceu de fato com Adriana, a moça que estava hospedada aqui?

O recepcionista pensou por alguns instantes, tentando puxar da memória algo sobre a pessoa a quem o espanhol se referia, depois respondeu:

– Ah, sim. Ela teve que voltar a São Paulo com urgência.

– E o senhor sabe o motivo?

– Parece-me que a amiga sofreu um acidente.

– De avião? – perguntou Raul, muito nervoso.

– Não, não... Foi de carro. Parece que o carro que a levava ao aeroporto colidiu com outro.

– Ela se machucou muito?

– Não sei dizer, senhor.

– Obrigado. Qualquer notícia que tiver, por favor, me avise!

– Fique tranquilo, senhor.

Raul tornou a voltar para o quarto. Logo que entrou, Ramon disfarçou, afastando-se do armário, onde olhava para o rosto da tal moça, inspiração do irmão, dentro de uma pasta.

– O que houve? – perguntou ele.

– A jovem que vinha para o Rio sofreu um acidente de carro.

– Por acaso é a moça das fotos?

– Sim, ela mesma. Não existem acasos, lembra?

Ramon recordou que a jovem que sorria no esboço tinha uma marca na testa e outra no queixo, bem sutis, quase imperceptíveis. Não estava gostando nada do que sentia em sua alma, nem dos seus pensamentos. Por isso, resmungou alto:

– Que droga, meu Deus!

Raul o olhou, boquiaberto:

– Você disse *Deus*?

Ramon, o coração batendo em descompasso, desconversou:

– Eu? Ficou louco?

– Você sim senhor. Eu ouvi muito bem. Você falou: *Que droga, meu Deus!* E você nunca pronunciou a palavra Deus; até parece que nunca foi apresentado a ele.

– Você ouviu errado, e vamos deixar de conversas tristes. Vamos dar uma volta por aí. – Ramon puxou Raul pelo braço e saiu abraçando-o com carinho.

Naquele dia, os dois aproveitaram até ficarem exaustos. Foram ao Morro da Urca, ao bondinho, ao Cristo Redentor, andaram pelas praias da Barra da Tijuca, pelo Arpoador, Leblon, por Copacabana. Quando voltaram, já era noite. Ramon conseguiu fazer com que o irmão esquecesse aquele bilhete de Adriana, mas ele mesmo não conseguia. Estava em conflito consigo mesmo.

Quando entraram no hotel, Raul foi direto ao bar solicitar uns drinques. Enquanto isso, Ramon era abordado pelo gerente.

– É você que queria saber sobre a moça do acidente?

– De quem o senhor está falando?

– Da amiga de Adriana, que estava hospedada aqui.

– Ah, sim. Sou eu mesmo. Como ela se encontra?

– Teve ferimentos leves, uma pequena fratura na perna, um leve corte no supercílio e outro no queixo. Nada anormal. Adriana pediu para dizer ao senhor que está tudo bem.

O recado não era bem para Ramon. O gerente havia se enganado devido à semelhança de ambos; mas nem por isso Ramon se sentiu confortável com aquele recado. Ele só confirmava que a musa inspiradora do irmão existia, pois as duas pequenas marcas no rosto que o irmão pintara sem saber agora eram reais. Não faltava mais nada para aquele rosto no papel ganhar vida para assombrá-los. Ramon, no entanto, era teimoso e ainda resistia em seu ceticismo. Sem controle, sentiu as pernas trêmulas, o que o irritou profundamente.

– Este é muito bom, experimenta – pediu Raul, que vinha chegando com os aperitivos coloridos no copo.

Ramon entornou o aperitivo todo para ver se conseguia voltar ao controle de si mesmo. Tinha vivido até aquele momento com seus conceitos; não era agora que aquela situação sem elo nenhum com eles o deixaria em xeque.

– Isso é para saborear, não é para tomar tudo de uma só vez! O que houve, irmão? Está esquisito.

– Quem, eu? Lógico que não. Ah... Antes que eu me esqueça: a jovem do acidente passa muito bem; Adriana telefonou.

– Quando ela telefonou?

– Não sei, Raul, apenas recebi o recado agora há pouco. Para de se preocupar.

Raul, aparentemente, estava mais calmo. Ramon passou o braço pelos ombros do irmão e disse, tentando despistar:

– Vamos para o bar; quero tomar todas hoje.

Raul, rindo da alegria fingida do irmão, acompanhou-o.

Ramon literalmente ficou de pileque. Raul o levou ao quarto e o colocou no chuveiro. Em seguida, o irmão apagou, dormindo profundamente – tudo que desejava naquela noite.

Raul também tomou banho e, depois, desceu para jantar. Ninguém na recepção tocou no assunto sobre o que havia acontecido realmente com a amiga de Adriana. Ele também achou melhor não questionar mais; era assunto encerrado. Raul estava bem, era um rapaz equilibrado com a vida. Porém, ao contrário de Ramon, acreditava existir um Deus ou uma força maior regendo todo este universo; que nada está aqui ao acaso; que é muito rico e grandioso todo este espaço sideral para não haver alguém forte e inteligente regendo-o de acordo com o esforço e a evolução de cada ser vivente.

Raul saiu para a rua, resolvendo dar uma volta sob o luar. A noite estava linda e quente. Caminhou por muito tempo na maravilhosa orla. Admirava as idas e vindas daqueles brasileiros que realmente usufruíam daquela natureza generosa. Alguns apenas caminhavam, outros corriam em um ritmo leve, outros pedalavam, e outros, ainda, assim como ele, buscavam o que a alma tentava descobrir na misteriosa vida: o que havia por trás da existência de cada um? Quais eram os ideais de cada um? Quais eram as verdades que cada ser vivente de Deus tinha vindo descobrir no planeta Terra? Quais eram os planos de Deus para cada um de nós?

Raul, entregando-se aos seus pensamentos e observando os semelhantes passarem por ele, sentiu que era naquela terra que havia a resposta para as suas dúvidas.

Na manhã seguinte, quando Ramon acordou, percebeu que seu irmão não se encontrava no quarto. Levantou-se com dificuldade.

– Ai, que dor de cabeça! Por que bebeu tanto, senhor Ramon? – perguntava-se o jovem espanhol. Foi direto para o chuveiro e tomou uma ducha revigorante. Quando saiu, Raul já tinha voltado.

– Tudo bem aí, Ramon?

– Tirando a dor de cabeça, está tudo bem.

Raul riu sonoramente do irmão.

– Já tomou café? Estou morrendo de fome – Ramon gritou ainda do banheiro, enquanto terminava de se arrumar.

– Não. Estou à sua espera.

– Já estou saindo.

Raul, que havia voltado da corrida matinal, também tomou banho e ambos desceram para tomar o café. Ramon parecia estar bem melhor, mas suas dúvidas permaneciam.

– Raul, aquele quadro em sua sala na Espanha... É a mesma garota, não é?

– Por que quer saber?

– Não me responda com perguntas. É ou não é?

O semblante de Raul transformou-se por completo.

– Sim, é a mesma garota.

– Tem certeza de que não a conhece, de que não a viu em alguma exposição à qual foi?

– Tenho todas as certezas do mundo de que nunca a vi. A única certeza que não possuo é por que ela insiste em ficar nos meus pensamentos.

– Fale-me um pouco do que sente quando a pinta.

– Não há muito que falar; ela me persegue, apenas. Sempre que tento um simples esboço de qualquer outro rosto de mulher, ela passa à frente e conduz minha mão.

– Mas como? Deve ter alguma explicação razoavelmente sensata para esse mistério. Sua cabeça é seu guia; suas mãos têm que percorrer o que você, como artista, decide!

– Não quando se trata dessa garota.

– Você a ama?

– Não sei... Mas reconheço que a toda hora me pego pensando nela.

– Raul, meu irmão, você carrega um amor platônico por essa figura!

– Esses sentimentos confusos dentro de mim me fazem ficar em conflito. Quero achar alguma resposta, seja lá qual for, mas, quanto mais a procuro, menos a tenho. Essa garota faz parte da minha vida, e não há como ignorá-la. Muitas vezes fiquei furioso e com raiva de mim mesmo, pois, por mais que eu tente, não consigo me interessar por nenhuma outra mulher. Quantas já conhecemos? Com quantas já saímos?

Ramon silenciou por um breve instante. De fato, tudo o que o irmão expunha era motivo para qualquer um endoidecer.

– Por isso sua vontade de vir para o Brasil...

– Sinceramente, não sei. A sensação que tenho é que ando, ando e não chego a lugar nenhum.

Raul não confessou ao irmão, mas sabia que a garota que vivia em sua alma era mesmo a amiga de Adriana.

– Bem, vamos deixar de lado essa conversa baixo-astral. – Raul pousou a mão sobre a do irmão e agradeceu gentilmente: – Obrigado, irmão, por ouvir meu desabafo. Sei que não acredita em casos como este e nos mistérios da vida, mas me fez muito bem mesmo assim.

– Eu te amo, Raul, mesmo você sendo tão esquisito!

Raul soltou uma gargalhada. Terminaram de tomar café, mas ainda permaneceram no salão, conversando com alguns turistas que puxaram assunto. Eram dois casais a passeio, como eles.

No meio da empolgação do assunto, Raul foi abordado.

– Há uma pessoa no telefone querendo falar com o senhor – avisou o funcionário do hotel.

Raul foi atender. Era Adriana.

– Alô?

– Raul?

– Sim, quem é?

– É Adriana...

– Como você está? Fiquei preocupado.

– Pois pode ficar sossegado, está tudo bem.

– O que houve com sua amiga?

– Sofreu um acidente de carro, mas está tudo bem.

– Estimo por isso. Pensei que fosse conhecê-la, mas infelizmente nem sempre as coisas acontecem como desejamos.

– Não vai faltar oportunidade. Liz quer muito conhecê-lo também; contei o sucesso que fez na exposição.

– É mesmo?

– É sim. Ela pediu que marcássemos uma entrevista com você. Espero que aceite, e que não esteja muito compromissado.

– Tudo bem, assim que ela se restabelecer me procure.

– Está combinado então. Aproveite bastante seu passeio.

– Vou aproveitar. Um abraço.

– Outro...

Raul desligou o telefone.

– Oh... *Dios mío!*

– O que houve, senhor? – perguntou o funcionário, assustado.

– Oh... *Soy un idiota, no pedió al número su teléfono!*

– Não temos como ajudá-lo, senhor.

– Tudo bem.

Raul voltou para a mesa.

– O que houve?

– Nada de mais. Adriana disse que a amiga está bem, que eu não me preocupasse.

O assunto se estendeu por mais algum tempo, depois os irmãos se despediram dos casais, recolhendo-se cada qual em seu apartamento.

Já havia se passado mais de quinze dias. Ramon precisava retomar sua vida.

– Ela não vai ligar mais; vamos para casa. Mamãe já está ficando aborrecida conosco.

– Tudo bem. Você tem razão; vamos voltar para nossa família.

Raul e Ramon arrumaram todas as bagagens e retornaram à Espanha, para encontrar os parentes saudosos.

– Até que enfim voltaram! – Consuelo abraçou seus filhos por longos minutos.

Os dias se passaram, e cada um retomou sua vida.

Consuelo procurou saber tudo sobre a viagem, os amigos que tinham feito e com quem haviam se relacionado.

– Foi a São Paulo visitar sua tia?

– Não, mãe, não houve tempo. Quem sabe de uma outra vez.

– Está pensando em voltar?

– Ainda não sei, quem sabe o que virá amanhã?

– Mas Raul... Por que tanta insistência?

– Não é insistência, mãe. Gosto de lá. Os ares do Brasil me fizeram bem.

– Você nem gosta muito de calor.

– Quando digo ares, mãe, é o lugar, o povo, os lugares. Tudo me fascina por lá.

– Bem, espero que essa volta ao Brasil não seja para agora.

Raul abraçou a mãe com carinho.

– Pode se desarmar, mãe. Não é para agora; vai demorar um pouco ainda. Da próxima vez, não quer me acompanhar? Ficarei feliz!

Consuelo fixou os olhos no rosto do filho.

– Quem sabe? Acho que é melhor eu ir do que ficar aqui à sua espera, em desespero!

Raul beijou a mãe e se despediu.

– E você, Ramon, gostou do Brasil?

– Só conheci o Rio de Janeiro, mas gostei muito, sim.

– Não me parece que essa viagem fez bem a você tanto quanto fez a seu irmão.

– Claro que me fez bem. Tanto fez, que estou superdisposto para retomar meu trabalho.

Consuelo beijou o rosto do filho, que saiu atrás do irmão. Logo depois, aproximou-se do telefone e hesitou por alguns instantes. Num impulso, completou a ligação.

– Alô? – disse uma voz do outro lado da linha. Consuelo não sabia se respondia ou não. Por fim:

– Alô? Evita?

– Não. Quem é?

– É Consuelo.

– Consuelo? De onde?

– Da Espanha.

Evita, que estava por perto, ouviu a conversa e pegou o telefone.

– Deixa comigo. Consuelo? – respondeu Evita, emocionada.

Consuelo, ao ouvir a voz de Evita, silenciou. Pensou naquele instante que não devia ter telefonado.

– Alô? Quem é? – insistiu Evita.

– Olá, *hermana*. *Como estas*? – respondeu Consuelo, a voz embargada.

– Consuelo! Puxa vida, irmã. Quanto tempo!

– Como você está?

– Eu? Muito bem, e você?

– Bem também.

– O que houve para me telefonar da Espanha depois de tanto tempo? – perguntou Evita, chorando diante da emoção que havia tocado seu coração.

– Saudade sua, irmã.

As duas irmãs extravasaram a emoção, deixando que as lágrimas fossem testemunhas daquele dia tão especial para ambas.

– Precisamos nos ver – falou Evita.

– Já me perdoou? – perguntou Consuelo.

– Para com isso, *hermana*. Já faz tantos anos.

– Eu sei, mas as lembranças ainda me ferem cruelmente.

Evita ficou em silêncio por alguns segundos.

– Por favor, Evita, me perdoa por tudo. Sei que a magoei muito. Já estava mais do que na hora de me redimir. Perdoa-me por todo o sofrimento que lhe causei. Meu pedido é sincero... Sinto muita saudade de ti, minha irmã.

Evita, do outro lado da linha, não respondeu; limitou-se apenas a deixar as lágrimas reprimidas por tanto tempo escorrerem por seu rosto.

– Por favor, irmã, diz que já me perdoou.

Evita passou um lenço no rosto e em seguida respondeu:

– Pra que desenterrar sentimentos mortos de tantos anos atrás?

– Por favor, necessito de seu perdão.

Evita chorava muito.

– Precisamos nos encontrar.

– Ainda não consegue me perdoar, não é?

– Eu lhe peço: por favor, não vamos falar do passado.

– Está bem. Você tem toda razão; precisamos, sim, nos rever. Como está sua vida?

– Bem, segui meu caminho, tudo deu certo. Minha vida é muito feliz. Amo minhas filhas. A única coisa que me faltava é saber de você, falar com você, saber como está sua vida e como estão meus sobrinhos.

Consuelo agora chorava copiosamente – era um pranto de remorso, de arrependimento.

– Está me ouvindo, Consuelo?

Consuelo respondeu do outro lado da linha, a voz quase sumida:

– Estou sim, *hermana*. Precisamos nos ver.

– Quem sabe um dia poderemos nos encontrar?

– Será o dia mais esperado de toda a minha vida. Por que não vem para a Espanha?

– Agora não tenho condições.

– Isso não é problema; depositarei todo o dinheiro necessário para que possa vir.

– De jeito nenhum. Não posso aceitar.

– Mas precisava tanto ver você!

– Eu sei; já demos o primeiro passo. O que são mais alguns dias, diante de tanto tempo de separação?

– Você diz mais alguns dias como se fosse vir daqui a uns quinze dias. Meu tempo é escasso, irmã. Não posso conviver com esse sentimento que martiriza meu coração.

– Consuelo, se for confortar seu coração, tem o meu perdão. Não deixe de ser feliz por conta de acontecimentos tão juvenis. Tudo agora é passado; éramos muito jovens, não sabíamos o que fazíamos.

– Sei que está tentando aliviar meu remorso, mas não éramos tão jovens assim, a ponto de não saber o que fazíamos.

– Seja feliz, irmã. Coloque uma pedra em cima do que passou.

– Você é muito mais nobre do que eu.

Evita, do outro lado da linha, continuava a chorar baixinho.

– Consuelo, por que você não vem ao Brasil? Você tem mais condições do que eu.

Consuelo se calou por algum tempo e, depois de pensar um pouco, respondeu:

– Tudo bem. Vou assim que der.

– E quando será isso?

– O mais rápido que eu puder. Só preciso deixar as coisas encaminhadas por aqui. Mas me espere. Logo estarei desembarcando aí no Brasil.

– Vou esperar você...

– Até mais, *hermana*.

– Até mais...

– Quem era, mãe? – perguntou a voz do outro da linha que havia atendido a ligação.

– Você não conhece.

– Como não conheço?

– Não conhece e pronto.

– Ei, mãe, espere um pouco. Com quem você falava por telefone? Se não me contar, vou descobrir do mesmo jeito. Pelo sotaque era...

– Era sua tia Consuelo. Está satisfeita? – adiantou-se a mãe.

– Eu sabia... Para chorar desse jeito só poderia ser ela mesmo!

– É minha irmã, ora!

– É sua irmã, mas a fez sofrer como um cão. Não gosto dela.

– É sua tia; não fale assim.

– O que ela queria?

– Ela quer me ver. Virá para o Brasil.

– Espero que ela tenha vergonha e decência suficientes para não vir à nossa casa.

– A casa é minha, esqueceu?

– Não, não esqueci. Mas também não esqueci o que ela fez à senhora.

– Como pode dizer isso? Nem se lembra! Você ainda não era nem nascida.

– Mas papai me contou tudo. E pode passar o tempo que for, que não a perdoo. Depois, quando crescidinha, cansei de ouvir a mesma história da senhora com Consuelo. – A filha de Evita, muito contrariada, retirou-se da sala apoiada nas muletas, por conta de uma fratura na perna.

Consuelo desligou o telefone e, muito nervosa, sentou-se um pouco para amenizar a emoção.

– Agora tudo vai mudar em sua vida – disse Miguel, que havia surpreendido toda a conversa entre as irmãs. Ele se aproximou da esposa e a abraçou com carinho.

– Faz tempo que está aí?

– O tempo suficiente para presenciar seu sofrimento.

– Eu o amo tanto... mas quanto me custou essa felicidade?

– Por que reviver o passado, meu amor?

Consuelo afrouxou o abraço e pousou um beijo nos lábios do marido.

– Só vou poder seguir meu caminho feliz quando puder abraçar minha irmã, olhar em seus olhos e sentir que realmente ela me perdoou.

– Tudo o que aconteceu não foi premeditado. Apenas aconteceu. Quem pode dominar o coração? Se eu seguisse em frente e tivesse me casado com ela, eu a faria muito infeliz. Aí sim eu seria um traidor, pois em meus pensamentos só cabia você. Não seria justo, nem com ela, nem comigo. Ambos sofreríamos para o resto de nossos dias. Não se culpe mais; eu fiz minha escolha, você não teve nada a ver com isso.

– Claro que tenho uma parcela de culpa. Eu, em minha paixão, não pensei duas vezes quando aceitei me casar com você. Devia ter sumido da vida de vocês; devia ter renunciado a esse amor, por minha irmã.

– Por favor, Consuelo, basta. Chega de se cobrar por um passado que não vai voltar. Se há algum culpado nessa história toda, sou eu. Fui eu que terminei o noivado; fui eu quem a deixou. Por favor, vamos esquecer esse fato.

– Até quando iremos esquecer?

– Será que não entende? O que está feito está feito, não há como voltar no tempo. Temos dois filhos maravilhosos, que não precisam presenciar uma cena como está.

– Lógico que não! Jamais eles saberão o que houve entre nós.

– Então não toque mais nesse assunto. Assim como ouvi toda a conversa com sua irmã, poderia ter acontecido com qualquer um de seus filhos.

Miguel foi para o quarto; não conseguia mais conviver com aquela situação insustentável. Consuelo dizia ser feliz, mas o maltratava com lembranças que ele queria definitivamente esquecer. Ela não se perdoava por ter se apaixonado pelo noivo da irmã; o remorso a consumia todos os dias, e, o que era pior, não deixava também que o marido vivesse em paz.

Consuelo foi atrás de Miguel. Assim que entrou no quarto, viu o marido olhando pela vidraça, os pensamentos perdidos.

– Já se esqueceu da filha que também deixou?

Miguel se voltou para a esposa e respondeu:

– Como posso esquecer, se você me lembra disso todos os dias de minha vida?

Miguel não suportava mais viver um fato que tinha de ser esquecido. Contrariado, pegou as chaves do carro e saiu.

Consuelo se jogou sobre a cama e chorou até que todas as suas lágrimas se esgotassem.

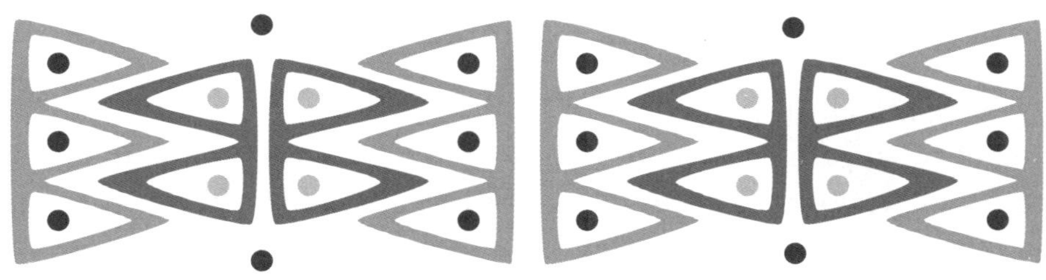

Capítulo 6

UMA EXPOSIÇÃO BEM MOVIMENTADA

Os meses se seguiram. Era um sábado de primavera na Espanha, e Raul dava os últimos retoques na galeria para a exposição que promovia. Sentia-se bem. Esperava receber muitos apreciadores de suas obras, e da de outros artistas também. Raul reconhecia um talento de longe, e vez ou outra elaborava eventos para que artistas recém-surgidos fossem reconhecidos no mercado por seu trabalho.

– Paloma, vou até em casa tomar um banho rápido. Volto umas nove da noite.

– Tudo bem. Pode ir tranquilo que eu cuido de tudo.

– Assim que chegar o bufê, organize tudo na copa. Se chegar algum convidado, receba-o, por favor.

– Fica sossegado. Pode ir. Até parece que não me conhece!

Ao chegar em casa, Raul não viu movimento nenhum.

– Mãe, pai...?

– Quer alguma coisa, senhor?

– *Mi madre?*

– Está terminando de se arrumar.

– *Mi padre?*

– Também, senhor. Posso ajudá-lo em alguma coisa?

– Não, Maria, obrigado.

Raul subiu para seu quarto e foi se aprontar. Estava bastante ansioso para aquela exposição, afinal a imprensa estaria lá para cobrir o evento. Raul também torcia para que seus colegas conseguissem reconhecimento de suas obras, valorizando assim o produto no mercado.

Logo que ficou pronto, encontrou seus pais no andar de baixo, especificamente na sala.

– Como estou? – perguntou o rapaz, sorrindo para os pais.

– Nossa, filho, como está lindo!

– O que achou, pai?

– Está muito bem. Pensei que fosse vestir um terno.

– Só o blazer não está bom?

– Está sim, filho – intrometeu-se a mãe, mimando o filho.

– Então vamos?

– Vá na frente, meu filho. Seu irmão telefonou dizendo que já está chegando. Vamos esperá-lo.

– Tudo bem, eu os encontro lá.

Raul saiu apressado. Não queria que os convidados chegassem sem que estivesse presente; não seria elegante de sua parte. Felizmente, Raul chegou a tempo.

– Como estão as coisas por aqui?

– Está tudo bem, Raul. Nossa, nunca o vi tão nervoso. Parece até que é sua primeira exposição.

– Tem razão. Vou procurar me acalmar.

– O bufê chegou. Já estão organizando tudo lá na copa.

– Quem bom; estou precisando de uma bebida forte.

Raul foi à copa ver como iam as coisas e aproveitou para tomar um vinho; queria parecer simpático e descontraído. Aos poucos foram chegando convidados e amigos para prestigiar a exposição, que, diga-se de passagem, estava muito bem elaborada. Havia várias esculturas de Raul, que pela primeira vez as expunha, além de outras também, de alguns artistas com quem travava grande amizade.

Tudo transcorria muito bem. Seus pais e o irmão haviam chegado e andavam pela galeria, apreciando as obras de todos os expositores. As garçonetes serviam todos com muita desenvoltura. Raul sentia-se feliz; era muito bom trabalhar quando havia paixão pelo que se fazia. Sua alma estava satisfeita com os olhares e comentários dos convidados.

A certa altura do evento, Raul foi abordado pela imprensa espanhola e também pela de outros países. Em meio a alguns jornalistas, avistou Adriana, que lhe sorriu assim que os olhares se cruzaram. Raul, porém, não poderia ser deselegante. Mesmo querendo se aproximar de Adriana, conteve-se, gentilmente respondendo a todas as perguntas.

Adriana estava acompanhada de um jornalista brasileiro, que viera para cobrir a matéria, e ela educadamente se prontificara a ajudá-lo a conseguir algumas perguntas exclusivas para a redação, na qual Liz era sua companheira de trabalho. Isso não era para qualquer um, é evidente, mas Adriana já se considerava íntima do artista espanhol.

Terminado o tempo de perguntas e respostas, Raul conseguiu se aproximar de Adriana, que o abraçou como se fossem velhos amigos.

– Que alegria recebê-la aqui!

– Eu também estou feliz. Quanto tempo, hein?

– É, já se passaram alguns meses. Como soube?

– Ah... De Adriana nada escapa – brincou a jovem com um sorriso. – Estou brincando; viemos cobrir uma matéria, quer dizer, ele veio cobrir uma matéria sobre você para a redação em que trabalha. Disse a ele que você é gente boa; que daria uma entrevista exclusiva para a revista dele.

Renato, o jornalista, estendeu a mão para cumprimentar Raul.

– Muito prazer...

– Fique à vontade.

– Quando podemos fazer a entrevista? – perguntou Renato.

– Você quer fazer agora? – perguntou Raul, admirado, já que escapara de vários jornalistas.

– Se for possível...

Renato queria garantir o dele primeiro. Vai que o espanhol não fosse tão "gente boa" como Adriana havia dito e o deixasse não mão?

– Podemos ir para um lugar mais reservado e tranquilo? – insistiu o jornalista, sem querer dar espaço para o artista sair à francesa.

Raul olhou para Adriana como quem pede explicações. Adriana, rindo, respondeu:

– Não olha pra mim. E, depois, disse a Renato que éramos muito amigos e que entrevistá-lo não seria problema algum. Falei que você jamais negaria um pedido meu.

Raul riu sonoramente da amiga.

– Tudo bem, vamos à entrevista.

Renato e Adriana acompanharam Raul para um lugar reservado, onde a conversa poderia se desenrolar sem que fossem perturbados.

– Podemos começar?

– Sem problemas – respondeu Raul com simpatia.

Renato conseguiu uma boa matéria, pois o jovem artista respondia a todas as perguntas com simplicidade e bom humor.

– O senhor, expondo pela primeira vez suas esculturas, também se julga um artista plástico?

– Acho que não é para tanto. Estou apenas começando uma nova jornada; prefiro conhecer aos poucos esse fascinante mundo. Digamos que seja um simples escultor.

– O senhor é casado? – perguntou o jornalista:

– Não.

– Tem noiva ou namorada?

Adriana, mais que depressa, olhou para Raul, esperando a tão esperada resposta.

– Não, não tenho.

– Mas pensa em ter uma companhia feminina?

– Sim, como todo mundo. Mas ainda não apareceu a mulher certa.

– Tem alguma preferência?

– Preferência como? Loira, morena...?

– Isso mesmo, senhor. Tem preferência?

– Não. Minha preferência é uma mulher de quem eu seja merecedor.

– Acredita em destino?

– Em destino? Talvez. Com toda a certeza já existe por aí uma mulher que me fará feliz, e eu a ela. Sempre aparece para outros homens, por que para mim não apareceria? Acho que, quando chegamos aqui, tudo já está bem elaborado por Deus. Mas nem sempre devemos esperar ou confiar no destino; temos que correr atrás dos nossos sonhos, dos nossos objetivos.

Acho que podemos mudá-lo algumas vezes.

– Obrigado pela entrevista. Assim que a reportagem for publicada na revista, Adriana ou Liz a enviarão para o senhor.

– Você disse Liz? Trabalha com ela?

– Sim. Ela é jornalista também; somos colegas de profissão.

– Que ótimo.

Raul não se estendeu no assunto, sentindo que não era propício falar de algo que era tão íntimo.

– Agora vamos beber alguma coisa. O que preferem? Um vinho, um suco, água ou algo mais forte?

– Bem, se me derem licença, vou dar umas voltas na galeria para colher mais informações – disse o jornalista.

– Fique à vontade.

– E você, Adriana, o que vai beber?

– Aceito uma aperitivo suave.

– Um vinho?

– Pode ser.

Raul saiu e voltou para a sala com o vinho para Adriana, trazendo para si mesmo um suco.

– E aí, o que me conta de novo? Quais são as novidades?

– Adorei seus quadros! Minha amiga precisava estar aqui; ela ama demais suas obras.

– Por que não a trouxe?

– Ela teve que cobrir outros eventos. Sabe como é, furo de reportagem... Ela tinha que estar lá.

– Não estou com sorte em conhecer sua amiga. Sempre há algo nos impedindo. Quem sabe um outro dia nos encontramos?

– É, quem sabe... Vontade ela tem.

Raul sentiu algo estranho envolvê-lo; era uma forte nostalgia. Não conseguia decifrar com exatidão o porquê daquela sensação que, volta e meia, o envolvia. Era uma sensação melancólica.

– Que pena; mais uma vez é preciso adiar nosso encontro.

– Quer mesmo conhecê-la?

– Claro que sim. Por que, não sou confiável?

– Ah, por favor, Raul, não me deixe constrangida.

Fez-se silêncio por alguns instantes, e logo depois:

– Por que quer conhecê-la?

Raul olhou espantado para a jovem.

– Não sei, apenas curiosidade.

Adriana, no mesmo momento, pensou em Liz. Do lado da moça, não havia apenas curiosidade, mas também um sentimento platônico pelo artista. Muitas vezes se perguntava se não era apenas uma ilusão por ele ser um estrangeiro conhecido por suas obras, alguém bem-sucedido.

Embora, para muitos, Raul simplesmente não existisse. Pelos menos para os que ignoravam o mundo da arte. Infelizmente, tudo que dizia respeito à arte, de modo geral, eram temas sem valor nenhum para a maioria da população. Como se preocupar com cultura, costumes, informações sobre grandes pintores, escultores, escritores, teatro, dança, se em muitos países, ainda, faltava até o que comer; faltava educação, orientações de pais para filhos, de professores para alunos, de famílias para famílias? Lugares onde o que se ganha mal dá para suprir as necessidades básicas de um cidadão que paga, e muito bem, seus impostos? E na área da saúde pública, então? Há locais em que o atendimento nunca é feito no momento em que mais se necessita, embora, se há procura por um médico, é porque há necessidades evidentes; ninguém busca atendimento médico por nada. Corredores de hospitais sempre lotados demonstram falta de respeito, de humanidade, de fraternidade – os governantes não se importam com a vida do trabalhador de seu país.

E o que dizer da falta de vergonha que ainda acompanha alguns poucos privilegiados que vivem em berço esplêndido? Para muitos governantes, não é interessante que seu povo seja instruído, que cultive o saber, que se interesse pelo conhecimento, seja em que sentido for. Os cidadãos deveriam buscar ensinamentos, trazendo boa formação para si por ser um direito seu. Poderiam ser enumerados vários direitos de um cidadão que luta e trabalha por seu país de sol a sol, para ver, pelo menos algumas vezes, um sorriso de felicidade nos lábios de um filho.

Mas voltemos à história de Raul.

Liz tinha visto Raul uma única vez, quando viera à Espanha para cobrir uma matéria sobre gastronomia. Tinha então cruzado com o artista, sentado em uma mesa de restaurante com alguns amigos. Mas Raul não havia tido a mesma oportunidade, pois não a vira. Depois de alguns anos, Liz deveria se dirigir para lá novamente, para fazer uma reportagem em uma galeria de arte, mas não tinha conseguido realizar o trabalho. Ficara adoentada, nauseada, e acabara impedida de viajar. Quem tinha feito toda a matéria era um colega de profissão. Nessas circunstâncias, Liz tomara conhecimento daquele jovem amante da arte, cujo fascínio sobre ela, por mais que desejasse, não conseguia compreender ou justificar com uma explicação plausível.

A jornalista colecionava tudo a respeito de seu artista preferido.

– É simples assim sua resposta? Curiosidade?

– Quais eram suas expectativas?

– Expectativas... eu?

– Claro. É evidente que minha resposta não a convenceu.

– Você está certo; não me convenceu mesmo. Posso ser sincera?

– Por favor.

– Por que logo após seu irmão deparar com as fotos de Liz ele decidiu sair às pressas naquele dia?

– Já se passaram tantos meses, e você ainda não esqueceu a impressão que teve de Ramon?

– Será que é só impressão mesmo o que senti? Será que Ramon não guarda algum segredo?

Raul soltou uma risada alta.

– Ele está aqui. Se quiser, podemos chamá-lo para esclarecer suas dúvidas.

– Nem pensar. Desculpe, mas seu irmão é intragável!

Raul riu novamente de Adriana.

– Não... Não é assim como você pinta. Quando conhecê-lo melhor, vai apagar essa má impressão que ficou em você.

– Não sei não...

– Ramon só é mais introvertido; ele não se abre com facilidade para as pessoas. É cético também, não se deixa convencer apenas pelo que vê. Ele é um homem limitado, contido.

– Está dizendo *limitado* no sentido figurativo da palavra?

– Sim. Para ele, não há acaso nem coincidências. A seu ver, tudo tem uma explicação plausível. Esse é o motivo de sua distância. Enquanto não confia em uma pessoa, ele não se abre facilmente, como eu, por exemplo.

– Então volto a acreditar que Ramon tem explicações plausíveis por ter ido embora depois que viu aquelas fotos, não é mesmo?

– Vamos ficar a noite toda falando de Ramon?

– Por que está fugindo do assunto?

– Não estou fugindo em hipótese nenhuma. É que ocorreram alguns enganos naquela noite.

– Quer me convencer de que a atitude de seu irmão foi um engano?

– Não, você está distorcendo as palavras. Os enganos apenas aconteceram. Ramon teve um mal-estar, e você tirou conclusões precipitadas. Diga-se de passagem, erradas. Não houve motivo algum; ele só se sentiu mal.

– Tudo bem, Raul, você está querendo me confundir. – Adriana esperava tudo, menos que Ramon fosse entrar exatamente naquele momento.

– Ah, achei você! Estão todos te procurando, Raul. Não é nada elegante o artista ficar fechado em sua sala com um espectador exclusivo.

– Lembra-se de Adriana? – Raul perguntou ao irmão.

– Como poderia me esquecer?

Ramon se aproximou e deu dois beijos gentis nas faces de Adriana.

– Se me contassem que estava aqui, não acreditaria. Ainda bem que vi com meus próprios olhos!

– O que quer dizer com isso? – perguntou Adriana, desconfiada.

– Absolutamente nada, apenas que fiquei surpreso.

– Eu já estava de saída. – Adriana pegou a bolsa de cima da mesa de centro para se despedir.

– Por favor, não vá – pediu Ramon, tentando ser amigável.

– Por que você é tão chato e inconveniente?

– Não vão discutir aqui, vão? – perguntou Raul.

Adriana se aproximou de Raul e lhe deu um forte abraço, tentando não estragar a harmonia que havia entre eles antes de Ramon chegar.

– Por favor, não vá, Ramon. Ela está brincando, não é?

Ramon, se redimindo, assim que a jovem afrouxou o abraço do irmão, abraçou-a com carinho e disse em seu ouvido:

– Você pensa que acha tudo isso de mim, mas sei muito bem que, no fundo, bem lá no fundo, não sente essa repulsa toda por minha pessoa.

– Mas você é muito abusado mesmo! – Adriana se virou e, saindo, finalizou: – Amanhã vejo você, Raul.

– Não quer me esperar, e mais tarde eu a levo?

– Não, fique sossegado. Renato está comigo.

Assim que Adriana saiu, Raul comentou com Ramon:

– Ganharia mais se ficasse calado.

– E por que eu faria isso? Depois você quer que eu seja menos introvertido. Essa garota veio até aqui para ver a exposição?

– Não, veio também para fazer uma matéria para uma revista muito conceituada no Brasil.

– Por favor, Raul, me poupe de sua infantilidade. Você precisa começar a não se abrir tanto com as pessoas que acaba de conhecer.

– Não vejo mal algum.

– Raul, para pra pensar: essa garota se desabalou do Brasil para ver obra de arte aqui na Espanha?

– Ela gosta, ora. Ela trabalha com isso!

– Escuta o que vou dizer: freia um pouco essa "confiança" em todo mundo. Espera, analisa onde pisa, depois sim pode continuar a caminhar, desde que o terreno esteja sólido. Ah, antes que eu me esqueça: há uma moça lindíssima chamada Anna à sua espera. Aliás, ela é muito charmosa.

– Está vendo? Essa moça também é brasileira, e também se desabalou do Brasil para vir à exposição.

– Deixa de ser ingênuo: ela veio pra ver você!

Ramon, meio irritado com o irmão, saiu e o deixou falando sozinho. Em seguida, Raul foi receber Anna. A brasileira realmente se interessava por quadros, esculturas, mas era lógico que Ramon estava certo: Anna viera à Espanha pelo artista, e não apenas pelas obras dele.

Mesmo Ramon tendo chamado a atenção do irmão, acreditando protegê-lo, Raul não havia absorvido absolutamente nada, sendo muito gentil com Anna.

– Veio sozinha?

– Não, vim acompanhada por Adriana e Renato.

– Ah, sim. Tinha me esquecido de que Adriana trabalha em sua galeria.

– Não é só minha; é da minha irmã Rose também.

– Já circulou pela exposição?

– Estava esperando sua companhia.

– Que prazer!

Raul ficou na companhia de Anna quase até o término da exposição, mal conseguindo falar com os pais. Anna não se arrependeu de esperá-lo; depois, fez questão de aproveitar a companhia de Raul até os últimos minutos.

Raul, gentilmente, agora a levava ao hotel.

– Já está entregue, sem perigo nenhum – disse o jovem artista em tom de brincadeira.

– Não quer subir um pouco?

– Não acho uma boa ideia.

– Não vai fazer essa desfeita para mim; afinal, vim do Brasil exclusivamente para prestigiá-lo.

Raul, como sempre, não conseguiu negar um pedido de uma garota.

Assim que chegaram ao quarto, Anna tirou os sapatos e preparou uma bebida para ambos. Raul se acomodou no confortável sofá que havia no quarto espaçoso. Anna sentou-se ao lado dele.

– Você fica por aqui até quando?

– Vamos embora para o Brasil depois de amanhã, a não ser que receba um convite de alguém muito especial.

Raul sorriu educadamente. Anna Lúcia era uma mulher muito bonita e atraente; mas Raul, como um homem elegante e de princípios, não queria se aproveitar das oferendas da jovem brasileira.

– O que quer que eu diga a você?

Anna sorveu um pouco da bebida e, com um sorriso tentador, se aproximou de Raul impetuosamente e o beijou nos lábios com eloquência. Raul era educado e gentil, mas não era tolo. Sem vontade nenhuma de se desvencilhar da garota, entregou-se ao ritmo frenético do beijo da beldade brasileira. Estavam em um êxtase praticamente incontrolável, quando bateram à porta.

– Ah... essa não... – disse Anna, ofegante. Mas quem estava do outro lado da porta insistiu.

– Você não precisa atender – concluiu o espanhol, já envolvido nos braços da impetuosa brasileira.

Mesmo assim, insistiam em bater à porta.

– Ah, meu espanhol, tenho que atender. Caso contrário, essa pessoa desagradável não vai desistir.

Anna se ajeitou e, quando abriu a porta, ficou ainda mais contrariada.

– Ah... São vocês?

Adriana, acompanhada de Renato, deu-se conta de que havia interrompido um encontro *caliente*.

– Interrompi alguma coisa?

– Adriana, por favor, não seja inconveniente!

– Está com algum espanhol aí, não está? – questionou Renato, meio alegrinho pelos drinques que havia tomado.

– Falem logo o que desejam. Estou ocupada.

– Está-se vendo que ela está mesmo ocupada.

– Para, Renato. Isso não é da nossa conta – falou Adriana. – Homem de fogo é uma chatice!

Raul pôde ouvir quem eram os visitantes. Então levantou-se e se dirigiu à porta.

– Pode entrar, Adriana, eu já estava de saída.

– Raul? O que está fazendo aqui?

Raul, educadamente, não respondeu nada; era desnecessário.

– Apenas vim acompanhar Anna, mas ela está cansada e eu também. Boa noite a todos. – Raul deu um beijo nos lábios ardentes de Anna e foi embora.

Adriana ficou completamente fora de si. Era quase impossível se recuperar da surpresa que ainda vibrava em seu corpo.

– Vocês dois são uns chatos. Viram o que fizeram? Quando enfim conquisto o espanhol, vocês estragam tudo!

– Podemos entrar?

– Agora podem, já que estragaram tudo mesmo!

Adriana entrou, com Renato atrás de si.

– Não estou acreditando no que acabei de ver.

– Qual é o problema, Adriana? Ele é solteiro e eu também, não sei qual é o motivo da surpresa. Digam logo o que querem; estou cansada.

– Se o espanhol estivesse aqui, não falaria isso.

– Cala a boca, Renato. Vamos para o nosso quarto.

– Não vai dizer por que bateu na minha porta em uma hora imprópria?

– Ah, sim. Você me pediu para tentar trocar as passagens; consegui para amanhã.

– E precisava vir me dizer agora, Adriana? Sabe quando vou conseguir um espanhol como este outra vez? Nunca mais. Depois, meus planos mudaram. Vou ficar mais uns dois dias.

– Vai? – perguntou Adriana, já supondo os motivos.

– Acho que sim.

Adriana mordeu os lábios, mas não disse nada.

– Desculpa. Já estou indo. Tchau...

– Tchau para você dois.

Quando Raul chegou em casa, passava das quatro da manhã e a casa estava em silêncio. Ele foi para seu quarto, tomou uma ducha e se jogou na cama. Não houve tempo sequer para saborear a lembrança dos beijos *calientes* da brasileira, pois logo adormeceu.

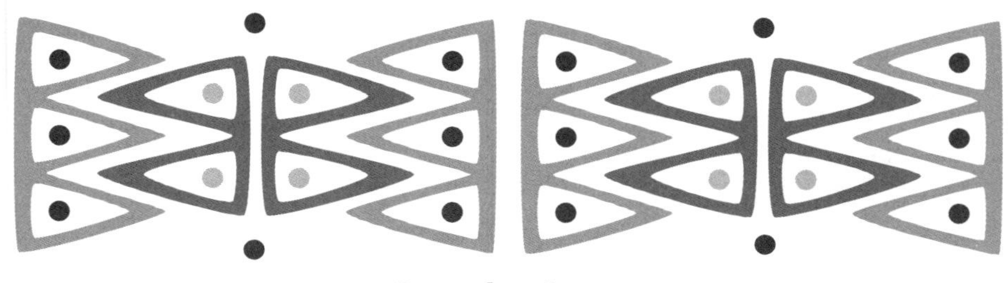

Capítulo 7

VOLTA AO BRASIL

No dia seguinte, Raul foi normalmente para a galeria e fez a conferência de todos os quadros e esculturas. A noite anterior havia sido boa tanto para os novos pintores quanto para os já conhecidos.

– Bom dia, Raul – cumprimentou Paloma.

– Bom dia.

– Estava dando uma olhada; saíram muitos quadros ontem.

– Fico feliz por isso.

– Não parece muito entusiasmado.

– Você já me conhece: amo o que faço. Meu prazer está em produzir a obra, e não em comercializá-la.

– Já sei. Não precisa repetir "Me sinto vivo quando estou à frente do cavalete". Eu o conheço muito bem. Concordo que tem que haver um algo a mais, mas não se entusiasmar com boas vendas é muito desprendimento para o meu gosto.

– Paloma, não é apenas *haver um algo a mais*. É todo o meu sentimento que está ali naquela pintura, toda a minha inspiração!

– Tudo bem, concordo com você. Não vamos ficar aqui medindo sentimentos.

– Está vendo como se refere aos meus sentimentos?

– Quer saber ou não como foram as vendas?

– Nossa, foram tão boas assim?

– Pode apostar.

– Então vamos conferir tudo rapidamente. Hoje sinto uma imensa necessidade de ficar em frente ao cavalete.

Paloma já o conhecia o bastante para saber que quando falava em ficar *em frente ao cavalete* era para não ser perturbado em hipótese nenhuma.

Raul e Paloma conferiram tudo. Logo depois, Paloma deu uma arrumada geral na galeria, e Raul se fechou em sua sala. Antes, tirou de trás da mesa um grande quadro e o colocou no cavalete. Puxou de uma vez o enorme tecido branco que o cobria e sentou-se à sua frente para admirar a singela imagem do rosto de seus vislumbres. Ficou a fitá-la por muito tempo:

– Será mesmo que você é quem eu penso? O que quer de mim? Por que insiste em ficar em meus pensamentos?

Diante do desenho, Raul se fazia muitas perguntas para o vazio que sentia, na tentativa de obter respostas, mas foi interrompido com uma batida à porta.

– Paloma, pedi para não ser incomodado.

– Eu sei, Raul, mas há uma moça aqui que insiste em lhe falar.

– Adriana! Esqueci que ela viria – disse a si mesmo ao se lembrar. Colocou o quadro de novo atrás da mesa e o cobriu, e em seguida abriu a porta.

– Posso deixá-la entrar, Raul?

– É Adriana?

– Ela mesma.

– Peça para entrar.

Paloma se retirou e liberou a moça. Raul, gentilmente, aguardou-a à porta.

– Já sei: estou te atrapalhando!

– Não se incomode com isso, fique à vontade.

Adriana se sentou no espaçoso sofá branco e ficou observando tudo ao redor. Havia várias prateleiras que continham muitas, inúmeras tintas, colorindo toda a sala. Alguns cavaletes, muitos lápis e várias telas ainda esperando os primeiros traços completavam o ambiente. Adriana fixava os olhos em tudo com uma expressão de felicidade no rosto.

– Posso ver tudo de perto?

– Esteja à vontade.

Adriana olhava os objetos com admiração; parecia-lhe um mundo à parte aquele. Era como se estivesse em um conto de fadas, com tantas imagens maravilhosas e coloridas distribuídas pela imensa sala.

– Quantos quadros já prontos você possui aqui! Nunca tive oportunidade de conhecer um ateliê assim de perto. Como gostaria de sentir essa experiência tão fascinante das cores. Parece que tudo aqui é irreal...

Adriana sentia-se quase em um transe. Depois de admirar por muito tempo o ambiente, reparou que atrás da mesa de Raul havia um grande quadro coberto. Mais que depressa se aproximou, mas instintivamente percebeu que não era algo para ser descoberto, pois estava semioculto, separado dos demais. Porém a jovem, motivada pela curiosidade, perguntou:

– Posso ver?

Raul se levantou, impedindo-a:

– Por favor, não faça isso!

Adriana ficou paralisada, o olhar fixo em Raul.

– Tudo bem. Acho que devo ir.

– Por favor, não vá. Não se sinta ofendida. É um quadro particular.

– Acho melhor ir mesmo. Você deve estar querendo ficar sozinho, e eu aqui o atrapalhando. – Adriana fez menção de partir, mas Raul a impediu.

– Por favor, fique, preciso de companhia.

Adriana se voltou para ele, sentindo um tom de insegurança em sua voz.

– Está bem. O que o está incomodando?

Raul silenciou por alguns instantes, depois se pronunciou:

– Não sinto incômodo nem nada semelhante. Apenas tento encontrar respostas para minhas dúvidas.

Adriana se aproximou de Raul e segurou suas mãos.

– Não sei se são cismas minhas, mas há algo entre mim e você que eu também tento desvendar.

– Já sentiu em algum momento de sua vida que lhe falta algo?

– Não sei... Não sei responder.

– Há muito tempo, um rosto de mulher me acompanha. Sempre que penso em começar um esboço de uma mulher qualquer, não consigo me concentrar. Quando tento, sem motivo aparente, risco os mesmos traços, da mesma mulher.

Adriana se interessou pelo mistério de Raul.

– O que esconde atrás de sua mesa é essa mulher?

– Sim. Por isso peço que respeite essas incertezas minhas. Atrás daquele pano branco há algo que ainda não consegui desvendar; contudo, é muito importante para mim.

Adriana achou o jovem pintor muito misterioso. Acomodou-se no sofá e ficou intrigada olhando para aquele pano; sua curiosidade era mortal.

– Mas quem é essa mulher que o tira de sintonia assim tão de repente?

– Não pergunte, porque não sei a resposta. Ela vive exatamente ali, atrás da minha mesa, há muito tempo. Todos os dias busco respostas, mas até hoje não as obtive. Se reparar, entre minhas obras não há sequer um esboço de mulher.

– O que quer dizer com isso?

– Que possuo muita inspiração para minhas pinturas e esculturas, mas não há nenhum esboço ou pintura da imagem de uma mulher que seja.

Adriana ficou arrepiada com o que acabava de ouvir,

– Meu Deus, é verdade! Não vi uma só imagem de mulher que fosse. Qual é o motivo de tudo isso?

– Não consigo. Sempre que tento, deparo com a figura da mesma jovem.

– Credo, Raul. O que seria isso? Um presságio?

– Não seria tão radical assim na resposta, mas diria que existe algo muito forte entre mim e ela.

– Puxa vida, parece até uma história de amor! O que sente por ela?

– Algo muito forte, uma necessidade grande de encontrá-la.

– Raul, isso é uma história de amor.

– Não sei se é, mas vive em mim, isso é fato.

Adriana olhou para o quadro coberto.

– Tem certeza de que não conhece essa mulher? Tem certeza de que não há uma semelhança com alguém que por acaso já tenha visto ou em quem já tenha esbarrado?

– Tenho absoluta certeza de que não a conheço.

– Ai, Raul, estou ficando assustada!

– Não exagere. E, depois, ela está entre nós; não é uma alma penada.

– O que lhe dá tanta certeza?

– Eu sinto; ela está me esperando.

– Bem, vamos dar por encerrado este assunto. Prometo que nunca mais vou chegar perto daquele quadro, pode ficar sossegado. Credo, que horror!

Raul se descontraiu com os trejeitos de Adriana querendo espantar seus medos.

– Relaxe, não é alma penada.

– Ai, Raul, por favor, vamos parar com esse assunto.

Raul riu sonoramente.

– Se tem um sentimento forte entre você e essa mulher do quadro, por que ontem à noite...?

Raul a interrompeu:

– Tinha certeza de que iria me fazer essa pergunta.

– E o que me responde?

– Apenas aconteceu, só isso.

– Simples assim?

– O que quer que eu responda? Que caí de amores pela bela Anna?

– Então admite que os encantos dela mexeram com você?

– Ah, minha querida Adriana... Sempre quer ir mais fundo em meus pensamentos do que lhe ofereço.

– Só quero que responda a uma única coisa.

– Tudo bem; já vi que com você não há argumentos.

– Ela significou alguma coisa pra você?

– Do jeito que pede explicações, parece ser minha namorada.

Adriana ficou completamente sem jeito.

– Pelo amor de Deus, Raul, assim fico desconcertada.

– Não é pra tanto. Respondendo à sua pergunta indiscretíssima: não houve nada de muito sério, mas, se eu disser que não foi bom passar alguns minutos com a atraente Anna, vou ser hipócrita demais. – Raul riu alto diante da expressão de surpresa de Adriana.

– Não precisava ser tão sincero assim, afinal, não estou interessada no que aconteceu realmente naquele quarto.

– Não minta com essa cara de pau. Se pudesse, me faria descrever tudo o que se passou ontem à noite.

– Eu me preocupo com você, ora!

– Vou fingir que acredito, está bem?

Adriana e Raul de fato haviam selado uma sólida amizade. Sentiam-se bem um ao lado do outro, e Raul confiava seus sentimentos a Adriana.

– Está na minha hora. Renato está me esperando para voltarmos ao Brasil.

Raul abraçou Adriana com carinho.

– Faça uma boa viagem. Telefone-me antes da próxima vez, para que fique hospedada em minha casa.

– Deus que me livre... Com o chato do seu irmão lá? Agradeço muito sua gentileza, mas prefiro um hotel. Quando vejo você de novo?

– Não sei, mas tenho certeza de que não ficaremos mais separados. Quando eu voltar ao Brasil, procuro você.

Adriana passou o número do celular ao novo amigo.

Assim que Adriana desembarcou no aeroporto, chamou um táxi e foi direto para casa. Ela morava com a mãe e a irmã em um bairro tradicional da cidade.

– Adriana, minha filha. Já chegou? Não ia voltar só no final da semana? – perguntou Evita, feliz:

Adriana deu um forte abraço na mãe.

– Pois é, mãe, resolvi adiantar. Liz está por aqui?

– Ainda não chegou.

– Sabe onde está cobrindo reportagem?

– Não. Por que tanta impaciência?

– Por nada, mãe.

– *Por nada* não é resposta. Eu a conheço muito bem! Espero que não tenha vindo com novidades do artista pelo qual sua irmã é completamente doente. Isso vai acabar mal.

Adriana estava esquisita, na opinião da mãe, que achou melhor deixar para especular quando ela estivesse mais descansada.

Adriana foi para o quarto, jogou-se na cama e fez uma ligação para a irmã:

– Alô, Liz?

– Sim. Onde você está?

– Já cheguei.

– Mas já? Aposto que não fez nada do que pedi.

– Dá para vir agora pra casa?

– Claro que não; ainda estou trabalhando.

– Na rua, ou na redação?

– Na redação. O que houve? Está tão aflita!

– Nem te conto. Termine logo e venha o mais rápido que puder.

Adriana encerrou a ligação. Liz, por sua vez, ficou apreensiva com as palavras de Adriana. Sabia que algo havia acontecido.

Liz ainda ficou na redação por mais algum tempo; só conseguiu ir embora depois de tudo terminado.

Renato, antes de ir para casa, passou na redação e deixou a matéria que havia feito na Espanha para que pudessem editar a entrevista. Liz cruzou com ele no corredor.

– Olá, Renato. Tudo bem?

– Tudo.

– Fez boa viagem?

– Sim.

Liz estava meio sem jeito de entrar no assunto, já que o colega de profissão parecia reticente. Por fim, arriscou:

– Fez a entrevista com Raul?

– Fiz sim. Foi muito boa a entrevista. O cara é gente boa, me atendeu na hora. Claro que sua irmã deu uma forcinha. Foi muito legal; ficamos em uma sala reservada. O cara é simples de tudo!

– Que bom. A matéria está aí com você?

– Claro. Estou supercansado, mas achei melhor trazer a matéria aqui primeiro antes de ir para casa. Hoje não volto mais.

– Quer que eu entregue pra você?

– Não, pode deixar. Eu tenho que dar algumas explicações para o chefe antes.

– Mas você disse que está muito cansado. O que me custa?

– Obrigado mesmo, Liz, mas eu quero falar com o chefe pessoalmente.

– Tudo bem, então. Anna voltou com vocês?

– Não, ficou por lá.

– Fazendo o quê?

– Ah, engraçou-se com o espanhol.

– O que está me dizendo?

– Ah, Liz, é uma fofoca longa. Pergunta pra sua irmã que ela te conta.

Liz não deu nenhuma resposta, e Renato seguiu para a sala do chefe.

"Não acredito que aquela oferecida deu em cima de Raul. Ah, eu ainda mato essa garota!", pensou.

Quando Liz chegou em casa, encontrou a mãe e a irmã na sala.

– Boa noite, mãe.

– Boa noite, minha filha. Como foi seu dia?

– Foi ótimo, mãe.

– Que Deus te abençoe.

– Amém, mãe.

– Aonde vão com tanta pressa? O que estão aprontando?

– Nada, mãe, nada...

Adriana estava mais que aflita, até um pouco descontrolada. Fez sinal para que a irmã fosse para o quarto. Logo as duas conversavam a sós.

– O que houve para estar nesse desespero todo? Aposto que não fez nada do que pedi. Sondou ele?

– Quer se calar e me ouvir?

– Tudo bem. O que houve?

– Não sei se vai ser bom ou ruim pra você.

– Tudo bem, fala logo.

– Ele não tem nenhuma espanhola, está livre. Ah... Outra coisa: quer conhecê-la de qualquer jeito!

– Como sabe?

– Ah, a gente sente quando alguém fica desapontado. E ele ficou porque você não apareceu lá.

– Só isso?

– Não. Lembrei-me de mais um detalhe. Quando Renato mencionou seu nome, ele ficou agitado e perguntou se vocês se conheciam. Renato respondeu que trabalhavam juntos na mesma redação.

– Puxa, Adriana, pensei que fosse levantar mais informações sobre ele.

– O que queria que eu fizesse? Que arrancasse à força informações sobre a vida dele?

– Só tem isso para me contar?

Adriana a olhou com desconfiança.

– Acha pouco? Ainda não há mulher nenhuma em sua vida!

Liz abriu a porta do armário e pegou as fotos de Raul. Jogou-se na cama com elas.

– Em vez de gastar tempo olhando essas fotos gastas de revista, por que não se aventura logo e vai para a Espanha conhecê-lo?

– Se tivesse coragem, juro que iria. Faria um empréstimo, até roubar eu me arriscaria, mas sou uma idiota mesmo.

– Ah, lembrei de mais uma coisa. Ele é todo misterioso; tem um quadro imenso atrás da mesa dele.

– Um quadro? Que quadro é esse?

– Foi a mesma pergunta que me fiz... Não sei.

Liz se ajeitou na cama e insistiu:

– Como não sabe? Não deu para enxergar?

– Não é isso; ele está coberto com um pano.

– Coberto? Ai, que raiva! Por que não tirou o pano de cima do quadro?

– Até tentei, mas ele me impediu.

– Não acredito que ele fez isso!

– Pois fez. Mas se retratou em seguida. Pediu-me desculpas e contou que era uma pintura de uma mulher. Falou também que o rosto dessa mulher o acompanha há muito tempo. Ele é cheio de mistérios. Acredita que essa história até me deixou arrepiada? Fiquei muito intrigada com aquele quadro coberto. Mas ele não quis mostrar de jeito nenhum.

Liz se deixou cair para trás na cama, ficando em silêncio.

– O que houve?

– Nada.

– Como nada? Fechou-se de repente. Puxa, irmã, queria tanto ajudá-la, mas não tem como.

– Não tem importância; preciso esquecê-lo. Tenho que tirá-lo dos meus pensamentos.

– Ainda não me conformo com esse amor que sente por ele. Você só o viu uma única vez!

– É coisa de alma, eu sinto, sei que é. Se ao menos eu soubesse quem é a mulher misteriosa do quadro... Será que ele já tem alguém no coração?

– No coração não sei, mas uma mulher real tenho certeza que não.

– Preciso fazer alguma coisa.

– Pois faça. Da próxima vez que eu for visitá-lo, você vai comigo.

– Por que *da próxima vez*?

– Ele me convidou para ficar na casa dele!

– Não vai haver próxima vez. Esqueceu que temos que pagar meu chefe?

– Tem razão, ainda tem essa. Se a mamãe descobre que pegamos dinheiro emprestado para eu ir à Espanha acompanhar Renato, estamos fritas.

Liz ficou quieta; tinha certeza de que a irmã seria leal com ela.

– Também, Nelson tinha que mudar tudo de última hora? Essa entrevista era para ser minha. No fim, me deixou aqui e colocou Renato em meu lugar! Se tivesse me deixado cobrir essa matéria, não precisaríamos ter pegado dinheiro nenhum com ele.

– Você já sabe qual é minha opinião sobre esse seu chefe, não sabe?

– Para com isso, Adriana. Não tem nada a ver.

– Tem sim. Quando se entusiasmou com a entrevista, ele logo arrumou outra reportagem para você.

– Não me interessa se ele gosta de mim ou não.

– Claro que gosta, Liz!

– Que seja, vai... Tenho que pagar sua passagem e sua hospedagem também. Preciso com urgência me livrar dessa dívida que fiz com ele.

– Eu vou ajudar você. Ficou combinado que a dívida é minha também. Quando eu receber, já te dou minha parte. O que não fazemos por uma irmã?

– Adriana, tem certeza de que não há mais nada para me contar?

– Por quê? Está desconfiando de mim?

– Anna Lúcia foi também, não foi?

– Quem te contou?

– Então é verdade? Anna Lúcia foi com vocês...

– Puxa, irmã, não pude fazer nada, afinal, ela é uma das donas da galeria.

– Quando ia me contar que Anna Lúcia, além de ir com vocês, também deu em cima de Raul?

– Eu não sei se ela deu em cima de Raul.

– Ah, não sabe? Já sei tudo; apenas quero me certificar dos detalhes.

Adriana ficou sem saber o que responder.

– Por favor, Adriana, me conta. Preciso saber.

– Para que se martirizar? Não teve nenhuma importância para ele.

– Não sei não... Homem não pode ver um par de pernas que já fica burro.

– Claro que não... Quer dizer, ele diz que não.

– Então falou com ele sobre isso?

– Falei. E falei justamente para sondá-lo pra você.

– Por favor, me conte.

– Tudo bem.

Adriana contou tudo o que havia acontecido na mesma noite da exposição. Liz não conteve as lágrimas.

– Por isso não queria contar nada – falou Adriana. – Não gosto de vê-la sofrer por um cara que nem conhece.

– Não conheço ainda, mas com toda a certeza de minha alma vou conhecer.

– Como pode amar um cara que viu uma única vez?

– Ele faz parte da minha vida, da minha alma.

– Anna ficou lá.

– Eu sei... Com certeza, ela ficou para acabar o que não terminou.

Liz, olhando as fotos que estavam com ela na cama, sentiu-se muito triste.

– Chega de ver essas fotos, vai? Estou ficando nervosa.

Liz abraçou a irmã com carinho.

– Obrigada, irmã, por tudo o que fez por mim. Puxa vida, como queria ter ido no lugar de Renato.

– Não fica assim, vai. Não gosto de vê-la triste. Eu deveria ter contado logo sobre você.

– Ficou louca? Ele nem sabe que existo!

– Se não sabe da sua existência, ficaria sabendo e pronto. E, depois, ele sabe que existe uma Liz jornalista, e é alguém que ele quer conhecer.

– Não, Adriana, a coisa correta a se fazer é esquecê-lo, tirá-lo de dentro do meu peito. Se ele a deixou pensar que quer me conhecer, foi por educação.

– Às vezes não. Ele achou a garota das fotos na exposição muito bonita, disse que deveria seguir carreira de modelo fotográfico.

– Para você ver como são os homens. Querem conhecer a modelo, e não a Liz. Não importa meu nome; o que importa é que eu seja uma garota e pronto. Os rapazes são todos iguais. Meu Deus, preciso esquecer esse cara de qualquer maneira...

Evita bateu à porta e chamou as filhas para jantar. Adriana foi logo, mas Liz foi tomar banho e depois se deitou; não sentia fome.

– O que está acontecendo com vocês duas? – indagou a mãe.

– Nada, mãe.

– Quer me enganar? Sei que há algum mistério nesse meio.

– Mãe, a senhora já teve um amor platônico?

– Que pergunta é essa sem cabimento?

– Não vejo nada de mais em falar de amor. Às vezes a senhora me parece fria.

– O que é isso, minha filha? Isso é jeito de falar com uma mãe?

– A senhora nunca amou o papai.

– Quem disse essa barbaridade? Se eu não o amasse, não teria me casado, ora!

– E aquela história de que seu noivo a deixou na véspera de se casarem?

Evita se irritou:

– De onde tirou isso?

– Mãe, Liz e eu já somos mulheres adultas. Eu que pergunto à senhora: quer nos enganar?

Evita ficou sem chão, mas mostrou-se firme:

– Escute uma coisa, minha filha: quem lhe contou essa história estava completamente enganado. Nunca houve noivo, e muito menos um amor platônico. O único homem que amei foi seu pai.

– Mesmo que essa pessoa seja o papai? Pois foi ele mesmo quem contou.

Evita pensou que fosse ter um ataque do coração. Ficou sem reação, mal conseguindo respirar.

– Calma, mãe, não era para a senhora ficar tão chocada assim.

Depois de algum tempo, Evita se pronunciou:

– Seu pai? Não acredito que ele tivesse coragem de inventar um absurdo desses. Eu e seu pai sempre nos demos muito bem, sempre respeitamos um ao outro.

– Tudo bem, mãe. Vamos encerrar esse assunto; quando sentir necessidade de falar sobre isso, estarei aqui, pronta para ouvir.

Evita se levantou da mesa e, muito nervosa, foi para a cozinha. Adriana sabia sobre o grande amor da mãe, porém não fora seu pai quem havia contado; tinha sido sua irmã, Liz. Ela sempre soubera de toda a história da mãe, e se sentia revoltada pela humilhação que a mãe havia passado. Liz só tinha ocultado que o noivo que havia abandonado a mãe agora era seu cunhado.

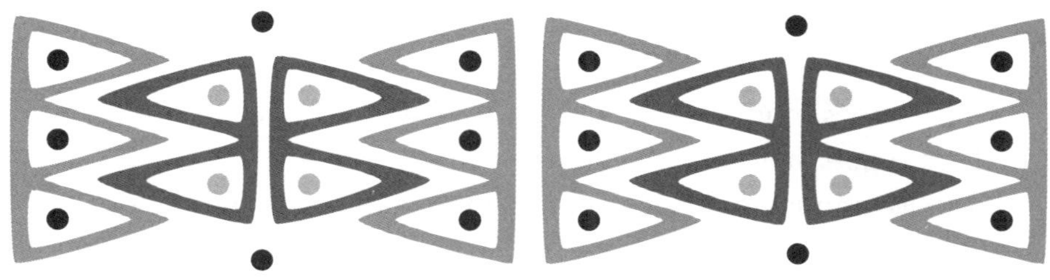

Capítulo 8

CONSUELO CHEGA AO BRASIL

Passaram-se mais alguns dias, e Consuelo decidiu ir ao Brasil para visitar a irmã. Seria muito difícil esse encontro, mas era necessário. Não suportava mais conviver com aquela angústia sempre lhe cobrando. Era noite, e Consuelo esperava todos chegarem para comunicar a notícia. Quando, depois do banho, a família se reuniu para o jantar, ela falou:

– Bem, tenho uma notícia para comunicar a todos. Resolvi que daqui a três dias embarco para o Brasil.

Todos a olharam admirados.

– Para o Brasil, mãe? – perguntaram os dois filhos ao mesmo tempo.

– Isso mesmo, para o Brasil.

– Que novidade é essa? – questionou Ramon, sem entender a mãe, que sempre se recusara a voltar ao Brasil por diversas vezes.

– Sei que estão todos muito espantados, mas não posso mais adiar essa viagem. Preciso rever minha irmã e minhas sobrinhas.

Miguel olhou cismado para a esposa.

– Vou com a senhora, mãe – prontificou-se Raul.

– Não, Raul, melhor não.

– Por quê?

– Porque essa viagem foi muito bem planejada, por isso preciso estar sozinha.

– Mas, se a senhora fizer questão de estar só, não há problema nenhum. Faça o que tiver de fazer; não vou atrapalhá-la.

Consuelo olhou com firmeza para o filho e, decidida, respondeu:

– Raul, meu filho, sinto muito, mas essa viagem é só minha. Por favor, respeite.

– Tudo bem... Não vou insistir. Pensei que gostasse de minha companhia.

– Não se faça de vítima, filho. Não vou voltar atrás; está decidido.

– Rapazes, respeitem a vontade da mãe de vocês. Ela precisa estar sozinha. Às vezes até as mães precisam de espaço, sabiam?

Todos riram, contudo Ramon desconfiava de algo, só não tinha certeza. Suas lembranças eram remotas, pois Ramon era muito pequeno ainda à época.

Depois de Miguel repreendê-los, não tocaram mais no assunto.

Passaram-se alguns dias, e Consuelo embarcou para o Brasil.

Ao desembarcar no aeroporto, solicitou um táxi e foi para um hotel. Logo que chegou, tomou um banho, arrumou-se e foi para o bairro onde a irmã sempre tinha morado. No caminho, reviveu os momentos felizes com seus pais e sua irmã.

Consuelo e Evita tinham nascido na Espanha, e estavam com cerca de doze, treze anos quando vieram com os pais para o Brasil. Tiveram momentos muito bons ali. Consuelo recordou que haviam trabalhado na fábrica de tapetes cujas instalações, à época, encontravam-se no mesmo bairro onde moravam. Fora o pai quem conseguira uma colocação para ambas as filhas. A vida era dura, porém foi a época mais feliz de sua vida – tudo era belo e maravilhoso. Não havia maldade nos jovens daquela época, e a educação era mais rígida.

Logo Consuelo parou em frente à casa onde tinha vivido até pouco antes de se casar. Era a única herança que os pais tinham deixado para elas, da qual por fim só Evita desfrutara.

Evita, já esperando pela irmã, viu de dentro da casa, pela janela, que havia parado um táxi em sua porta. Pensou ser a irmã tão esperada; quando foi averiguar, confirmou as desconfianças. Abriu a porta prontamente e foi recebê-la. Ao se verem após tantos anos, foi uma emoção só. Abraçaram-se fortemente e ficaram por longos instantes deixando as emoções extravasarem.

– Vamos, entre. Você é muito bem-vinda.

Consuelo pagou o taxista e, em seguida, entrou com a irmã.

– Cadê suas malas?

– Depois conversaremos sobre isso.

Evita se conteve e não perguntou mais nada.

Assim que Consuelo adentrou a casa, sentiu imensa saudade de tudo que havia vivido ali; a emoção foi grande. Ambas deixaram as lágrimas escorrerem pelo rosto sem constrangimento nenhum.

– Não veio aqui para chorar; veio para que pudéssemos matar a saudade e pôr as novidades em dia.

– Tem razão. Peço desculpas; sou um vexame mesmo. E as meninas, onde estão?

– Estão trabalhando. Liz em uma revista, e Adriana em uma galeria de arte.

– Adriana trabalha com obras de arte?

– Sim; ela adora esse mundo.

– Poxa, que coincidência! Meu filho Raul também; aliás, é um ótimo artista!

– Você disse Raul?

– Sim, por quê?

– Por nada. Passaram umas ideias pela minha cabeça, mas não é nada.

– Liz trabalha em uma revista?

– Sim, fez jornalismo e ama a profissão.

– Ela viaja muito por conta das reportagens?

– Até já foi para Espanha, acredita? Na época, fez reportagem sobre a gastronomia do país.

– Fico feliz em saber que ela está bem.

– Liz é uma garota do bem.

– Tenho certeza de que sim.

– Puxa vida, irmã, faz tanto tempo que não nos vemos! Vamos deixar que as coisas sigam seu curso. Liz não deve ser um abismo entre nós. É uma garota maravilhosa, luta pelo que quer, é estudiosa; com ela, não há tempo ruim. Ressentimentos não farão com que o sangue que corre em nossas veias simplesmente se perca entre nós. Liz não será uma ameaça para você. Bom, então vamos começar do zero. Não quero falar nem me envolver em sentimentos negativos.

Consuelo pousou sua mão sobre a da irmã.

– Tem razão, vamos fazer desse encontro um momento feliz.

– E Carlos, não está?

– Carlos nos deixou já faz alguns meses.

– Como assim?

– Carlos estava com o coração fraco. Fizemos de tudo, mas ele não suportou e teve um infarto fulminante.

– Meu Deus, não me diga! Não soube de nada. Perdoe-me; nunca poderia imaginar que Carlos havia falecido!

– Pois é, a única certeza que temos é que ninguém fica para semente. Um dia, também partiremos. Mas não vamos falar de acontecimentos tristes; minhas filhas e eu estamos muito bem. Não quero falar de partidas, só de chegadas. Venha, vamos tomar um lanche.

Evita, uma grande mulher, recebeu muito bem a irmã, embora Consuelo ainda sentisse culpa por sua infelicidade e por outras coisas a mais que também a desgastavam. Mas estava feliz em revê-la.

Ambas lancharam, contaram histórias e riram muito. As irmãs sentiam-se felizes por terem se reencontrado. Por longas horas, se esqueceram de que tinham filhos.

Já anoitecia quando Consuelo resolveu ir embora.

– Evita, preciso ir. Estou muito feliz com nosso reencontro. Esta tarde foi maravilhosa.

– Não vai ficar aqui em casa?

– Não. Acho melhor eu ficar em um hotel.

– Mas por que resolveu não ficar aqui em casa?

– Achei melhor. Não sei se estou pronta para rever as meninas. Estou bem instalada em um hotel. Amanhã passo aqui por volta das dez da manhã para buscá-la.

– Buscar-me?

– Sim. Amanhã será um dia só nosso. Fique pronta, pois vamos passear muito!

Evita sorriu diante da alegria da irmã. Logo depois, Consuelo foi para o hotel.

Não passou meia hora, e Liz chegou em casa.

– Oi, mãe, tudo bem?

– Tudo. Como foi seu dia?

– Foi bom, mãe. Pelo visto, o da senhora também. Quem esteve aqui? Foram as amigas do clube?

Evita silenciou por alguns instantes.

– O que foi, mãe, aconteceu alguma coisa?

– Não, minha tarde realmente foi muito boa.

– E por que está assim, com essa expressão de amargura?

– Não foram minhas amigas do clube que vieram aqui.

– Não? Então para quem arrumou uma mesa tão caprichada assim?

Evita não respondeu. O silêncio por si só foi a resposta para a filha, que a conhecia muito bem.

– Não me diga que a senhora recebeu Consuelo aqui em casa!

– Consuelo, como diz, é sua tia.

– Já disse que ela não é minha tia! Para ela ser minha tia, tem que ser sua irmã, e ela nunca foi sua irmã; irmãs não se traem desse jeito!

– Mas, minha filha...

Liz a cortou:

– Por favor, não me diga mais nada, porque não suporto ouvir falar dessa mulher.

– Por favor, minha filha, não fale assim...

– O que a senhora quer que eu diga? Que ela é minha tia querida do coração? Mais uma vez, vou repetir: ela não é minha tia; eu a odeio.

– Quem você odeia, Liz?

Evita e Liz olharam juntas para Adriana, parada à porta.

– Quem você odeia? – Adriana repetiu.

As duas, Evita e Liz, se calaram. Não conseguiam responder à simples pergunta de Adriana. Esta se aproximou de ambas e ficou esperando uma resposta.

– De quem estão falando?

– De sua tia.

– Sua irmã da Espanha, mãe? – perguntou Adriana, feliz.

– Ela sim, minha filha. Sua tia veio da Espanha para nos ver.

– Para nos ver não, para ver a senhora, que não tem um pingo de orgulho próprio – Liz respondeu e foi direto para o quarto. Em instantes, saiu de casa, sem dar nenhuma satisfação à mãe.

– O que deu nela?

– Não houve nada, não sei por que vive de mau humor.

– Mãe, Liz não é mal-humorada. O que está acontecendo aqui?

– Nada que você possa resolver.

– Mas preciso saber. Também faço parte da família, ou não?

– Claro, minha filha, que conversa é essa?

– Mas não parece. Liz e a senhora estão me escondendo algo muito sério. Estão sempre cheias de segredinhos.

– Não há assunto nenhum. E depois, você e sua irmã também estão escondendo algo de mim; nem por isso fico atrás de vocês para saber o que é.

– Então é verdade? Escondem algo... Mãe, não disfarça. Conta logo, vai.

– Adriana, confie em mim. Agora não é o momento de falarmos sobre isso; quando for o momento, conversaremos.

– É sempre assim: nunca posso saber nada. Parece até que sou uma intrusa!

– Para de falar bobagens e vá tomar seu banho enquanto apronto o jantar.

Liz estava muito nervosa. Saiu com o carro e andou por um tempo pelas ruas de São Paulo, sem conseguir aceitar a verdade de que a mãe fora exposta e humilhada. Parecia até que a traída tinha sido ela.

Depois de rodar muito com o carro, foi para a revista. Havia alguns funcionários da noite que cobriam plantão. Assim que chegou, viu algumas pessoas por lá, cumprimentou-as e foi para sua sala. Emocionalmente, estava péssima. Não conseguia entender a mãe. "Como ela pode receber a irmã que lhe causou tão mal?", pensou. "Não adianta; ela nunca vai me convencer de que tudo não passou de um romance de juventude." Liz remoía esses pensamentos. O universo não estava conspirando a seu favor: primeiro a decepção da mãe quando o futuro marido a deixara na véspera do casamento para casar com a irmã, e, o que é pior, abandonara-a grávida. Tudo isso era muito para seu entendimento!

Liz deixou as lágrimas que a sufocavam descerem por seu rosto. Chorou, chorou por muito tempo, sentindo a alma em pedaços. Liz jogava palavras ao vento, para que sua alma pudesse se acalmar:

– Odeio você, Miguel. Como pôde abandonar a mim e a mamãe? Nunca, nunca vou perdoá-lo. Jamais quero vê-lo na minha frente. Eu te odeio... Eu te odeio...

Em desespero, Liz chamava pelo seu amor:

– Ai, Raul, como gostaria que estivesse aqui comigo! Por que tudo para mim é pela metade? Tenho mãe, mas nunca vou ter um pai. Amo um homem que nem sabe que eu existo.

Sem querer, Liz bateu a mão no computador e, sem perceber, ele se iluminou à sua frente. Liz poderia esperar tudo, menos o que apareceu na tela bem diante de si.

– Raul!

Era toda a reportagem que Renato havia feito com Raul, além de várias fotos dele no evento. Liz começou a fuçar em tudo. Além de ler toda a entrevista e ver todas as fotos, viu no final da reportagem seu e-mail e demais dados: endereço, o número do telefone da galeria e o número do celular.

– Não estou acreditando! Meu Deus, até que enfim Você olhou aqui pra sua filha!

Num impulso, digitou o número do celular, sem nenhuma pretensão ou expectativa de que alguém do outro lado fosse atender, já que no próprio país, por muitas vezes, não se conseguia completar uma ligação decente.

– Alô? Alô...?

Liz, do outro lado da linha, não acreditava que ouvia a voz do espanhol tão desejado. Não sabia o que fazer, e Raul insistiu:

– Alô? Por que você não quer responder?

Raul ia falando para ganhar tempo a fim de localizar de onde era aquele DDD.

– Por favor, responda.

A emoção tomou toda a alma de Liz, que não conseguia interromper a ligação.

– Por que não se identifica? Se me ligou e ainda está na linha é porque sabia para quem estava ligando, não é?

Ramon, que estava ao lado do irmão, conseguiu a tempo identificar de onde era o DDD. Ramon concluiu:

– É do Brasil, mais especificamente de São Paulo.

Raul sentiu o coração acelerar tanto, que pensou ser possível ele saltar do peito. Controlando-se, continuou:

– Por que ligou para mim? Já nos conhecemos?

Liz não conseguia desligar. Ouvir a voz do homem com quem sonhava todos os dia era mais que emocionante. O homem que estava do outro lado da linha era real, não era um sonho.

– Por favor, responda... Vai me deixar nessa expectativa?

Raul, atento na escuta do aparelho, ouviu um suspiro. Em seguida, alguém soando o nariz, como se estivesse chorando.

– O que está acontecendo com você? Se me contar, quem sabe não posso ser útil? Quem está aí do outro lado da linha: uma garota ou um garoto? Você pode, ao menos, dizer uma só palavrinha?

Liz estava tomada pelo amor e não conseguia nem responder, nem desligar.

Ramon fitava o irmão, sem crer que o desconhecido ainda estava do outro lado da linha.

– Vai mesmo me deixar... nessa agonia?

Liz desligou o celular. "Meu Deus, não estou acreditando. Era ele... Era ele..." Liz deu pulos de alegria, esquecendo-se totalmente do assunto de família.

Raul, por sua vez, praguejou:

– Que droga! Desligou!

– O que você queria? Que a pessoa ficasse na linha até amanhã?

– Puxa vida, por que não me respondeu?

Ramon ria sonoramente do irmão.

– Você viu direito? É do Brasil mesmo essa ligação?

– Não tenho dúvida. De São Paulo.

No dia seguinte, no mesmo horário, Liz ligou.

– Alô? Alô...?

Nada de respostas.

– Já sei. É a pessoa misteriosa, não é?

Raul fazia muitas perguntas para ver se confundia a pessoa do outro lado da linha, na esperança de que uma hora ela fosse responder.

– Por que não responde? O que o impede? Você está me deixando maluco de curiosidade.

Liz ria baixinho para não ser descoberta. Em seguida, desligou.

Raul não estava suportando a vontade de voltar ao Brasil e descobrir quem era aquela pessoa misteriosa. Porém, enquanto a mãe estivesse por lá, não iria desgostá-la.

Aquelas ligações se tornaram constantes. Todos os dias, Raul recebia o telefonema e, na mesma hora, parecia que havia surgido um código entre eles. Liz ficou mais apaixonada por seu espanhol, até que no último telefonema Raul mudou sua estratégia, para ver se a pessoa misteriosa se identificava. Quando Liz fez a ligação e Raul atendeu, foi taxativo:

– Não quer se identificar mesmo? Se continuar em silêncio, não vou atender mais. Vou trocar o meu chip.

Liz ficou desesperada, mas continuou muda.

– Vou lhe fazer uma proposta: esperarei por mais alguns dias; se não me der retorno, paramos por aqui.

Liz, do outro lado da linha, suspirou tão alto em seu desespero, que Raul pode ouvir perfeitamente.

– Não sei qual o motivo de querer ficar anônimo. Contudo, quero muito saber sobre você, sobre sua vida. Minha proposta é a seguinte: me escreva; coloque no papel tudo o que lhe vier à cabeça. Eu farei o mesmo, só que para isso preciso de um endereço para o qual possa enviar minhas cartas. Está bom pra você? Espero mais uns dias e, se não me escrever, não vou mais atender o telefone. Estamos combinados?

Liz não respondeu; apenas desligou o telefone. Raul, com suas intuições, sentiu que estava no caminho certo.

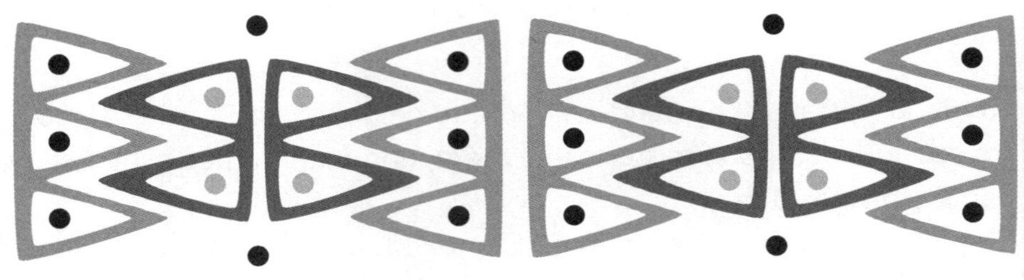

Capítulo 9

TROCA DE CORRESPONDÊNCIAS

Consuelo, no período em que permaneceu no Brasil, saiu todos os dias com a irmã. Foram ao shopping, ao cinema, ao teatro, e se divertiram muito. As mágoas ficaram adormecidas; nenhuma das irmãs tocava no assunto "passado". Saíam cedo e voltavam à noite.

Liz continuava zangada. Enquanto a tia permanecia no Brasil, ela não conversava com a mãe. Adriana, por sua vez, sentia-se mal com o clima em sua casa. Quando a mãe chegava, Liz saía e voltava tarde da noite, só para dormir. Nesses dias, Liz não fazia as refeições em casa; até parecia um protesto contra a mãe. Evita se preocupava muito com Liz e ficava triste por suas atitudes, mas não deu o braço a torcer: ela era adulta, dona do próprio nariz e dona da casa; não podia demonstrar fraqueza.

Chegou o dia em que Consuelo teve que se despedir da irmã e voltar para sua vida, marido e filhos. A Espanha a esperava.

Miguel estava apreensivo com os acontecimentos, pois sua esposa, enquanto estivera no Brasil, não dera sequer um telefonema. Ramon também estava preocupado.

– Quando a mãe vai voltar?

– Não sei, Ramon. Sua mãe não deu sequer um telefonema; até parece que se esqueceu do marido e dos filhos.

– Quer que eu ligue para ela?

– De jeito nenhum! Onde já se viu ir para um outro país e não avisar se está viva ou morta?

Ramon sentiu que algo não estava muito bem. Sem esperar, vislumbrou uma cena de quando era pequeno e brincava com duas garotinhas. Ramon não sabia direito do que se tratava aquelas lembranças; instintivamente não gostava quando o tomavam. Havia um conflito em seus pensamentos. Aos poucos, as imagens que se formavam em sua mente se intensificavam, e ele percebia com nitidez quem eram aquelas garotinhas.

Ramon, agitado, quis ir para a galeria encontrar o irmão. Quando se sentia estranho daquela maneira, o primeiro em quem pensava era Raul.

– Boa tarde, Paloma. Meu irmão está por aí?

– Está sim. Quer que eu o anuncie?

– Não, pode deixar.

– Mas e se ele brigar comigo? Sabe muito bem que, quando ele se fecha em sua sala, não quer ser incomodado.

– Não se acostumou com as frescuras dele ainda?

Paloma sorriu, mas não respondeu. Sabia que não era bem assim. Raul, quando ficava bravo, perdia a elegância.

Ramon bateu de leve à porta do ateliê.

– Posso entrar?

– Olá, Ramon, claro que pode. Qual o motivo dessa visita inesperada?

– Não é inesperada; sabe que muitas vezes venho aqui para vê-lo.

– Sei sim. Mas normalmente vem quando não está bem.

– É isso mesmo; não me sinto bem.

– E por quê? – Raul perguntou, largando tudo o que fazia e se sentando no sofá para ouvir o irmão. – Sente-se; relaxe. Quer beber alguma coisa, um café, um suco? – Raul saiu e pediu que Paloma trouxesse dois sucos bem gelados. Depois, voltou-se para o irmão: – O que houve?

– Você se lembra de quando me perguntou sobre a irmã da mamãe que morava em São Paulo?

– Sim, eu me lembro bem, estávamos no Rio.

– É... Foi isso mesmo. Lembrei quem eram as crianças que eu via em alguns relances de imagem que se montavam em meus pensamentos.

– E quem são essas crianças?

– São duas garotas.

– Então devem regular mais ou menos com nossa idade.

– Exatamente. – Ramon respondeu e ficou parado, tentando puxar da memória o que acontecia quando ia à casa da tia.

– O que foi? Está com o semblante muito carregado.

– Eu me lembro que ia com o papai. Mamãe sempre brigava com ele nesse dia.

– Você sabe por quê?

– É isso que me atormenta; por que papai brigava com mamãe quando ia visitar nossa tia?

– Lembra-se de mais algum detalhe?

– Eu lembro que papai ia sempre com uma sacola de mantimentos e roupas novas para nossas primas. O que me deixa mais intrigado é que nosso pai só ia quando o tio... como era mesmo o nome de nosso tio? – Ramon tentava juntar seu quebra-cabeça particular. – Lembrei! O nome dele era Carlos... É isso, Carlos.

– E o que tem isso de mais?

– Raul, raciocina comigo: por que nossos pais brigavam? Por que ele levava mantimentos e roupas para as garotas?

– Não sei onde está vendo algo ilegal nisso. Talvez elas não tivessem posses, e nossos pais as ajudavam.

– Não, Raul, não é tão simples assim. Preciso descobrir o que há por trás disso tudo.

Paloma entrou com os sucos e os serviu. Depois que ela saiu e fechou a porta, Ramon mudou completamente de assunto.

– E o caso do telefonema?

– Dei um xeque-mate.

– É mesmo? Como foi isso?

Raul contou tudo com detalhes.

– Será que essa misteriosa vai se pronunciar?

– Vai, tenho certeza de que vai.

– Bem, para mim é uma mulher.

– Por que tem tanta certeza?

– Raul, se fosse um homem, ficaria dias te ligando?

– Por que não? Hoje é normal namoro e união entre o mesmo sexo.

– Só você mesmo, irmão! E se for, o que vai fazer?

– Sabe que não sei? Mas, se for uma mulher, vou deixar rolar. Quero ver aonde isso vai dar.

– Minha nossa, não se usa mais escrever cartas! Isso é do tempo que nem lápis existia! Para que servem os e-mails?

– Não exagere; gosto da ideia de escrever cartas. Parece-me romântico. Hoje em dia as pessoas só conversam pelo computador... Faz bem escrever cartas; só espero que elas cheguem!

– Isso combina bem com você.

– Por quê?

– Isso é coisa de quem pinta, escreve; é coisa de artista. Coisa de quem viaja em ilusões e fantasias. É coisa de gente romântica e lunática.

– Sou obrigado a concordar com você. Sou um jovem, porém à moda antiga.

– Esqueceu-se de sua musa, então?

– Não, não esqueci. Se quer saber, acho que é ela.

– Ah, não... Isso já é demais para minha cabeça. Cai na real, irmão, isso não existe! Você está querendo dizer que é destino, que já estava escrito. Não acredito que você, em pleno século XXI, ainda acredite em alma gêmea.

– Por que não? Tudo pode acontecer. E, depois, por que não consigo esquecer esse bendito quadro que está aí atrás da minha mesa?

– Porque você é um louco, cara! Com a evolução e a tecnologia que estão pulsando em nossas veias, para qualquer um ver, enxergar e sei lá mais o quê; com toda a evolução da comunicação, você ainda pensa em alma gêmea, em cartas de amor? Raul, não se iluda. Não existe essa coisa de "tudo por amor". Esse tempo já ficou para trás há muito tempo; hoje, as mulheres é que nos convidam para sair, pagam a conta numa boa e ainda por cima são capazes de pagar o motel!

– Decididamente, Ramon, você não é mesmo nada romântico. Eu gosto de pensar que essa mulher que está aí atrás da mesa vai um dia sair do anonimato e se apresentar.

– E eu acho que você está ficando louco. E, o que é pior, fala com tanta simplicidade, como se essa pessoa do outro lado da linha existisse em algum lugar do passado, ou quem sabe em uma outra vida, e que o está esperando.

– Mas é exatamente nisso que eu creio.

– Está achando que essa pessoa do telefone, ou das cartas, sei lá, é a mesma que está atrás da sua mesa? Que é a garota que viu na exposição, e que, ainda por cima, é amiga da Adriana?

Raul se aproximou do irmão e, fixando seus olhos nos dele, falou com certeza:

– Essa pessoa que me telefona é ela!

Ramon se levantou, completamente irritado:

– Você enlouqueceu mesmo. Se continuar assim, vou ficar com medo até de me aproximar de você. Serei obrigado a interná-lo em um manicômio. Nunca ouvi tanta loucura na minha vida!

– Tudo bem... Sei que não acredita. Vamos mudar de assunto, então. Vejo que já se irritou comigo.

– Desculpe, cara, mas é muita loucura para meu entendimento. Sabe que sou cético, e que tudo tem uma resposta; não existe sobrenatural, não existem outras vidas, e, principalmente, amores de outras vidas.

– Talvez não exista mesmo. Eu respeito muito seus pensamentos.

– Está querendo dizer com isso que eu devo pelo menos respeitar seu modo de pensar?

– Isso mesmo, não custa nada.

Ramon gostava muito do irmão e o admirava por ele fazer da vida suas viagens, suas inspirações, onde a fantasia poderia de fato se transformar em verdade, fazendo com que o mundo se materializasse em um grande palco, cujo diretor era nada mais nada menos que o Criador, que sabia justamente do que cada ser vivente necessitava. Raul, ao contrário do irmão, acreditava piamente que existia um Pai olhando por todos os seus filhos, e que Ele, generosamente, acolhia todos em uma casa enorme, doando oportunidades de reverem seus conceitos.

– Já vou indo, Raul. Obrigado por me ouvir.

– Mesmo não compartilhando dos meus pensamentos, estarei sempre aqui para você.

Ramon deu um abraço forte no irmão e foi embora.

Consuelo chegou a seu país de origem e foi muito bem recebida pelo marido e pelos filhos. Maria preparou um jantar especial, e todos se sentaram para a ceia. Foi uma noite de muita animação e perguntas.

– E aí, mãe, como estão todos lá no Brasil?

– Estão bem.

– E minhas primas, são bonitas?

Consuelo olhou para Miguel, meio indecisa, mas respondeu:

– Para falar a verdade, não tive o prazer de encontrar suas primas.

– Não? E por quê?

– Elas estavam viajando.

– Viajando? Mas a senhora ficou lá quinze dias e não as encontrou?

– Não, Ramon. Fiquei todo esse tempo lá, mas não as vi.

– Passearam muito? – perguntou Miguel, mudando de assunto.

– Ah, isso fizemos muito. Fomos ao cinema, ao teatro, ao shopping, andamos pela cidade sem destino. Foi ótimo; fazia tempo que não me divertia assim.

O jantar se estendeu por algum tempo ainda. Miguel sentia-se aliviado e muito feliz com a volta da esposa. Consuelo demonstrava felicidade, e isso era um bom sinal para Miguel, que estava tão preocupado.

Maria entrou na sala com a sobremesa.

– Senhor Raul, chegou uma carta. Coloquei-a na mesa em seu quarto.

Ramon olhou para o irmão com espanto.

– Uma carta? Quem mandaria uma carta para Raul? – questionou Consuelo, admirada.

– Quem mandou eu não sei, não havia nome, mas é uma carta do Brasil.

Raul largou tudo e saiu correndo; Ramon foi atrás.

– O que está acontecendo aqui? Saio por quinze dias e, quando chego, meus filhos não me recepcionam? O que deu nesses meninos para saírem com tanta pressa?

– Eles saírem com pressa não é nada; devemos nos preocupar com quem enviou essa carta. Não atentou para um detalhe? A carta vem do Brasil.

Consuelo olhou para o marido, preocupada.

– Não acha muita coincidência essa carta chegar justamente no mesmo dia em que voltou?

– Ah, Miguel, estou muito bem para esquentar minha cabeça com uma carta. E, depois, não é de minha família. As meninas não viajaram, mas não as vi durante todo esse tempo. Minha irmã, se precisasse de alguma coisa, me telefonaria. Fique sossegado; ninguém mais manda cartas com tanta tecnologia a nosso favor. Que coisa mais antiquada!

– Espero realmente que não tenhamos nenhuma surpresa. Por que não viu as meninas, se não foram viajar, como disse há pouco?

– Não me hospedei na casa de Evita, fiquei em um hotel. Quando saíamos, passava com o táxi para buscá-la, mas não entrava na casa. Não me senti preparada para encontrar as meninas.

Raul, por sua vez, superansioso, logo que entrou no quarto pegou a carta, que estava sobre uma mesinha. Ramon veio atrás.

– De quem é?

– Calma, Ramon, não abri ainda.

Raul abriu a carta e leu:

Olá, Raul, como tem passado? Espero que bem. Resolvi escrever para que possamos nos conhecer melhor. Gostei da ideia de escrever, me sinto melhor, pois não será preciso que me apresente, pelo menos por enquanto. Sei tudo sobre você, quer dizer, quase tudo, pois tenho absoluta certeza de que há muitas coisas boas suas pra eu conhecer ainda. Espero que tenha paciência; tenho muita dificuldade em me comunicar com as pessoas.

Bem, por onde começar? Acho que devo começar lhe dizendo que procuro acompanhar seus trabalhos, tenho guardadas todas as suas reportagens. Tenho 27 anos, resido no Brasil, e tenho um desejo enorme de conhecer a Espanha.

Gostaria muito também de poder escrever para você sempre que possível, se permitir. Se me responder, é porque foi uma resposta positiva. O que mais? Ah... Moro com minha mãe e minha irmã, somos só nós três. Somos unidas e vivemos razoavelmente bem. Eu e minha irmã trabalhamos, e tentamos suprir as despesas de casa. Minha mãe não trabalha fora; vive da pensão do meu pai, que era militar.

Bom, é isso. Espero que me responda, ficarei no aguardo.

Talita

– Como você é mentirosa, Liz! Como pode dizer a ele que tem dificuldade em se comunicar? Quando ele descobrir que é jornalista, vai querer te fuzilar!

– Ah, Adriana, não posso entregar o jogo assim de mão beijada.

– Mas dizer que não conhece a Espanha e que seu nome é Talita não foi legal!

– Ah, por acaso queria que eu me apresentasse como Liz? Logo ele iria me descobrir.

– Será que ele se lembraria do seu nome?

– Claro que se lembraria! Quantas garotas que conhece se chamam *Liz*? Por via das dúvidas, é melhor eu assinar com pseudônimo. Quem sabe teremos um progresso?

Liz estava feliz por ter conseguido um meio de se comunicar com Raul, sua grande paixão. "Puxa vida, como gostaria que ele se interessasse por mim!", pensou ela.

– Você é maluca mesmo. Onde já se viu se corresponder por carta? Por que não fala com ele pelo menos via internet?

– Não... Estou gostando desse friozinho na barriga que sinto quando escrevo para ele, como em um conto de fadas.

– Só mesmo você pra fazer uma coisa como essa!

Liz se jogou para trás na cama e, com as fotos de Raul sobre o peito, sentia-se mais que empolgada.

– Nossa, ela me escreveu mesmo! Não disse a você que ela escreveria?

– Precisa ver se é Talita mesmo; carta não mostra o sexo.

– Como você é desmancha-prazeres. Não vê que tudo isso é mágico?

– É "mágico" demais para o meu gosto. Eu hein... Com a internet a nosso dispor, vou eu escrever cartas sem saber realmente para quem estou escrevendo?

– E pela internet, por acaso, você sabe se não é enganado? Por isso que nunca tem uma garota do seu lado. Você não deixa o amor fluir na viagem tão empolgante de todos os séculos!

– E você, ao contrário de mim, viaja muito mais do que devia.

– Ah, Ramon, me deixa. Vou responder a essa carta.

– Já sei, quer que eu saia, não é?

– Acho melhor.

– Por favor, não viaje muito, viu?

Ramon passou a mão sobre os cabelos do irmão, deixando-os em desalinho. No fundo, Ramon torcia pelo irmão.

Querida Talita, espero que também esteja bem ao lado de sua irmã e de sua mãe.

Bom, acho que quer que eu fale um pouco de mim. Deixe-me ver como posso começar.

Tenho 25 anos, também moro com meus pais e meu irmão. Meu pai trabalha com autopeças e meu irmão é seu braço direito. Minha mãe, como a sua, não trabalha fora. Eu... Bem... Como você já sabe, tenho uma galeria de arte e amo muito o que faço. Talvez, se um dia eu fosse impedido por algum motivo e tivesse que deixar minhas pinturas, se esvairia um pedaço de mim. Acho que seria muito infeliz, ou até mesmo morreria, pois esse mundo é que me faz transpor qualquer tempo, qualquer época. É como se eu pudesse colocar no papel parte do meu "eu"; como se essas pinturas que representam meus sentimentos em meio a cores pudessem me trazer algo de muito precioso, que me aguarda em algum lugar que eu nem ao menos sei se existe. Sei que muitos, como meu irmão, por exemplo, me julgam como um ser tolo e iludido, que acredita que a força de um amor possa mudar tudo o que um dia foi tão bem planejado por nós.

Bom, acho que já deu para conhecer um pouco de mim, e espero que um dia deixemos a insegurança de nos colocarmos na defensiva e nos apresentemos para descobrir juntos muito mais do que o mundo generoso pode nos oferecer. Fique em paz... De seu amigo,

Raul

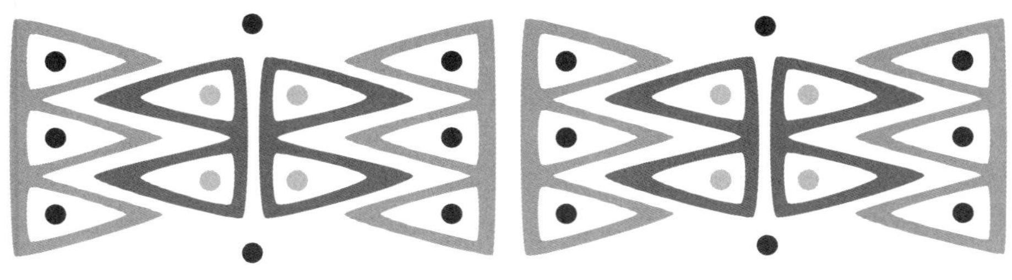

Capítulo 10

DESCOBERTAS ATERRADORAS

Raul e Liz não deixaram mais de se corresponder. A vida desses dois apaixonados se transformou radicalmente. Tanto Consuelo como Evita estavam preocupadas demais com os filhos. No pensamento de ambas as mães, era impossível haver um amor avassalador apenas por correspondência. Mas o pior de tudo ainda estava por vir. Será que o destino estava a favor desses jovens tão apaixonados e prontos para se entregar definitivamente um ao outro?

Querido e amado Raul,

Já completaram mais de quatro meses que nos correspondemos por cartas. Sinto em minha alma que chegou a hora de nos conhecermos. Porém, antes de esse dia chegar, preciso confessar a você algumas mentiras minhas, ou melhor, algumas omissões. Por favor, procure me entender.

Já o conheço há muito tempo; eu o vi uma única vez, quando estive na Espanha cobrindo uma matéria sobre gastronomia para meu país, para a revista em que trabalho. Aquele dia bastou para eu me apaixonar por você perdidamente. Você, muito elegante, encontrava-se no mesmo restaurante em companhia de seus amigos.

Já acompanho sua vida artística e pessoal há muitos anos; guardo com muito carinho e amor tudo sobre você.

Há muito meu coração foi preenchido por um amor imenso e arrebatador. E esse amor chama-se Raul Hernandez Martinez.

Como você já sabe, sou de São Paulo. A cada linha escrita para você meu coração dispara freneticamente, como se entendesse a vontade que minha alma tem em conhecê-lo, em estar diante de você e dizer o quanto é importante para mim; não pelo artista que é, mas pelo homem maravilhoso que sempre foi.

Agora, uma das piores omissões minhas: sou a garota das fotos a respeito das quais você questionou minha irmã, Adriana, quando ela esteve no Brasil, mais especificamente na exposição do Rio de Janeiro. Sou a garota que tentou várias vezes te conhecer, mas algo me impedia; sou também a garota que sofreu um acidente de táxi. Minha irmã ficou muito intrigada com seu interesse pela modelo das fotos.

Não quero suplicar que me perdoe; contudo, quero suplicar por seu amor, pois não consigo mais viver sem você.

Te amo desesperadamente...

Liz

Quando Raul terminou de ler, seu coração estava descontrolado, pulsando loucamente pelo amor que, com tanta gentileza da parte do Criador, era correspondido. Muito emotivo, sem conter as lágrimas de felicidade plena, entrou no quarto de Ramon.

– O que está acontecendo, Raul? – afobou-se Ramon, ao ver o estado do irmão.

– Por favor, leia esta carta que acabei de receber das mãos de Maria.

Ramon começou a ler a carta, preocupado com o pior. A cada linha lida, o irmão de Raul sentia uma emoção forte, que o impossibilitava de se manter indiferente ao conteúdo. Ao término, abraçou o irmão, completamente emocionado.

Ficaram abraçados, chorando por longos minutos, após os quais Ramon se manifestou:

– Você estava certo, irmão. Como pode existir uma história tão sensacional como esta?

– Você não sabe o que estou sentindo...

Ramon se levantou e, andando de um lado para o outro, custava ainda a acreditar.

– Não é possível, cara! A Liz é a garota do quadro, que é a garota da exposição, que é a sua garota. Meu Deus, não pode ser verdade! – Ramon estava mais eufórico que o irmão; parecia ter acontecido o impossível. – E agora, que vai fazer?

– Conhecê-la o mais breve possível; não espero mais nem um dia sequer.

Ao contrário do que o jovem Raul pensava, no entanto, ele e Liz eram os amantes que jamais poderiam pertencer um ao outro. Os sentimentos que a cada dia se fortaleciam profundamente não os tornariam *um só*, como muitos casais que se conhecem, namoram, casam-se e planejam uma família feliz. Decididamente, Raul e Liz jamais seriam felizes tanto quanto sonhavam quando se conhecessem.

E já estava próximo o encontro entre eles; ambos já não suportavam mais viver longe um do outro.

Mais tarde, Consuelo, muito preocupada, indagou a Ramon:

– Filho, o que está se passando com seu irmão?

– A senhora já sabe: Raul está apaixonado por uma brasileira.

– Mas como pode se apaixonar por uma mulher que nem conhece?

– A senhora que pensa que eles não se conhecem! Raul e Liz se conhecem tão bem quanto qualquer casal, mesmo à distância. Não há mais o que esperar; a senhora aceitando ou não, ele vai voltar ao Brasil para se casar com ela.

– Você disse *Liz*? Eu ouvi bem?

– Sim, esse é o nome da garota dos sonhos de seu filho, ou esposa, sei lá... Antes ela escrevia com o pseudônimo de Talita, mas com o passar do tempo revelou seu nome verdadeiro, e também que está muito apaixonada por ele. Nunca vi uma maluquice como essa!

Consuelo, sentindo um mau presságio, rapidamente sentou-se.

– O que foi, mãe? Não se sente bem?

– Por favor, me fale dessa garota.

– Mas a senhora não está bem; vamos deixar esse assunto para depois.

Consuelo, fora de si, gritou com o filho, apertando sua mão:

– Não quero deixar pra depois... Fale-me dessa garota!

– O que quer saber, mãe? Precisa ficar tão contrariada assim? Como todo mundo, uma hora vamos nos casar.

– Qualquer coisa, qualquer coisa... O sobrenome, por exemplo.

– Liz de Souza... Sei lá, mãe! O que está havendo?

– Ela tem uma irmã que se chama Adriana?

– Sim. Como a senhora sabe?

Consuelo começou a gritar, incrédula:

– Não... Não pode ser. Não! Seu irmão não pode se casar com ela.

Ramon, aflito, não sabia o que fazer. Nunca havia visto a mãe naquele estado.

– Calma, mãe. Calma.

Consuelo não conseguia manter-se tranquila; a cada instante, desesperava-se mais.

– É castigo. É castigo de Deus...

Ramon não conseguia conter a mãe; foi obrigado a pedir que Maria chamasse Miguel.

Quando Miguel chegou, Ramon estava abraçado à mãe. Consuelo, com o olhar perdido, não se manifestou:

– O que houve, Ramon?

– Não sei... A mãe não dizia coisa com coisa. Disse que Raul não pode se casar com a moça com quem ele se corresponde há muito tempo.

– Nosso filho não pode se casar com essa moça, Miguel. Por favor, impeça-o – dizia Consuelo, abobada.

– Consuelo, isso já é demais. Há muito que implica com Raul por conta desse namoro por carta. Deixe seu filho, mulher. Raul já está crescidinho; ele tem que resolver o que for melhor para ele e pronto.

– Você não entende, Miguel. Nosso filho vai sofrer muito. Ele está condenado; nunca poderá se casar com essa moça. E sabe por quê? – Miguel apenas esperou que a esposa continuasse. – Ela se chama Liz de Souza.

Quando Consuelo disse o nome da moça por quem Raul estava perdidamente apaixonado, Miguel ficou pálido no mesmo instante.

– Por favor, Ramon, vá para a fábrica. Deixei uma reunião pela metade por causa do seu chamado.

– Agora não é hora de se preocupar com os negócios, pai. Minha mãe não está bem!

– Por favor, Ramon, faça o que seu pai está pedindo – falou Consuelo.

– Não... Não vou sair daqui e deixar a senhora nesse estado.

Consuelo pegou as mãos do filho e as beijou com ternura.

– Vá, meu filho. Faça o que seu pai está pedindo.

– Tem certeza, mãe?

– Tenho, meu querido. Já estou bem.

Ramon, meio desconfiado, beijou a mãe e saiu. Miguel sentou-se ao lado de Consuelo e a abraçou. Ela, por sua vez, chorou copiosamente, lamentando pelo passado, que agora cobrava suas dívidas.

Fez-se silêncio por longos e tenebrosos minutos. O telefone tocou, e Maria atendeu.

– Dona Consuelo, é para a senhora.

– Para mim? Quem é?

– Sua irmã Evita.

Consuelo olhou para o marido, horrorizada.

– O que faremos, Miguel? Evita, assim como nós, deve ter descoberto tudo!

– Por favor, meu amor, se acalme e atenda o telefone; é preciso.

Consuelo procurou se acalmar e atendeu a irmã.

– *Hermana*, sou eu, Evita...

Consuelo, com a voz trêmula, respondeu:

– Como está, irmã?

– Muito mal. Já faz alguns meses que Liz se corresponde com um...

Consuelo a cortou:

– Já estamos sabendo.

– E não fez nada para impedir seu filho com essa loucura?

– Acabei de saber, Evita. E, se meu filho está com uma atitude de loucura, por que não conversou com sua filha?

Consuelo se ofendeu com a irmã, que colocou toda a responsabilidade nas costas de seu filho Raul. Evita retrucou, por sua vez:

– Está colocando a responsabilidade nas costas de minha filha, por acaso?

– Não, Evita, estou tão abalada quanto você. Não quero culpar nenhum dos dois, já que eles não têm culpa alguma.

– O que vamos fazer agora?

– Não sei, mas não podemos deixar que essa história continue.

– O que sugere?

– Ainda não sei, mas vou resolver isso.

– Então faça isso, e o mais breve possível. Não quero de jeito nenhum ver seu filho atrás de minha filha!

– Pode deixar, isso não vai acontecer.

Consuelo desligou o telefone e caiu em prantos novamente. Miguel se apiedou da esposa.

– O que faremos, Miguel? Deus só pode estar me castigando. – Consuelo chorava desesperadamente.

– Calma, meu amor, vamos sentar.

– Evita está colocando toda a culpa em nosso Raul. Como ela pode culpar só o nosso filho? Por acaso a filha dela é alguma santa? E agora, o que faremos?

– Não fique assim. Sua irmã deve estar nervosa, assim como nós. Vamos serenar; temos que achar alguma saída.

– Que raiva... O tom de sua voz era cruel acusando nosso filho!

Miguel não respondeu. Pela primeira vez, sentia-se um nada. Como contar para ambos os filhos que essa união era proibida?

– Diz alguma coisa, Miguel, por favor. Esse seu silêncio está me matando.

Miguel não suportou e chorou também. Por muito tempo, aninhou-se nos braços da esposa.

Maria gentilmente veio à sala e serviu um chá que havia feito depois do ataque nervoso da patroa.

– Senhora, tome um pouco deste chá. Ele lhe fará bem.

Miguel fez Consuelo tomar todo o chá, ganhando tempo para organizar seus pensamentos, que estavam em ebulição.

– O que faremos, marido?

– Não há outra saída, a não ser contar toda a verdade para nosso filho.

– O que vai ser de nós?

– Não sei, mulher. Não sei...

– Raul não vai suportar.

– Ele é forte, vai superar. O que não podemos permitir é que se conheçam e façam uma besteira.

– Por que Deus está nos castigando?

– Talvez porque eu mereça, por tudo que já causei de mal a pessoas boas.

– Está arrependido por ter ficado com a irmã errada?

Miguel se levantou, irritado.

– Para de bobagens.

– Muitas vezes pensei que você pudesse ter se arrependido, que você ainda a amava.

– Consuelo, pelo amor de Deus, não complique ainda mais as coisas. De tudo o que eu fiz em minha vida, uma das melhores foi ter um filho maravilhoso como Raul.

– Eu não vou conseguir contar para ele.

– Não precisa; eu faço isso.

– Quando?

– Não vou mais para a fábrica; vou esperar por ele. Raul ainda está na galeria?

– Acho que sim. Depois do que fiz, nem sei para onde poderá ter ido.

– O que você fez, Consuelo?

– Nada de mais, mesmo porque ainda não sabia nada sobre essa infeliz notícia. Apenas discutimos muito porque ele ia viajar de novo para o Brasil.

– Quando?

– Ele não me disse. Mas, com essa briga, é capaz de querer ir amanhã mesmo.

Miguel estava arrasado com tudo aquilo. Parecia mesmo que Deus o estava castigando pelos erros do passado.

Liz estava feliz, fazendo muitos planos para o futuro.

– Será que ele vai gostar de mim?

– Claro que vai. Você é muito bonita, irmã.

– Eu levo vantagem porque já o conheço.

– Ele deve estar mesmo apaixonado por você; é muita coragem vir a um encontro assim, no escuro.

– Ai, Adriana, não fala assim que acabo desistindo.

– Está muito aflita mesmo, não é, irmã?

– Mais que isso: estou com medo de não ficarmos juntos.

– Para de pensar assim; vai dar tudo certo, você vai ver.

Raul chegou em casa tarde da noite, devido ao movimento que tivera na galeria. Passava da meia-noite já quando entrou com um enorme pacote nos braços. Sem que esperasse, uma luz se acendeu a um canto da sala.

– Ainda acordado, pai?

– Estou à sua espera.

– Por favor, não vá me dizer que é o assunto da minha viagem para o Brasil! Aposto que foi a mamãe quem perturbou suas ideias.

– É sobre isso sim, meu filho.

Raul não esperou que o pai continuasse.

– Não adianta perder seu tempo, pai, que não vou ouvi-lo.

– Raul, não é questão de querer ouvir; é questão de ter que ouvir, antes que seja tarde.

Raul fechou o cenho, ficando preocupado.

– O que foi, pai?

– Sente-se. É muito difícil o que tenho que lhe contar, mas, como disse, é necessário.

Raul sentou-se, os olhos fixos no pai, e esperou.

– Como é mesmo o nome dessa garota do Brasil?

– Por favor...

Miguel o cortou:

– Não me interrompa. Eu lhe peço, por favor.

Raul se calou ao ver o semblante sério do pai, chegando a ficar um pouco temeroso.

– Qual é o nome da garota?

– O nome completo?

– Sim.

– Liz Hernandez de Souza.

– Não notou nada em seu sobrenome?

– Sim. Hernandez é igual ao sobrenome da mamãe. E daí? Quantos Hernandez há no mundo?

– Sabe o nome da mãe dela?

– Não, não sei. Aliás, nunca me preocupei com isso; é dela que eu gosto, e não da mãe. E ninguém vai me impedir de ficar com quem eu amo.

– Nem o destino?

Raul olhou espantado para o pai.

– Por que tudo isso? Por favor, fale logo e deixe de rodeios.

– A garota que ama se chama Liz, tem uma irmã que é Adriana, e a mãe que você nunca se preocupou em saber quem é se chama Evita.

Raul, tentando entender aonde o pai queria chegar, ficou intrigado. Já havia ouvido aquele nome, só não se recordava direito quando.

– Algo nessa história está fazendo sentido?

Raul pensou por alguns instantes, daí se lembrou:

– Evita é a irmã da mamãe, não é isso?

– Exatamente.

– Isso quer dizer que Liz é minha prima. Meu Deus, nunca poderia imaginar. Por isso que mamãe não quer que eu vá para o Brasil? Que bobagem, estamos no século XXI. A ciência está superavançada; primos já podem se relacionar.

Miguel continuou calado, apenas observando o filho.

– Ah, pai, é isso! O que tem de mais existir um namoro entre primos? Eu acho até propício. Não tem mais essa de que não pode haver união entre primos, pelo menos nunca mais ouvi falar! Nessa área de genética, já está comprovado que as chances de haver problemas entre primos são as mesmas de qualquer casal...

Raul estava surpreso, era verdade, mas sua felicidade era contagiante mesmo assim. Miguel se penalizou pelo filho amado, pois naquele momento ia arruinar todas as suas ilusões, todos os seus sonhos, todos os seus castelos, toda a pureza que sempre achara existir no filho.

Raul, por sua vez, não se importava com o fato de Liz ser sua prima; pelo contrário, em seus pensamentos achou que Deus havia dado um empurrãozinho no destino. Levantou-se e concluiu suas últimas palavras indo em direção à escada que dava para os quartos:

– Pai, não esquenta com isso. Até que achei legal Liz ser minha prima. Pelo menos os convidados serão os mesmos quando casarmos – brincou Raul com inocência.

– Isso não vai ser possível.

Diante da entonação na voz do pai, Raul se virou lentamente para ele, contrariado.

– Por que essa implicância. pai?

– Liz é sua irmã.

Raul deixou cair o embrulho grande que estava em suas mãos, e na mesma hora seus olhos se encheram de lágrimas.

– O que foi que disse, pai?

– Liz é sua irmã; ela é minha filha.

Para Miguel, havia sido tão duro, tão impiedoso, tão cruel o que acabara de dizer, que preferia a morte mil vezes a ver o sofrimento nos olhos do filho. Por mais que tentasse se aproximar dele – que jazia petrificado sobre o assoalho, como se estivesse pregado ali –, não conseguiu fazê-lo, tamanhos o ódio, a mágoa, a dor que Raul deixou fluir de seus olhos. A decepção que tomou a alma de Raul era impiedosa e cruel, e o fez vociferar:

– Diz que está mentindo. Por favor... Diz que só não quer que eu me case com ela por ser minha prima. Por favor, pai, diz que tudo não passou de um engano. Juro que a deixo se for esse seu desejo, mas não diz que Liz é minha irmã.

Miguel, desesperado pelo sofrimento do filho que tanto amava, correu e o abraçou com força, antes que ele esmorecesse e se desmanchasse em meio às lágrimas ferinas que vertiam de seus olhos vermelhos. Miguel ficou longos minutos abraçado ao filho. A dor que também sentia por ter destruído todos os seus sonhos, seus planos, era muito mais cruel do que teria imaginado um dia poder sentir.

Ramon não tinha ido dormir; apenas ficara no quarto, aguardando que o irmão mais novo chegasse, pois, sem que pudesse atinar com os motivos daquilo, depois que saíra a pedido do pai, lembrara-se de todos os detalhes de quando era apenas um garotinho.

Sofrendo amargamente, naquele momento desceu as escadas, chorando copiosamente pelas verdades que ele e o irmão haviam escutado.

– Deixe-o, pai, por favor. Vá para seu quarto que eu cuido do meu irmão.

Miguel olhou nos olhos do filho mais velho, sem conseguir captar quais eram seus sentimentos naquele momento em relação a ele. Contudo, achou melhor fazer o que Ramon havia pedido. Miguel estava completamente arrasado; a dor em sua alma era quase insuportável. A passos lentos, retirou-se da sala.

– Venha, irmão. Eu fico com você esta noite, ou quantas precisar.

Ramon dignamente levantou o irmão do chão e, apoiando-o, levou-o para o quarto. Raul se deixou cair na cama, sem forças para nada. Ramon o deixou ficar com as roupas do corpo mesmo, apenas abrindo sua camisa. Assistindo ao sofrimento de Raul, também deu vazão a seu pesar em forma de lágrimas, e assim ficou, até que o irmão, esgotado, adormecesse.

Na manhã seguinte, Consuelo não queria encontrar com os filhos. Sabia que seria muito doloroso ter que olhar para eles sem poder mudar uma vírgula sequer de seu passado.

Maria gentilmente levou o café da manhã para a patroa.

Miguel não havia conseguido dormir naquela noite terrível. Assim que Ramon levou Raul para o quarto, sem querer ouvir as lástimas de Consuelo, apanhou as chaves do carro e saiu, e ainda não havia voltado.

O lar de Miguel desmoronara, sem que fosse preciso nenhum ruído para que se percebesse que a harmonia havia abandonado cada um dos cantos daquela casa.

Ramon conseguiu descansar muito pouco. Volta e meia acordava pensando que o irmão poderia precisar dele. Já amanhecia quando Ramon conseguiu dormir. Passava das dez da manhã quando Ramon acordou assustado. Levantou-se rápido, tomou banho, vestiu-se e foi direto para o quarto do irmão, para ver como ele estava. Assim que bateu à porta, abriu-a e constatou que ele não se encontrava ali. Descendo com rapidez a escada, deparou com a mãe, desolada, sobre o sofá, com Maria a seu lado.

– Raul já foi para galeria?

– Acho que não, meu filho, mas estou tendo um pressentimento ruim. O quarto dele está com algumas roupas no chão, e seus documentos e o passaporte não estão em sua mesa, como ele sempre deixou.

– E não vamos fazer nada? A senhora vai ficar aí parada, pensando no passado que destruiu toda a ilusão do meu irmão?

– Por favor, meu filho, não me condene. Preciso de você.

– A única pessoa que precisa de mim agora é meu irmão. Enquanto fica aí se achando a mais infeliz de todas as mães, vou procurá-lo.

Ramon saiu para a rua, desnorteado e com medo do que o irmão poderia ter feito. Primeiro, telefonou para todos os amigos de Raul, colegas de profissão, foi à galeria e a todos os lugares possíveis e imagináveis onde poderia achá-lo. Até que uma luz veio a seu favor. "Por que não pensei nisso antes? É isto: Raul foi para o Brasil!"

Ele tinha razão. De fato, Raul embarcara para o Brasil.

Sem alternativa, Ramon voltou para casa. Assim que entrou, encontrou os pais à espera de uma notícia.

– E então, você o encontrou?

– Não. Raul foi para o Brasil.

– Meu Deus. Miguel, o que faremos? Precisamos saber para onde esse menino foi!

– Como sabe disso? – o pai perguntou a Ramon.

– Não tenho certeza; foi um palpite.

– Mas não adianta nos aventurarmos pelo Brasil se não tivermos certeza – respondeu Miguel, muito preocupado.

– Deixe comigo; logo saberemos para onde ele foi – falou Ramon, indo para o andar de cima da casa. Ele estava nervoso também. Entrou no quarto de Raul e começou a vasculhar tudo, até que achou o telefone de Adriana e, mais que depressa, ligou para ela.

– Alô? Adriana?

– Sim. Quem está falando?

– É Ramon.

– Ramon, irmão do Raul?

– Sim. Por favor, Adriana, meu irmão já chegou aí?

– Você não cumprimenta mais as pessoas, seu sem-educação?

– Por favor, Adriana, agora não é hora de ficarmos nos dando alfinetadas. Estou muito preocupado. Raul saiu daqui sem condições de viajar!

Adriana sentiu pelo tom de voz de Ramon que a coisa era séria.

– Não, Ramon. Aqui ele ainda não chegou. Por quê? O que houve?

– A história é muito longa para explicar por telefone. Estou indo agora mesmo aí para o Brasil.

– Agora? Você está me assustando.

– Por favor, Adriana, me dá seu endereço. Estarei aí o mais breve possível.

Adriana, muito assustada, passou o endereço para Ramon, que, sem perder tempo, pegou algumas peças de roupa e foi para o aeroporto. O pai o levou até lá.

– Por favor, meu filho, assim que souber de seu irmão, me dê notícias!

– Pode deixar. Logo teremos notícias dele.

Lá no Brasil, Adriana desligou o telefone pensativa.

– O que foi, Adriana? – perguntou Liz, muito preocupada, pois ouvira parte da conversa com Ramon por telefone.

– Nada. É só que Ramon está vindo para cá.

– Meu Deus, o que será que houve para esse moço vir ao Brasil? – perguntou Evita, dissimulada.

– Não houve nada, mãe. Está escondendo alguma coisa de mim? – perguntou Liz.

– Claro que não. A não ser esse despropósito de se envolver com um rapaz que nunca viu na vida.

– Nunca vi, não. É um rapaz sobre o qual eu sei muito. Até já o vi uma vez, só falta conhecê-lo melhor.

– É isso mesmo, mãe. Para de implicar – interveio Adriana.

– Esse namoro não vai acontecer.

– Não vem não, mãe. O que a senhora sabe? Se sabe de alguma coisa, agora é a hora certa para falar.

– Não sei de nada; apenas sinto que não vai dar certo.

Evita teve a oportunidade de se abrir com a filha, mas se acovardou. Achou melhor que a irmã resolvesse do seu lado a situação, antes que Raul se desabalasse para o Brasil atrás de sua filha.

– Adriana, essa história está muito estranha. O que Ramon vem fazer aqui? – perguntou Liz.

– Falar comigo, ora.

– Falar com você? Mas vocês não se suportam! Que assunto teria Ramon para tratar com você?

– Liz, acredite em mim, poxa vida. Alguma vez escondi algo de você?

Liz respondeu, sem muita certeza:

– Não, acho que não.

– Então fique calma. Está tudo bem.

– Esse Ramon vai vir para nossa casa?

– Vai, mãe.

– O que ele vem fazer aqui?

– Ai, mãe, pelo amor de Deus! Não vai dar uma de sem-educação.

Liz e Adriana estavam alheias aos conflitos secretos de Evita.

– Tudo bem, vamos esperar as notícias. Meu sobrinho também se chama Ramon.

– Ah, mamãe, há milhões de Ramons no mundo. Este não precisa necessariamente ser seu sobrinho.

– Nem me lembra dessa traidora da sua irmã!

– Do que estão falando?

– Não estamos falando nada.

– Vocês é que estão escondendo algo de mim – disse Adriana, desconfiada.

– Essa miserável roubou o noivo da mamãe!

– De que miserável estão falando?

– Liz, por favor – repreendeu-a Evita, irritada. Em seguida, Evita se retirou, para não brigar com Liz.

– E não é verdade? Roubou o noivo, e logo voltou para a Espanha.

– Disso eu já sabia – disse Adriana, sem ficar muito surpresa.

– Mas não sabe do resto.

Evita voltou, respondendo com irritação:

– Liz, se abrir mais uma vez a boca, vou fazer o que nunca fiz em toda a minha vida! – Evita, depois de dar uns berros com a filha, saiu e se trancou no quarto.

Adriana sentiu que o clima não estava muito bom e resolveu apaziguar:

– Por favor, irmã, respeita a mamãe.

– Tudo bem. Também vou para o quarto; estou cansada.

Liz acendeu a luz do abajur, pegou todas as cartas que Raul havia escrito e releu todas. Estava ansiosa para que Raul viesse ao Brasil. Seu amor era realmente coisa de conto de fadas; uma ligação que nem ela mesma conseguia definir. Muitas vezes tinha se perguntado o porquê daquele amor, se o tinha visto de perto apenas uma única vez.

Já tarde da noite, Adriana entrou no quarto, muito nervosa.

– Liz?

– O que houve?

– Caiu um avião que vinha da Espanha!

– Meu Deus! Vamos para a sala saber das notícias.

Adriana e a irmã se apressaram para a sala. Adriana, nervosa, mudava de canal a toda hora, na tentativa de saber alguma coisa. Depois de muito mudar de canal, enfim souberam com detalhes o que havia acontecido. Muito nervosa, Adriana comentou:

– Então não é o avião em que Ramon estava. Esse que caiu estava próximo do Brasil já. E faz quanto tempo que Ramon me ligou?

– Não me lembro; acho que foi por volta das dez horas da noite. Tem razão. Por mais adiantado que Ramon estivesse, não teria dado tempo de estar neste avião do qual estão falando.

– Já sei. Vou ligar para a redação. Eles devem estar cobrindo esta reportagem.

– Isso mesmo, irmã, faça isso.

Liz ligou e ficou sabendo que o avião que caíra havia saído às seis horas da manhã, mas que só encontraram os destroços por volta de umas dez da noite.

– Realmente, não teria dado tempo de Ramon estar nesse voo – falou Liz.

– Ai, graças a Deus que não é o voo do Ramon – Adriana disse, aliviada. Porém, lembrou-se de que Ramon havia perguntado se o irmão havia chegado ao Brasil. Então, Adriana entrou em pânico. De repente, sentiu um mal-estar e se deixou cair no sofá.

– O que foi, Adriana? Está pálida!

Adriana tentou levantar, mas as pernas não obedeceram. A irmã pegou água e a fez tomar. Passados alguns minutos, Adriana se levantou, apressada.

– Preciso sair... Preciso sair... Onde coloquei as chaves do carro?

Liz e a mãe perguntavam a ela o que havia acontecido, mas Adriana não tinha como contar uma notícia daquelas para a irmã.

– Aonde vai, Adriana? – perguntou Evita, que ouvira do quarto os gritos da filha à procura da chave.

– Preciso sair...

– Vai para onde a essa hora da noite? – insistiu Evita, preocupada.

Adriana se deteve e deu um abraço forte na irmã.

– Quer me ajudar, Liz? Reze, mas reze com fervor. Ainda não tenho certeza de nada, mas, assim que eu tiver notícias, ligo para você, está bem?

Adriana não esperou resposta e saiu às pressas. Iria ao aeroporto.

Liz, de súbito, sentiu uma aflição no peito. Parecia que o ar lhe faltava, e, por mais que inspirasse, aquela sensação não passava. Ela correu para o quarto e pegou a foto de Raul, apertando-a contra o peito.

– Posso entrar, filha?

Liz não se deu o trabalho de olhar para a mãe. Calada que estava, calada continuou. Evita sentou-se a seu lado.

– O que está acontecendo nesta casa?

Liz não respondeu. Continuava imóvel. Evita pegou a foto que ela segurava.

– É este o moço que espera?

Liz, sem olhar para a mãe, assentiu, sentindo no peito uma opressão que jamais havia experimentado.

– Acho que ele não vai chegar a tempo...

– O que está dizendo, minha filha?

Liz, sem se dar conta, estremeceu, o corpo todo se sacudindo, e soltou um grito de horror. Evita se apavorou, pois não sabia o que estava acontecendo com a filha.

– Liz, fale comigo, pelo amor de Deus! O que está havendo?

Era como se Liz perdesse os sentidos. Depois de ter estremecido, o corpo dela tombou para trás sobre a cama, e os olhos ficaram paralisados. Evita ficou desesperada ao ver a filha daquele jeito.

Esses sintomas que Liz havia sentido eram fortes vibrações negativas, uma sensação de que algo estava para acontecer, ou de que já havia acontecido.

Você, que agora está lendo este capítulo, pode estar se perguntando: como Liz pôde ter esse pressentimento? Não é algo tão simples, nem que acontece sempre. Esse tipo de fenômeno, às vezes, ocorre com espíritos afins ou com os que têm laços fortes de várias jornadas. São encontros sucessivos de amor verdadeiro, não importando se estão em um corpo material ou não.

Liz e Raul se amavam há muito tempo. Esse tipo de coisa ocorre quando a ligação afetiva entre dois espíritos é absoluta; quando o amor que sentem busca sua metade onde estiver, sem que o tempo nem o espaço importem. Raul não conhecia Liz pessoalmente; apenas sentia que aquela pintura que havia feito era sua metade, a mulher por quem ele esperaria por toda a eternidade, se preciso fosse. Liz, por sua vez, o tinha visto uma única vez, o suficiente porém para amá-lo também por toda a eternidade.

Raul e Liz moravam a muitos quilômetros de distância um do outro, mas isso não foi o suficiente para que seus caminhos se perdessem. Por esse motivo, Liz sentiu que aquele encontro tão esperado não poderia se realizar. Todo o desejo e a troca de sentimentos em cada carta escrita, em cada palavra sentida, era a única prova que se manteria guardada pelo tempo.

Liz e Raul não trocariam mais cartas de amor, mas sim a dor de um grande amor proibido, que perduraria para sempre.

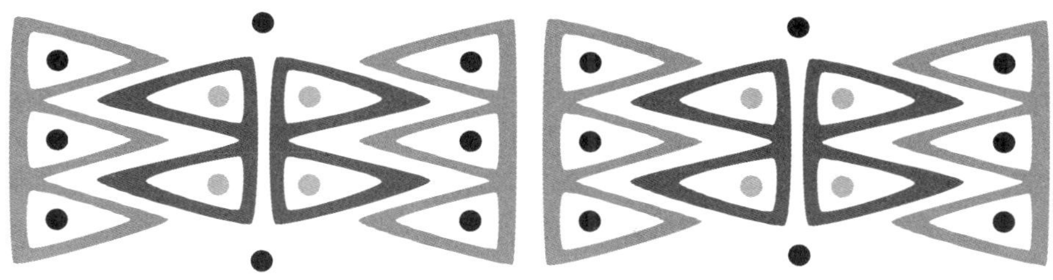

Capítulo 11

O DESTINO DE RAUL

Evita estava muito apreensiva pelo estado de Liz. Por mais que insistisse em chamar Adriana pelo celular, a ligação caía na caixa postal.

Atordoada, andava de um cômodo para outro sem saber o que fazer. Já era de madrugada, e nada de Adriana voltar para casa ou mandar notícias. Voltou ao quarto da filha para ver se Liz estava melhor, mas, assim que entrou, viu que ela estava do mesmo modo, como que paralisada. Sentou-se então a seu lado, pegou suas mãos e começou a rezar.

Depois de passar algum tempo rezando, Evita olhou para o chão do quarto e deparou com a foto do moço que a filha tinha se preparado tanto para conhecer. Evita não o conhecia. Quando Raul nascera, ela já não tinha mais contato com a irmã. Com poucos meses de vida, Raul e a família tinham voltado para a Espanha, fixando residência lá.

– Senhor, Pai de Misericórdia, passei por muitos pedaços difíceis em minha vida e sei que fiz coisas erradas. Contudo, permita que esse rapaz esteja bem. Por que minha filha se encontra tão aflita? Será que ela pressentiu algum acontecimento terrível? Sei que esse rapaz é filho de minha irmã, e que pretendia manter um relacionamento com Liz, mas proteja-o; faça com que nada aconteça.

Evita não conseguiu dormir; ficou ao lado de Liz até que ela, por puro esgotamento, acabou adormecendo.

Passava das oito da manhã quando Ramon desembarcou no aeroporto. Adriana o esperava no desembarque. Em meio a tantos passageiros, o rapaz a avistou.

– Meu irmão chegou? – perguntou Ramon, aflito.

– Vamos nos sentar e tomar um café. Com certeza você deve estar precisando.

Ramon e Adriana se sentaram e fizeram o pedido.

– E aí? Onde está Raul? Já se encontrou com sua irmã?

Ramon não estava gostando muito da expressão séria de Adriana. Ela parecia ter chorado muito.

– Seu irmão não chegou, pelo menos não como deveria.

Ramon se espantou com a resposta, mas não pensou em nada trágico.

– Como assim? Não estou entendendo.

– Ramon, não sei como dizer, mas houve um acidente com o avião em que seu irmão estava.

– Como assim?

– Realmente ele embarcou para vir ao Brasil, mas...

– Por favor, não continue... Não continue... Tenho certeza de que nada de ruim aconteceu com meu irmão.

– Sinto muito, Ramon.

Ramon se levantou, atordoado, deixando todos os seus pertences ali, e saiu correndo. Adriana o seguiu, mas, quando viu que ele se dirigia a uma sala especial com um dos funcionários do aeroporto, parou no meio do caminho e deixou que ele continuasse. Era um momento só dele; não havia nada que ela pudesse fazer.

Ramon voltou depois de muito tempo, confirmando que seu irmão se encontrava na lista de passageiros daquela aeronave. Seu estado era digno de piedade. Assim que se aproximou, jogou-se nos braços de Adriana, que o confortou, penalizada. Juntos, deixaram fluir suas tristezas.

A situação estava mais complexa do que poderiam imaginar. Ramon, por ouvir toda a conversa do irmão com o pai, acabara sabendo de tudo que envolvia sua mãe, sua tia e seu pai no passado, confirmando suas dúvidas de quando era apenas um garoto. Mas não tinha certeza se Adriana sabia de alguma coisa. Por outro lado, Evita nem poderia imaginar que o

Ramon que havia telefonado para Adriana era seu sobrinho; talvez, quando se encontrassem, nem se lembraria, pois já havia passado muito tempo.

Depois de demonstrar seu desespero e revolta, Ramon se pronunciou:

– Não adianta ficar aqui me lamentando; preciso resolver a burocracia do funeral de Raul. Devo ir ao Instituto Médico Legal reconhecer o corpo.

– Quer que eu vá com você? – perguntou Adriana, solícita.

– Eu vou realmente precisar de sua ajuda.

– Ficarei com você o tempo que for preciso, ainda mais que não conhece São Paulo.

Num repente, Ramon pousou sua mão sobre a de Adriana e falou, objetivo:

– Até que ponto sabe sobre a vida de sua mãe?

Adriana ficou passada com aquela pergunta em uma hora tão imprópria.

– Não estou acreditando que até em uma hora como esta você faz essas perguntas indiscretas! Não é momento para falar de minha mãe. Sei que ela implicou muito com Liz por conta desse romance por cartas, mas nada justifica perguntar um absurdo desses.

– Você está enganada. Está mais que na hora de falarmos de nossas famílias. Aliás, não há um momento mais propício que este.

– Do que está falando? Que famílias? – Adriana achava que Ramon estava em estado de choque pela morte do irmão.

– Sei o que está pensando. Estou sofrendo muito com a morte do meu irmão, mais do que imagina. Só que não há como deixar esse assunto para depois. Nossos pais vão se encontrar fatalmente, e quero prepará-la para esse encontro.

Adriana estava completamente pasma com tudo o que Ramon dizia.

– Não estou entendendo. Você está bem?

– Não há outra maneira de explicar. Sei que está sempre me julgando, sempre com o pé atrás comigo.

– Não vamos...

Ramon a cortou:

– Eu sou seu primo, Adriana.

Adriana se jogou para trás, colidindo com o encosto da cadeira, sem saber o que dizer. Ramon repetiu:

– Eu sou seu primo. O que sabe sobre Miguel e sua mãe?

De repente, a ficha de Adriana caiu, e ela foi obrigada a perguntar:

– Sua mãe é Consuelo?

– Exatamente, somos primos.

– Então quer dizer que Raul e Liz se corresponderam esse tempo todo sem saber que eram primos?

– Não é bem assim. O caso de meu irmão com a sua irmã é mais complicado ainda.

– Complicado como? Mais complexo que isto é impossível!

– Pois pode acreditar que é muito mais surpreendente do que o fato de sermos primos.

– Então fala logo. Não estou mais suportando tudo o que está acontecendo nas últimas horas.

Adriana sempre fora a filha mais forte, mais responsável, mais preocupada com o bem-estar da família. Mas, naquele momento de tantas descobertas, sentia-se frágil e despreparada, literalmente falando.

– Raul e Liz são irmãos por parte de pai.

Adriana era a própria imagem do desespero.

– É mentira sua... Você é um crápula, um egoísta, um arrogante. Não acredito em uma só palavra sua! Você é o tipo de cara que não quer ver ninguém bem. Tem inveja de seu irmão, por isso está falando essas barbaridades!

Adriana deu vazão ao seu descontrole, sem se importar se estava em um aeroporto ou não. Todos os olhares se voltaram para ela, e Ramon ficou preocupado e temeroso de ela sofrer alguma espécie de ataque de nervos. Teve início uma aglomeração; todos se aproximavam para saber o que estava havendo. Ramon se levantou, abraçou-a e a conduziu à enfermaria do aeroporto.

Adriana recebeu os primeiros socorros, porém estava completamente abalada.

O médico lhe deu um calmante e pediu que ela ficasse deitada por mais um tempo. Ramon permaneceu a seu lado. Sua prima ficou sonolenta, e Ramon esperou pacientemente que ela se recuperasse.

Adriana, por sua vez, tinha medo de receber mais uma notícia bombástica. Os ânimos no aeroporto, por conta da tragédia declarada sobre a queda do avião, estavam descontrolados, levando várias pessoas a passar mal. Adriana ter tido um descontrole emocional não foi surpresa para os médicos do local.

– O que disse há pouco é verdade?

– Infelizmente, sim, Adriana. Não temos como mudar isso. Entende agora por que tinha de contar? Só você e eu podemos segurar as pontas por tudo que ainda está por vir. Não posso protelar a notícia sobre meu irmão; meus pais devem estar aflitíssimos sem saber de nada. Fatalmente virão para cá, e terão que deparar, queiram ou não, com o passado. Por favor, Adriana, só tenho você neste momento. Não me abandone; preciso muito de sua ajuda.

Adriana, mesmo sedada, levantou-se e falou, decidida:

– Nós vamos enfrentar tudo isso juntos. Um ajudará o outro quando um de nós esmorecer, está bem? – A jovem abraçou o primo e, juntos, foram reconhecer o corpo de Raul.

Ramon ficou muito abalado ao entrar na sala em que ficam os corpos para serem reconhecidos; eram muitos, um ao lado do outro. Tocado pela emoção, Ramon queria identificar logo o corpo do irmão e sair daquele lugar frio literalmente falando, com rapidez. Porém, não foi tão fácil assim. Ramon demorou muito tempo no reconhecimento; eram muitos, e quase todos estavam irreconhecíveis. Quando saiu, suava frio e estava pálido.

– Como você está? – perguntou Adriana.

– Passado.

– Reconheceu Raul? Era ele mesmo?

– Claro que sim. Quer dizer, há muitos com o rosto desfigurado, tanto quanto o corpo, mas não há dúvida: era meu irmão.

– Como pode ter certeza? Entregaram algum documento ou algo assim?

– Não. Disseram que muitos documentos foram extraviados. De prova, há apenas a lista de passageiros.

– Conferiu o corpo direito?

– Claro que sim. Acha-me incompetente para reconhecer um corpo?

– Lógico que não. Mas, às vezes, tem um anel, uma corrente... Com algo dessa espécie fica mais fácil.

– Espera um pouco. Agora que você falou de anel me veio uma coisa na cabeça. Raul nunca foi de usar qualquer tipo de joia; não gostava de nada em metal. Mas ele tinha, sim, um anel em uma das mãos.

Ramon saiu sem esperar que Adriana dessa continuidade à conversa, entrando de novo no necrotério. Demorou alguns minutos, e logo estava de volta.

– E aí, reconheceu o anel que seu irmão usava?

– Havia uma marca em uma das mãos, sim, mas não havia anel nenhum.

– Era de esperar. Muitas vezes somem sem que ninguém tenha visto; nunca sabem dizer o que houve com objetos de valor. Ou pode ser que ele não estivesse com o anel. Sabe de uma coisa, Ramon? Foi ingenuidade minha. Mesmo que seu irmão estivesse com um anel, não o acharíamos. Esses objetos sempre somem; ninguém nunca sabe onde vão parar.

– É bem provável. Raul não gostava desse tipo de coisa; vira e mexe ele o esquecia em algum lugar. Minha mãe brigava com ele por deixá-lo sempre jogado.

– Bem, vamos embora. Minha mãe deve está superpreocupada.

Adriana e Ramon seguiram para casa, onde teriam que enfrentar os primeiros obstáculos. Assim que chegaram, Evita veio receber a filha.

– Adriana, sua irmã não está bem!

Naquele momento, não houve apresentações nem lembranças. Evita pouco se importou com quem era o moço que entrou acompanhando a filha. Rapidamente, entraram no quarto, e Adriana se ajoelhou perante a irmã inerte.

– O que houve, mãe?

– Não sei. Desde ontem, depois que você saiu, ela está nesse estado. Já fiz de tudo para animá-la, mas ela não reage. Só diz "Ele estava naquele avião" repetidas vezes.

– Posso me aproximar? – pediu o jovem educadamente.

Com a concordância de Elvira, Ramon se aproximou. Com delicadeza, segurou as mãos de Liz, cujo corpo estremeceu, apertando-as com força. O jovem, emocionado, deixou as lágrimas escorrerem por seu rosto. Ela era mesmo a metade da alma do irmão. Olhando-a, Ramon pensou: "A semelhança é muito clara". Parecia estar vendo o esboço que ele havia pegado no armário, quando ambos haviam viajado para o Rio de Janeiro. Até mesmo as marcas leves que havia na testa e no queixo, todos os detalhes... Era impressionantemente exato! Sentiu um frio percorrer sua espinha.

Adriana e Evita se surpreenderam com o choro compulsivo que assolou o rapaz.

– É ela... É ela...

– O que houve, Ramon? Ela quem?

– A garota de Raul. É ela, Adriana. O quadro que Raul tem atrás da mesa... Como pode ser isso?

– Você deve estar confuso.

– Não, não estou. Liz é realmente a moça dos sonhos de meu irmão!

As duas mulheres se emocionaram também. Evita sentia-se pesarosa.

– O quadro que seu irmão escondia era a pintura de minha irmã?

– Isso mesmo, Adriana. Ele sempre esteve certo. Raul já a amava mais que tudo na vida. Como pode? – Ramon apertou com força a mão de Liz. – Não se sinta infeliz, minha jovem, pois terá o amor de Raul por toda a vida. Não importa onde ele esteja, sei que seu amor por você era maior que esse sofrimento que estamos passando neste momento – completou Ramon, emocionado.

Liz abriu os olhos e falou, mirando fixamente os olhos de Ramon:

– Ele é o amor da minha vida. Sem ele, não quero mais viver. Sem ele, minha vida não faz sentido. Por que Deus fez essa crueldade conosco? Daqui a dois dias estaríamos juntos. Tudo já estava combinado.

Adriana olhou para a mãe, intrigada.

– Ela sabe de alguma coisa, mãe?

– Sabe do que, Adriana? Está esperando notícias, assim como eu. E está muito aflita, dizendo o tempo todo que Raul estava naquele avião.

– Raul foi embora e não veio me buscar.

Ramon, que era cético e não acreditava em absolutamente nada sobrenatural, sentiu um estranho aperto no peito, como se o irmão estivesse presente, mais vivo do que nunca.

– Como ele pôde fazer isso comigo? Seu irmão partiu e não veio me buscar. Não quero mais viver. Não quero mais...

– Calma, Liz. Calma, que tudo vai passar, acredite em mim – disse Ramon, segurando as mãos da jovem.

– Por favor, minha filha, não peça a morte; isso não está certo.

– Mãe, Raul estava naquele avião que caiu sobre o mar.

– Minha Nossa Senhora Santíssima, quem disse um engano lamentável desses?

– Liz está certa; acho que ela pressentiu. Raul foi embora mesmo – falou Adriana.

– Será que alguém aqui poderia me explicar o que está havendo? – perguntou Evita.

Adriana olhou para a mãe, penalizada. A desgraça começaria pela pessoa que mais fora humilhada, pensou ela.

– Eu posso, dona Evita – disse Ramon, enfático. – A senhora, por gentileza, me acompanharia até a sala?

Evita, humildemente, acompanhou Ramon, e ambos se sentaram.

– Dona Evita, não sei como começar essa história toda, mas é preciso que todos nós estejamos cientes do que teremos que enfrentar, principalmente sua filha, Liz.

Evita não respondeu, apenas começou a reparar naquele rosto que havia conhecido quando ainda pertencia a um menino. Como ela não demonstrou reação nenhuma, apenas continuou olhando Ramon, que prosseguiu:

– Recordo-me de todos os detalhes desta casa. Conheci cada cômodo; me recordo de que às vezes brigava feio com minha prima, e meu pai a defendia dizendo: "Você já é um homenzinho; não deve bater nas garotas".

Conforme Ramon ia contando sua história de infância, Evita deixava que lágrimas lhe descessem pelo rosto, mal conseguindo contê-las. Aos poucos, os soluços se intensificaram, e Ramon abraçou-a com ternura.

Evita, por sua vez, lembrou-se do garotinho que vivia às turras com Liz. Entre um soluço e outro, questionou o sobrinho:

– Você é aquele garotinho emburrado, não é?

– Sou eu mesmo. Para falar a verdade, até hoje todos me acham um chato, um cara que vive mal-humorado. Adriana então nem se fala.

Aos poucos, Evita foi recobrando o controle. Quando se sentiu um pouco melhor, pensou em Raul: "Meu Deus, ele morreu naquele avião. Minha irmã não vai suportar!".

Evita deixou de lado as recordações, agora tomando consciência do desespero pelo qual a irmã passaria.

– O que faremos, ela não vai aguentar.

– Calma, tia. Nessas horas, ainda não sei o motivo ou a razão, mas, sempre que uma desgraça nos acomete, perda de um filho, de uma mãe ou irmão, como no meu caso, as forças redobram e nos sentimos fortes, potentes para solucionar os problemas impostos não sei por quem. Meus pais terão que suportar. Pelo menos agora tenho a senhora e minha prima Adriana a meu favor para apoiá-los.

– É impressão minha, ou realmente você não acredita em Deus?

Ramon silenciou por alguns instantes.

– A senhora tem razão. Não creio em religiões, não sou um cidadão temente a Deus. Não compactuo com essas pessoas fanáticas. Não aceito que um cidadão possa rezar dia e noite para um Deus pensando que seus pedidos serão atendidos. A verdade é que, se não corrermos atrás dos nossos objetivos para concretizá-los, não cairão bênçãos dos céus.

– Não pense assim, meu filho. Com toda a certeza, existe uma força maior nos impulsionando o tempo todo.

– Será? Raul passou a vida amando uma garota que conheceu apenas de um quadro que ele mesmo pintou. Depois de muito tempo, ambos resolveram se conhecer, escreveram cartas e mais cartas de amor, para no fim ele morrer antes de sequer poder vê-la. Todos falam: "chegou a hora", mas que hora é essa para levar um cara bom, que era feliz com suas ilusões, no auge dos seus vinte e cinco anos? Como levar um cara que amou desesperadamente a própria irmã?

Evita não esperava que o sobrinho tivesse coragem de comentar um segredo enterrado por tantos anos. Achou que não conseguiria suportar a vergonha. Desnorteada, perguntou:

– Quem teve a coragem de lhe contar uma barbaridade dessas?

– Meu pai. Quer dizer, ele contou para Raul, antes que esse amor platônico saísse do peito de cada um, concretizando-se em um pecado mortal. Eu, que já pressentia que algo forte aconteceria, resolvi ficar perto de Raul. Só que não pensei que fosse algo assim tão cruel. Não fiz por mal, apenas queria sustentar meu irmão, já que meu pai e minha mãe se diziam desesperados e acreditavam que esse amor jamais poderia se cumprir.

Evita abriu a gavetinha do console que havia na parede e pegou um lenço. Respirando fundo, passou o lenço no rosto molhado pelas lágrimas e falou:

– Você tem toda a razão. É um engano lamentável; não podemos mudar o que já aconteceu.

Ramon sentiu a tia muito passiva depois de ele ter tocado abertamente em um segredo terrível como aquele. Para ser mais preciso, Ramon a achou insensível demais. Pensou: "Como ser tão fria com uma revelação bombástica que envolvia diretamente irmãos de sangue?".

Evita, porém, não se importou com o semblante de admiração de Ramon, logo mudando de assunto:

– Temos que ampará-los, nós três juntos. E, cientes dessa complexa descoberta, temos o dever de ajudá-los.

– Minha mãe com toda a certeza virá acompanhada de meu pai. Fico pensando se...

– Pode parar, garoto. Posso imaginar seus pensamentos, e, por seus pensamentos, sei que está impressionado. Devo lhe dizer que, embora muitos sentimentos tenham sido expostos, nunca quis mal a sua mãe ou a seu pai. Pelo contrário; eles foram as pessoas que mais amei. Mas nem por isso sou uma ameaça a nenhum de vocês. Como disse à minha irmã quando esteve aqui, digo a você também: sou feliz com o caminho que percorri. Tenho duas filhas maravilhosas e esforçadas, saudáveis, e sou uma pessoa satisfeita com tudo o que a vida me ofereceu.

Os olhos de Ramon brilharam. Nunca havia visto nem ouvido palavras tão esclarecedoras e ao mesmo tempo tão sábias. Ramon se surpreendeu com a tia.

– Tenho uma vaga lembrança do meu tio. Como era mesmo seu nome?

– Carlos. Seu tio se chamava Carlos – respondeu Evita.

– Mamãe comentou que ele morreu.

– É verdade, mas sei que, seja onde for, ele está bem.

– Bom, Ramon, não podemos mais protelar. Seus pais precisam saber o quanto antes. Sei que será terrível, mas não há outro jeito; temos que ser fortes e firmes ao mesmo tempo – falou Adriana.

– Meu pai me ligou várias vezes, mas não tinha condições de contar que Raul morreu.

– Raul não morreu; ele apenas fez uma viagem. Sei que não cultiva crenças, porém acreditar que depois da vida há outra vida não é ser bitolado, fanático ou ter fé em determinada religião; é apenas ter uma esperança de que quem se foi continuará a percorrer seu caminho. E que poderá nos ver, quando assim for permitido.

Ramon sorriu para a tia, os olhos marejados de lágrimas. Não contestou os ensinamentos de Evita; limitou-se a ficar calado e refletiu sobre aquela ideia de o irmão continuar a percorrer seu caminho. E isso já era um grande progresso para ele.

Evita, mulher firme e forte, não se entregava aos desalinhos das provações que Deus, sabiamente, nos apresentava. Apenas aceitava, para poder, com seus erros, se fortalecer em sua passagem aqui na Terra. Ela fez menção de se levantar para telefonar à irmã, e foi nesse instante que o telefone tocou.

– Deve ser minha mãe. E agora?

– Acalme-se. Pode deixar que se for ela eu darei as notícias. – Evita suspirou fundo e, temerosa, atendeu o telefone: – Alô? Quem fala?

– Sou eu, Consuelo. Pelo amor de Deus, Evita, estou desesperada. Preciso muito de você.

– O que houve?

– Meus filhos sumiram daqui. Primeiro Raul, agora Ramon, que por sua vez partiu dizendo que ia procurar o irmão. Mas até agora ninguém me deu notícias. Por favor, irmã, você estando aí, e com eles também no Brasil, será muito mais fácil obter alguma notícia.

– Por que aqui no Brasil? O que a levou a pensar que Raul e Ramon viriam para cá?

– Não sei, mas Raul estava com umas ideias estranhas. Disse que iria conhecer a moça da carta, mas isso jamais poderá acontecer! Estou me sentindo péssima com tudo o que está acontecendo com minha família. Por favor, Evita, se eles aparecerem, telefone pra mim, pelo amor de Deus!

– Tem alguma possibilidade de eles virem para minha casa? Como assim? Não estou entendendo. Desabafe, irmã. Conte-me o porquê dessa aflição.

– Eu não sei se eles vão até sua casa; é só uma possibilidade.

– Não quer mesmo se abrir sobre suas aflições?

– Não, Evita; não tenho nada que precise desabafar, e sim esquecer.

– Está bem, Consuelo, já entendi tudo. Se eles aparecerem, entrarei em contato.

– Por favor, Evita. Se realmente minhas intuições estiverem certas, Raul vai para a sua casa. Não toque em assunto nenhum, pelo amor de Deus!

– Seria uma oportunidade de a verdade aparecer.

– Não, não faça isso! Respeite meu momento; primeiro preciso ter notícias dos meus filhos; esse assunto pode esperar. Conto com sua discrição.

Evita deixou que a irmã falasse continuamente; eram aceitáveis seus sintomas. Sentia-se nervosa com o desaparecimento dos filhos. Quando viu que Consuelo silenciou, ela se pronunciou:

– Vejo que está muito nervosa. É preciso se acalmar, para conseguir usar a razão.

– Você diz isso porque não são seus filhos!

Evita deu a oportunidade de a irmã cair na razão e ser verdadeira, já que estava aflita por seu filho Raul. Seria uma boa oportunidade de Consuelo descer do pedestal e tentar ser humilde e sincera. A mãe de Ramon e Raul, mesmo temendo o pior, não consentia que a irmã contasse a verdade. Se tivesse sido ela própria mais humilde e assumido seus erros perante os filhos, nada disso teria acontecido. Ao semearmos bons frutos, colheremos bons frutos também. Infelizmente, nós é que conduzimos nossa vida para o melhor ou o pior. Evita nunca tinha dito a verdade às filhas porque Consuelo a proibira. Como um homem como Miguel, em sua posição social, poderia ter um filho fora do casamento? Nos pensamentos da irmã, não seria nada bom para os negócios. E agora Evita seria humilhada pelas filhas por mais uma vez aceitar as ofensas subjugadas da irmã. Se fosse por Evita, suas filhas cresceriam sabendo que Miguel era o pai de uma delas.

– Tudo bem, Consuelo, faça como quiser.

Consuelo, pela primeira vez, sentiu que a irmã não estava satisfeita com ela.

– Do que está me acusando?

– Não leve para esse lado, não estou acusando ninguém. Mas acho que está na hora de você também encarar os fatos como são, e não como gostaria que fossem, diante de seus filhos.

– Eu a proíbo de contar qualquer coisa que seja para meus filhos. Eu e meus filhos não temos que aceitar um filho fora do casamento; filhos bastardos não são reconhecidos! Bom, acho que estamos entendidas. Se um dos meus filhos aparecerem aí, me comunique.

– Acalme-se, irmã. Ramon está aqui em casa.

– Em sua casa? O que ele está fazendo aí? Por que não me contou assim que atendeu o telefone? Quer me castigar ainda mais?

– Consuelo, se apronte, traga algumas mudas de roupas suas e de Ramon, e embarque no primeiro voo que estiver disponível para o Brasil.

– Por que tudo isso? O que houve? Você quer se vingar de mim, não é mesmo?

– Consuelo, jamais teria um gesto de vingança contra você, sabe muito bem que não é do meu feitio.

– Conte-me o que aconteceu. Não me esconda nada!

– Consuelo, as notícias realmente não são das melhores; contudo, só conversaremos quando você e Miguel chegarem aqui.

– Por que quer que Miguel também vá ao Brasil?

– Porque é preciso, Consuelo.

Consuelo, muito nervosa, passou o telefone para Miguel. Evita havia anos não falava com o cunhado; mesmo assim, não perdeu a linha nem se deixou levar pela emoção.

– Evita, é Miguel. O que aconteceu? Estamos extremamente nervosos sem receber notícias de Raul e Ramon.

– Como disse a Consuelo, Ramon está aqui conosco. Não é preciso mais se preocupar com ele.

– E Raul?

– Quanto a Raul, as notícias não são tão positivas assim. Miguel, acalme sua mulher e venha o mais rápido possível. Aqui conversaremos.

– Está bem. Se você diz que precisamos ir, iremos o mais breve possível.

– Muito bem. Faça isso.

Adriana, ouvindo o telefonema, juntou-se à mãe e Ramon.

– Como está a sua irmã?

– Já está melhor; apenas chora continuamente pela morte de Raul. Não sei se Liz vai aceitar tão fácil a morte dele.

– Adriana, há muitas coisas envolvidas. Vamos dar tempo à sua irmã; ela precisa do tempo dela. Aos poucos, vai se conformar, e nós duas, como companheiras que somos, estaremos sempre ao seu lado.

– A senhora fala como se fosse algo simples. Minha irmã não vai aceitar muitos fatos dessa história, mãe. Liz amava Raul como homem; ela o amava sentindo todos os desejos que há entre um homem e uma mulher.

– Eu entendo, minha filha, mas não há como mudar os fatos. Resta a nós usar a razão a nosso favor; a emoção muitas vezes nos deixa tolos e sensíveis demais, sem saber como agir diante das provações da vida, como esta.

– A senhora está falando a mesma língua que eu?

Ramon, como havia escutado toda a conversa dela com a mãe, sentiu que sua tia fora muito mais humilhada do que ela imaginava.

– Adriana, realmente sua mãe está certa. Não vai adiantar remoermos o que já foi consumado. Nada mudará.

– Por favor, Ramon, não se meta. A senhora poderia muito bem ter nos poupado dessa tragédia familiar, afinal, Liz se apaixonou pelo próprio irmão! Se não tivesse sido tão egoísta e comunicado Miguel que estava grávida, talvez nada disso houvesse acontecido.

Evita pressentiu que encarar o julgamento das filhas seria muito pior do que ter guardado por tanto tempo os segredos do passado.

– Sua irmã já sabe há muito tempo.

– Que Raul era o irmão dela?

– Não, mas que o pai dela é o mesmo dos primos. Fatalmente, quando ela tiver condições de se levantar, de entender alguma coisa, vai deduzir. Adriana, não quero e não vou discutir esse assunto neste momento com você. Na época, fiz o que achei melhor; tomei a resolução que deveria ser tomada. Não há necessidade de tocarmos nesse assunto agora. A única coisa de que precisamos é preparar o sepultamento de Raul e nos prepararmos para quando Consuelo chegar aqui e souber que Raul já não se encontra entre nós. Isso sim é urgente!

– Para a senhora é tudo fácil, não é?

– Minha filha, só vou lhe pedir um favor: não me julgue diante de fatos que não conhece. Precisamos respeitar Ramon e seus tios neste momento tão difícil pelo qual estão passando. Prometo que, depois que o corpo de Raul for enterrado, falaremos sobre o assunto.

– Sua mãe tem razão; não é hora de criticar ninguém, estamos todos muito sensíveis.

– Por que se mete onde não é chamado?

– Como tem o desplante de falar comigo assim? Estou na mesma situação! Não permito que julgue sua mãe como se ela fosse qualquer uma; tenha respeito por ela. Seja o que for que tenha acontecido, ninguém é cem por cento correto para apontar o dedo. Como está sendo difícil para nós, também será difícil para Liz. Devemos manter a cabeça no lugar; ninguém, com toda certeza, gostaria de estar passando por essa situação.

Adriana baixou a cabeça, refletindo sobre as palavras do primo a favor de sua mãe.

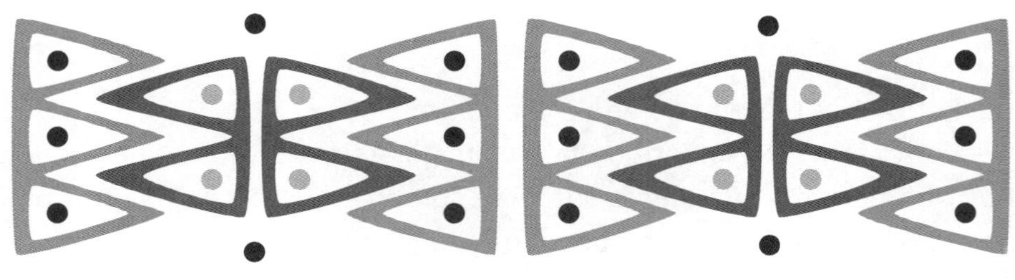

Capítulo 12

DOR E CONFLITO

Passadas as onze horas de voo, Miguel e Consuelo desembarcaram no aeroporto de São Paulo. Miguel já estava preparado para o pior, em vista de Evita ter pedido que viessem logo para o Brasil.

Depois de uma hora, o táxi parou diante de sua porta. Ramon estava mais tranquilo e foi recebê-los. Assim que adentraram, Evita os cumprimentou. A irmã parecia distante e mal a olhou. Miguel sentia-se péssimo com aquela situação inusitada, mas mesmo assim quebrou o silêncio:

– Agora que já estamos aqui, podemos saber o que houve com meu filho?

Ramon não disse nada, apenas olhou fixamente para o pai e o abraçou com força. Miguel foi poupado de ouvir a terrível notícia.

Consuelo soltava gritos de dor e desespero, e Evita e os demais presentes não sabiam o que fazer. A mãe de Raul debatia-se freneticamente e, se não fosse Miguel e o filho Ramon, teria se machucado muito. A situação era lastimável. Diante de uma dor como aquela, era quase impossível manter o controle. Ninguém pode saber o que sente uma mãe em um momento como esse, já que todas as mães esperam, como lei natural da vida, partir para o outro lado da vida primeiro, deixando aos filhos, como herança, todos os ensinamentos que ela puder oferecer durante sua estadia aqui, com a certeza de que fez aos filhos o melhor.

Demorou muito tempo para conseguirem controlar Consuelo; todos encontravam-se exaustos na tentativa de acalmá-la. Aos poucos, ela foi serenando, embora a expressão de seu rosto denotasse um sofrimento cruel, que lhe fazia parecer vazia por dentro. Parecia uma morta-viva.

Miguel, embora estivesse na mesma situação, procurou não deixar seus sentimentos abalá-lo, pois tinha de tratar dos preparativos do enterro.

A queda do avião fora uma grande tragédia; mesmo tendo caído sobre o mar, haviam morrido quase todos os passageiros; apenas alguns poucos restaram como testemunhas. A queda da aeronave era a notícia mais vista na TV; transmitida a toda hora, em todos os canais.

Miguel se aproximou da esposa. Estava difícil segurar o sofrimento que comovia a todos, mas foi obrigado a se pronunciar:

– Por favor, Evita, tenho de correr atrás dos documentos.

– Já entendi – respondeu Evita, poupando o cunhado.

– Será que sua irmã pode ficar aqui até tudo estar resolvido?

– Claro que sim.

– Pois eu não quero ficar; vou ver meu filho – concluiu Consuelo, revoltada.

– Mas não seria melhor descansar um pouco? – propôs Miguel.

– Já disse a você que não – respondeu ela bruscamente.

– Tem certeza de que quer ver nosso filho?

– Absoluta – Consuelo respondeu mais uma vez, enfurecida.

– Irmã, eu acho...

– Você, Evita, não tem que achar nada. O filho é meu e eu vou, sim, vê-lo.

Evita se calou; era compreensível a irmã estar revoltada, pensou consigo mesma.

Ramon sentiu que sua vida, daquele dia em diante, seria um caos.

Miguel, diante da teimosia da esposa, concordou que ela o acompanhasse. Talvez ficar ali com a irmã não fosse a melhor saída.

– Então vamos. Quanto mais rápido resolvermos tudo, melhor para todos nós. Como está Liz? – perguntou Miguel, preocupado:

– Está no quarto, deitada.

– Posso vê-la?

– Não acredito que o mundo está acabando para nós e você quer ver Liz!

Miguel não respondeu, apenas acompanhou a sobrinha até o quarto.

– Miguel veio vê-la, irmã.

Assim que Miguel entrou, Liz lhe deu um forte abraço. Miguel não se lembrava de já ter experimentado tantos sentimentos misturados e confusos. Contudo, sabia a dor que a filha sentia. Não suportou e se entregou ao choro. Nunca havia chorado tanto em sua vida. Lágrimas doídas desciam-lhe pelo rosto como uma navalha afiada, tamanha a dor e o lamento por ter sido fraco e egoísta. Jurou para si mesmo que não veria mais nenhum filho seu privado da verdade e de um pai.

– Como você está?

Miguel não conseguiu responder ao cruzar com os olhos tristonhos da filha.

– Sinto-me péssimo com tudo o que está acontecendo, mas prefiro mil vezes sofrer a me sentir culpado.

– O senhor não teve culpa. Raul era bom e puro; talvez ele mereça outro lugar para continuar seu caminho. Pelo menos, não vai ter mais que passar por momentos como este, pelos quais estamos passando.

– Sou, sim, culpado por fazê-la sofrer, por fazer sua mãe sofrer e por fazer outros sofrerem.

– Eu o entendo. Pensei que nunca fosse conseguir encará-lo, mas, quando entrou aqui, senti que você aliviaria meu sofrimento. Em seus braços, eu me senti forte.

Miguel beijou as mãos de Liz com carinho.

– Preciso ir, nos vemos mais tarde.

Sendo assim, Miguel saiu e foi resolver o que era preciso. Adriana estava muito emocionada, era muita coisa para um ser humano absorver de uma só vez. Completamente envolvida por esses sentimentos, abraçou Liz.

– Você já sabia que tio Miguel era seu pai, não sabia?

– Sabia sim. Surpreendi nossa mãe há muitos anos discutindo com Consuelo. Eu era muito pequena, e isso me marcou. Isso tudo é culpa dela; se ela tivesse aceitado que Miguel também é meu pai, nada disso teria acontecido.

– Liz, sempre temos uma desculpa para a morte. Se Raul se foi, é porque era sua hora.

– Por favor, Adriana, não me vem com essa história de que chegou a "hora" dele; não aceito isso. Como poderia imaginar que Raul, que eu amo tanto, era filho de Miguel? É muita crueldade o que Deus está fazendo comigo. Consuelo é a maldição em pessoa!

– Não fale assim, Liz. Ninguém tem culpa, é ironia do destino; todos nós temos nossos tropeços e defeitos. Temos que aceitar o que Deus preparou para Raul. Um dia vai acontecer com você, comigo; é a única certeza que todos nós temos. Como se sente?

– Não sei responder. Não sabia que esse Raul era *nosso* Raul. Jamais passou pela minha cabeça que Raul era filho do Miguel. Você tem noção de como está minha cabeça, como estão meus sentimentos?

– Mas lá no fundo mudou seu amor, não mudou?

– Se eu responder que não, vai me achar uma perversa, uma pecadora? Uma devassa por amar o próprio irmão?

– Não é possível, Liz. Vê se consegue separar seus sentimentos; ele é seu irmão!

– Não consigo; minha cabeça vai pirar de tanto eu pensar. Eu o amo muito ainda.

– Irmã, pelo amor de Deus. Nunca mais fale uma coisa dessas para mamãe.

– Tudo bem. Pode ser porque ainda não aceitei sua morte, nem que Miguel também é meu pai. Que Miguel é *nosso* pai. Meu Deus, me ampare. Preciso mudar meu conceito, preciso transformar esse amor aqui dentro.

Miguel providenciou tudo que era preciso para o funeral. O caixão veio lacrado, pelo estado em que se encontrava o corpo. Consuelo, desesperada, não saía de perto do filho.

Passadas algumas horas, chegaram Evita e as filhas. Assim que Consuelo colocou os olhos em Liz e na irmã, teve um ataque de revolta:

– Vocês duas são culpadas pela morte do meu filho; não as quero aqui.

– Calma, Consuelo, isso não está certo – pediu Miguel.

– Não as quero aqui; elas só fizeram mal ao meu filho. – Olhando para as duas com um olhar de ódio e revolta, continuou: – Você, Evita, me amaldiçoou por eu ser feliz. Torceu para que meu filho morresse. Sua vingança foi olhar em meus olhos e sentir a satisfação do meu sofrimento. Está satisfeita agora?

– Pelo amor de Deus, Consuelo, como pode pensar uma coisa como essa?

– Você nunca aceitou que eu fosse feliz ao lado de Miguel. No fundo, tudo o que sempre desejou foi ver de perto minha infelicidade.

– Como pode me julgar assim?

– Eu vejo em seus olhos sua vitória!

Liz não esperou que a mãe fosse mais humilhada daquele jeito. Sem conter sua ira, chegou bem perto de Consuelo e desabafou:

– Será que não enxerga que foi você quem provocou tudo isso com seu egoísmo, com sua deslealdade? Se não tivesse passado a perna em minha mãe para ficar com o noivo dela, nada disso teria acontecido. Você é egoísta e prepotente. Aprenda uma coisa da vida: "colhemos o que plantamos". Não por Raul, que sempre vou amá-lo acima de qualquer coisa, mas por você, que vai amargar o resto de seus dias!

– Sua petulante... Antes de se dirigir a mim, cresça e apareça, garota. Não me importo nem um pouco com o que sente pelo meu filho. Deus escreve certo por linhas tortas; mesmo que Raul estivesse vivo, jamais iria tê-lo a seu lado. E não é por ser quem é, mas sim por não ser ninguém aos meus olhos. Nem por cima do meu cadáver você teria sequer a amizade do meu filho Raul.

– Chega, Consuelo. Chega... Pelo amor de Deus! Respeite ao menos o corpo de seu filho aqui presente – pediu Miguel, contrariado.

Consuelo silenciou, sendo retirada do recinto à força por Miguel. Liz procurou não dar importância às palavras de revolta da tia; embora estivesse sofrendo muito, manteve a serenidade que Raul merecia. Ao se aproximar do corpo dele, mesmo sem poder olhar em seus olhos, disse algumas palavras:

– Sinto muito por não ter tido tempo de conhecê-lo pessoalmente. Sinto muito por ter existido um abismo entre nós. Mas não sinto por amá-lo tanto, embora não sabia dizer como nem por que esse amor surgiu em minha alma, crescendo a cada dia vivido. Se é que existem outros mundos, tenho certeza de que nos veremos. Confie na providência divina, porque eu, aqui, sempre vou confiar em você.

Logo após essas sentidas palavras de Liz, sua irmã e Ramon a abraçaram com carinho.

– Não fique assim, irmã. Raul está em bom lugar.

– Não me importo, nem com o fato de existir ou não esse outro lugar. Mas confio que nós ainda nos encontraremos. Nossa história ainda não acabou.

– Venha, Liz, ficar alimentando esperanças não vai lhe fazer bem – disse Ramon, tentando confortá-la.

– Isso mesmo, minha filha – disse Evita. – Vamos embora; já terminamos o que viemos fazer aqui. Raul vai ter a compreensão de que nossos sentimentos são verdadeiros e sinceros.

Liz deu um abraço forte em Ramon.

– Por favor, Ramon, não deixe de nos visitar.

– Não deixarei.

– Não estou sendo sentimental nem simpática; quero realmente que venha sempre nos ver. Há muitas coisas que ainda desejo saber sobre seu irmão.

– Pode me esperar. Assim que possível, vou até vocês. Gostei muito de conhecê-la.

Evita se retirou com as filhas, para que sua irmã pudesse ficar ao lado do filho. Evita entendia perfeitamente pelo que ela passava; o sofrimento em seu rosto era visível.

Assim que Evita saiu, Consuelo voltou e ficou ao lado do filho até seu sepultamento. Foi muito doloroso para toda a família. Às vezes Miguel pensava que sua esposa não iria resistir a tanto sofrimento; parecia de fato que Consuelo fora punida por tudo que seu passado, sem demora, viera lhe cobrar.

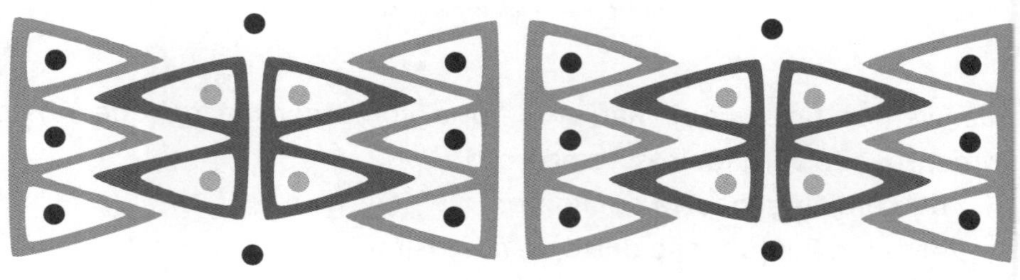

Capítulo 13

UM SONHO INESQUECÍVEL

Passaram-se alguns meses, e todos tiveram que seguir seu caminho.

Ramon tentava, todos os dias, lembrar-se menos do irmão. Embora fosse cético e não acreditasse em vida após a morte, sentia como se o irmão ainda estivesse vivo. Consuelo, por sua vez, vivia de lamentos. Já não era mais a mesma. Não se encontrava bem, e a cada dia amargava mais e mais a raiva da irmã e da sobrinha. Ela as culpava pela morte do filho.

Miguel tentava recuperar seu ânimo, sua alegria de viver.

– Por que não faz uma viagem? – Miguel sugeriu à esposa.

– Não tenho vontade.

– Mas precisa ser forte; precisa aceitar os fatos. Ficar assim não vai adiantar nada. Faça uma viagem, convide uma de suas amigas. Precisa voltar à vida.

– Por que tanto interesse em que eu viaje? Por acaso vai para o Brasil se encontrar com aquelas duas traidoras?

– Por favor, Consuelo, não vamos dar continuidade a esse assunto outra vez. Quantas vezes já lhe pedi que parasse com essas insinuações?

– Não são insinuações, são fatos; não é assim que você fala? Sei que deseja muito trazer sua filha para junto de você.

– Por que insiste nesse assunto? Desde o enterro de nosso filho que não dá paz à pobre da Evita e à coitada da Liz.

– Por que as defende? Não posso dar paz a duas pessoas que acabaram com minha vida para sempre.

– Ninguém acabou com sua vida, Consuelo. Elas não estão nem aí para você; nunca mais ouvimos falar delas, deixe-as em paz, por favor.

– Você as defende porque não consegue fazer mais por elas, não é isso?

– Chega, Consuelo, chega! Não aguento mais ouvi-la falar delas!

– É você que não para de pensar nas duas, está na sua cara que é infeliz.

– Por mais que eu deseje esquecê-las, você não deixa. Estou perdendo minha paciência.

Miguel se levantou da mesa e saiu, contrariado. Ramon, que vinha do quarto, parou na metade do caminho, para aguardar que sua mãe saísse da mesa e ele pudesse tomar o café da manhã sossegado.

Consuelo começou a chorar. Estava completamente desgostosa da vida; às vezes, nem ela se suportava.

Ramon, sentindo que a mãe não sairia da mesa, resolveu se juntar a ela.

– Bom dia, mãe.

– Não sei o porquê desse bom-dia. Para mim, todos os dias são tristes e cinzentos.

Ramon também não suportava mais ver nem sentir aquele clima de desarmonia em sua casa, contudo tentou contemporizar:

– Mãe, a senhora ficar aqui em casa pensando todos os dias em Raul não vai trazê-lo de volta. Papai tem razão: é preciso se distrair. Faça uma viagem com suas amigas; garanto que vai se divertir muito.

– Como gostaria de sentir esse otimismo que você e seu pai sentem. Vocês se esqueceram de Raul como quem esquece um amigo distante que morreu.

– Não é isso, mãe. Lembrar de Raul será uma constante em nossa vida, mas precisamos fazer um esforço; é preciso viver também nossa vida. Ele morreu, mas nós continuamos aqui. Temos que cumprir com nossas responsabilidades.

– Ninguém entende o que uma mãe passa quando perde um filho.

Consuelo não estava disposta a tentar pensar no filho com saudade, amor, alegria. Na verdade, ela sentia remorso, e queria que todos sentissem também. A cada dia, sofria e culpava terceiros; vibrava em seu íntimo discórdia por pensar que a irmã e as sobrinhas haviam se vingado dela por suas atitudes do passado. Em seu entender, a morte do filho tinha trazido prazer a elas, pois agora Consuelo teria que conviver com a ausência de uma parte de sua alma.

Ao contrário do que pensava Consuelo, no entanto, Evita sofria muito por ela ter perdido precocemente o filho. Evita também sentia remorso; todos os dias, orava para que sua alma se fortalecesse e não enveredasse pelos caminhos tortuosos da ignorância e das ilusões. Também orava pela filha, que sofria por não conseguir trazer entendimento a seu espírito. Liz se esforçava muito para dar continuidade a seu caminho, embora aquele amor forte e latente por Raul ainda permanecesse como antes. Ela não conseguia sentir um amor fraternal, e isso muitas vezes a fazia sofrer por arrastar as ilusões fortes da carne. Quando saía para as ruas para cobrir alguma matéria, procurava ao redor algo que nem ela mesma sabia explicar o que era. Mas sentia, inúmeras vezes, um forte indício de que alguém a acompanhava, com se fosse vigiada por um olhar oculto.

Em um desses dias, Liz estava em uma lanchonete, acompanhada por alguns colegas de profissão, quando, sem esperar, sentiu o coração disparar com violência. Instintivamente colocou as mãos sobre o peito, apertando-o e se esforçando para acalmá-lo. Seu rosto ficou vermelho, ardendo fortemente. Um amigo notou:

– O que houve, Liz? Sente-se mal?

Liz não respondeu de pronto; esperou que aquelas ondas de calor cedessem e voltassem ao normal.

– Não sei o que há comigo. Às vezes meu coração dispara sem motivo aparente.

– Deve estar nervosa ainda pela perda do seu primo. Por que não vai ao médico? Se for estresse, ele receitará um calmante.

Os batimentos cardíacos voltaram ao normal, e Liz começou a massagear o peito de leve.

– Vocês acham que eu posso estar com problemas no coração?

– Não sabemos, mas é prudente ir ao médico. Não custa nada.

– Não deve ser nada. Pronto, já voltei ao normal.

– Liz, não seja teimosa. Custa ir ao médico fazer uma consulta?

– Mas me sinto ótima!

– Pessoal, não adianta falar nada para ela. Ela não nos ouve! – disse um dos amigos.

– Tudo bem, gente. Amanhã mesmo vou ao médico, está bem?

Todos passaram a mão nos cabelos de Liz, despenteando-a em um gesto de carinho,

Passava das nove horas da noite quando Liz chegou em casa. Evita e Adriana a esperavam.

– Boa noite, mãe, irmã...

– Boa noite, minha filha. Ainda bem que já chegou. A cada dia, chega mais tarde!

– Ah, mãe, é meu horário habitual.

– Não, não é. Parece que a cada dia sua jornada se prolonga naquela redação.

– Mãe, é meu trabalho. Escolhi essa profissão, e tenho que cumprir com o que for necessário.

– Mas fico preocupada. Falar com você não é possível, porque é raro ouvir o celular. Quando ligo na redação, está na rua. Assim não dá.

– Ah, mãe, por que tanta preocupação comigo?

– Sabe tanto quanto eu que muitas vezes você tem tido uns sintomas estranhos.

– Fica sossegada. Amanhã mesmo vou ao médico.

– Ah, graças a Deus. Até que enfim resolveu ir ao médico ver o que está se passando com sua saúde.

Liz se aproximou da mãe e pousou um beijo em seu rosto.

– Vou tomar um banho.

– Vá logo; eu e sua irmã estamos com fome.

Liz foi para o banho, e Adriana se manifestou:

– O que será que Liz tem, mãe? Desde que Raul morreu, vem sentindo umas coisas estranhas. Será que ficou com problema de coração?

– Vira essa boca pra lá. Se Deus quiser não há de ser nada. Só que para termos certeza de que sua irmã não tem nada é preciso que ela vá ao médico.

– Pode deixar; para ela não dar desculpas, vou com ela.

– Isso mesmo, minha filha, faça isso.

Liz saiu do banho e as três jantaram. Evita se recolheu em seu quarto, Adriana também. Liz ainda permaneceu na sala para dar uma olhada nas matérias do dia, porém acabou adormecendo.

Parecia estar em um lugar com algumas lamparinas iluminando o local. Dormia em uma esteira no chão, e ao redor dela havia outras pessoas dormindo também, bem próximos uns dos outros. Liz se levantou em meio às pessoas que dormiam e chegou a uma pequena fresta por onde a luz do luar entrava, iluminando algumas partes daquele quarto. Com muita dificuldade, devido ao tamanho da fenda, avistou ao longe águas baterem por entre algumas árvores muito altas, parecendo ser grandes coqueirais. Não ficou assustada, muito menos impressionada com o que seus olhos observavam com curiosidade. Sem fazer ruído, alcançou a saída que separava o quarto da parte de fora. Não havia porta; apenas muitas tiras de mato envelhecido presas de cima para baixo. Nada disso causou estranheza a Liz. Quando conseguiu alcançar o lado de fora, os pés afundaram nas areias brancas cintilantes sob os raios de luar. Sentia uma alegria enorme em seu peito. Andou um bom pedaço pelas areias até chegar ao mar. Caminhou mais um tanto e deixou que as águas mornas molhassem seus pés. Seu rosto estendeu-se em um sorriso, demonstrando alegria ao admirar a imensidão daquelas águas espumantes.

Liz sentia a alma leve, solta. Era uma felicidade provocada pela sensação de liberdade diante da imensidão daquelas águas cristalinas. Sutilmente, seus pés ganharam as águas, que molhavam suas pernas bronzeadas pelo sol. Quando pensou em se banhar sob a luz da lua, despertou, a alegria ainda tomando conta de sua alma. Tinha acordado com as batidas fortes de seu coração.

– Puxa, que lugar lindo – exclamou Liz, ainda sob o forte efeito da felicidade a envolver seu coração.

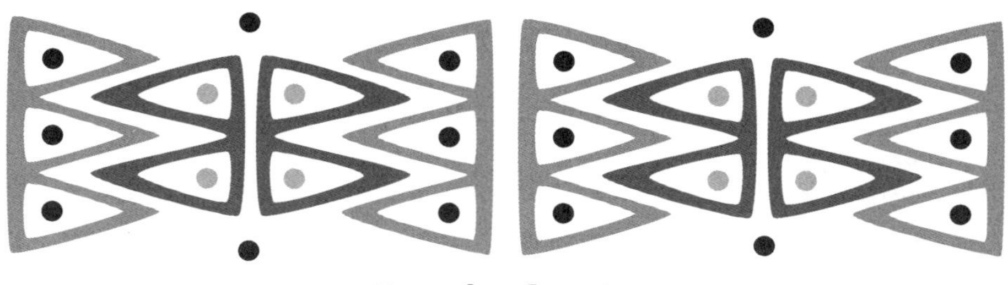

Capítulo 14

IMARAJI E RAIO AZUL

Havia pequenas casas, feitas de pedaços de ripas de madeira e mato seco entrelaçado com barro. As pequeninas acomodações eram pintadas cada qual de uma cor, dando ao todo um aspecto harmonioso.

Tratava-se de uma aldeia na qual os índios haviam deixado sucessores, transformando-a em um pequeno vilarejo. Embora tivessem a aparência de seus ancestrais, já era a quarta geração – uma geração jovem, entre homens, mulheres e crianças, havendo apenas um velho índio, que atendia pelo nome de Imaraji.

Esse velho índio, em termos hierárquicos, era quem sustentava aquele vilarejo com seus ensinamentos, compartilhando tudo que havia adquirido sabiamente durante toda a vida, até o presente momento. Imaraji era respeitado por todos os outros moradores, que viviam da comercialização da pesca e do artesanato. Eram unidos em todos os sentidos, e a lei para todos eles era respeitar o próximo como a si mesmo. Viviam quase sempre em harmonia cotidiana, tirando um caso aqui, outro ali, devido à modernidade que avançava também nessa aldeia. Ideias novas sempre eram bem-vindas, desde que todos pudessem usufruir igualmente dos benefícios da evolução como um todo. Ninguém era privilegiado; todos eram iguais para o velho índio Imaraji.

Não eram nem cinco da manhã, e o velho Imaraji já aprontava o barco para embarcar em alto-mar, como fazia quase todos os dias, à procura de seu sustento. Ainda não havia chegado nenhum pescador, quando o velho índio avistou um corpo na beira do mar. Não era uma coisa corriqueira, mas estavam acostumados com alguns incidentes como aqueles, que ocorriam raramente – acontecia vez ou outra de um corpo aparecer naquela praia isolada de tudo, estando a cidade mais próxima a um dia de barco de distância.

O velho índio se aproximou de pronto, notando muitos ferimentos por todo o corpo. Abaixou-se para ver se ainda havia vida naquele homem que, aparentemente, estava morto. Qual não foi sua surpresa ao colocar o ouvido no peito do homem moribundo e sentir o coração batendo, bem fraco, mas batendo. Imaraji não pensou duas vezes: agarrou com força os pulsos do rapaz e o puxou até determinado local. Um dos jovens da pequena cidade saiu de seu pequeno armazém e foi socorrer o velho índio, que gritava:

– Tá vivo, tá vivo...

Imaraji e o jovem o levaram para dentro de sua tenda e o deitaram sobre uma cama simples de madeira coberta por muita palha.

O velho tirou os restos de roupa que ainda cobriam o corpo todo ferido do jovem, limpou seus ferimentos e se lançou ao preparo de ervas para restabelecer aquele filho de Tupã. Imaraji fazia muitos remédios com suas ervas; alguns serviam de emplastos para os ferimentos que queimavam em carne viva; outros, como beberagens.

Por mais de sete dias, aquele velho índio, dia e noite, ficou à cabeceira daquele filho indefeso com muitas enfermidades, que chegaram a lhe causar altas temperaturas, fazendo seu corpo arder e estremecer de tempos em tempos sem parar. Imaraji orava muito a Tupã pedindo uma lei para aquele filho seu. Muitas vezes, pensou que o homem branco iria para o outro lado da vida; que não fosse resistir. Mesmo assim, o velho índio não desanimou; sua fé era inabalável.

Para os leigos nos costumes indígenas, talvez fosse estranho entender por que Imaraji, também, fazia suas orações pedindo auxílio aos ancestrais.

O velho índio preparava um braseiro e lá colocava suas ervas, o resultado parecendo o início de um incêndio a esfumaçar toda a tenda. Em um recipiente próprio, feito por ele e coberto em brasas, salpicava ervas de vários tipos, rodeando o homem branco com aquela névoa, até que mal se podia visualizá-lo. Repetia essa prática todos os dias. Ele dizia que era "para espantar maus espíritos que vibram energias ruins; se homem branco deixar sua matéria, eu o entregarei para espíritos de luz. Os espíritos ignorantes não vão possuí-lo, Imaraji não deixa. Homem branco muito fraco, sem forças; espíritos ignorantes tomam seu corpo. Imaraji não deixa nada de ruim tomar homem branco".

Esse ritual do índio Imaraji foi feito incansavelmente por mais de trinta dias. A febre forte que acometia o homem branco, como Imaraji o chamava, cedeu, mas os remédios feitos de ervas continuaram até que ele desse os primeiros sinais de que viveria por muitos anos ainda.

Aquele dia foi de muita alegria para aquela pequena aldeia de pescadores. Todos eles, unidos, participavam dos rituais de orações próprios dos moradores. Levou algum tempo ainda para que o homem branco se pronunciasse com clareza. E isso aconteceu em um dia pela manhã, quando o velho índio havia ido buscar água fresca em uma pequena cachoeira a alguns metros dali.

Assim que o índio entrou em sua tenda, viu com alegria os olhos bem abertos do homem. Imaraji se aproximou e com voz forte falou:

– Graças a Tupã homem branco despertou de uma longa viagem.

O jovem, confuso, olhava-o fixamente. O índio continuou:

– Não tenha medo, Imaraji só quer ajudar homem branco.

Com a voz ainda muito fraca, quase imperceptível, soaram algumas palavras:

– Que lugar é este?

O difícil foi Imaraji entender o que dizia o jovem branco, pois suas poucas palavras foram pronunciadas em espanhol. Imaraji puxou um pequeno banco tosco de madeira e sentou-se mais perto, de frente para o homem branco.

– Imaraji não entende o que fala homem branco.

O rapaz estava assustado diante daquele índio com porte físico atlético, de expressões marcantes. Mesmo não entendendo o que dizia o rapaz, Imaraji prosseguiu:

– Este lugar é um pequeno vilarejo. Homem branco chegou aqui quase morto. Imaraji ajudou e curou homem branco com a ajuda de Tupã.

O rapaz tentou se levantar, mas não conseguiu. Seus braços mal sustentavam o peso do próprio corpo. Imaraji interveio:

– Homem branco não pode ter pressa. Homem branco vivo, mas muito fraco ainda.

O rapaz não tentou mais se levantar; sentia-se mesmo muito fraco ainda. Ele entendia perfeitamente o que dizia o índio, mas, ao tentar responder igualmente na língua que ele pudesse entender, não saía nada.

Imaraji levantou-se e, em seguida, trouxe uma caneca feita em barro com leite de cabra. O generoso índio levantou um pouco a cabeça do assustado rapaz e o fez tomar o leite. Ele, por sua vez, não recusou, embora ainda se sentisse intimidado por aquele homem enorme usando roupas não convencionais – eram roupas largas e brancas, com vários traçados coloridos em volta das mangas, das barras das calças e da túnica, além de colares feitos de casca de coco, como é próprio dos indígenas. Algumas penas de animais serviam-lhe de ornamento.

Logo depois de Imaraji tê-lo feito tomar todo o leite, voltou a se sentar de frente para o rapaz.

– Tenho que ir para o mar; faz tempo que não saio para a pesca. Você fica aqui descansando, Imaraji logo volta.

Imaraji pegou seu material de pesca e saiu. O jovem estava completamente assombrado com tudo aquilo, mas o pior estava por vir: ele não se lembrava de absolutamente nada, nem mesmo de como se fala o português. Por via das dúvidas, não saiu daquela cama tosca, forrada apenas por uma esteira artesanalmente fabricada por eles e muita palha seca.

O rapaz olhava tudo ao redor, querendo entender o que havia acontecido e o porquê de estar em uma reserva indígena. Ao tentar se levantar, cambaleou e caiu de volta sobre a cama. Uma jovem entrou nesse momento em que ele começava a suar frio.

– Não se levante! Está fraco ainda.

O rapaz olhou para a jovem, tentando buscar algo na memória que a ajudasse a entender o que se passava com ele. Assustado, perguntou com muita dificuldade:

– O que houve comigo?

Nanaeh era de família indígena, mas falava corretamente, como a maioria dos habitantes, e entendia razoavelmente o que ele dizia em sua língua.

– Você foi encontrado na beira do mar praticamente morto. Pai Imaraji cuidou de você.

– Mas o que houve comigo? Você sabe?

– Se não falar pausadamente, não vou entender o que diz nem conseguir ajudá-lo.

– Tudo bem. Vou repetir... O que houve comigo? Está entendendo?

– Sim. Nenhum de nós sabe o que houve com você; só você mesmo para explicar por que quase perdeu a vida. Entende o que eu falo?

O rapaz fez que sim com um leve balançar de cabeça.

– Preciso levantar-me. Você pode me ajudar? – pediu o jovem, pronunciando as palavras vagarosamente.

– Melhor não se esforçar; estou aqui justamente para não deixá-lo se levantar. Foi pai Imaraji quem pediu.

O jovem rapaz desistiu, pois havia apenas um lençol a cobrir seu corpo. Teria que se conformar em ficar ali até que o índio voltasse.

– Qual é seu nome?

Ele pensou por alguns instantes, depois respondeu:

– Meu nome? Não me lembro... Não me lembro de nada. O que está havendo comigo?

– Calma, ficar agitado dessa maneira não será bom para você. Ter um nome, em vista de como chegou aqui, não é tão importante. Podemos escolher um nome temporariamente para você, o que acha?

O rapaz nada respondeu. Havia esquecido de tudo como se houvessem passado uma borracha em uma história inacabada. Sentia medo e insegurança por nunca ter visto algo parecido com aquele lugar. Sentiu-se amargurado; seus pensamentos eram confusos, e estava só e desprotegido. Era um homem sem identidade, e a sensação que o consumiu foi terrível. Lágrimas começaram a descer por seu rosto, sem motivo aparente, pois recordações não eram o forte de seu cérebro naquele momento. Não havia restado nada: era um homem sem passado, apenas temendo o futuro.

Passou algum tempo antes que o índio retornasse à sua tenda. Trazia em suas mãos calejadas um cesto grande de peixes. Logo que viu seu paciente bem acordado, ficou satisfeito. As ervas tinham dado efeito, como esperava.

– Como ele está, Nanaeh?

– Bem... Mas quer se levantar a todo custo. Parece um bicho enjaulado.

O sábio índio se aproximou e disse, com um sorriso nos lábios:

– Por que tem pressa para se levantar?

– Preciso usar o banheiro. – O índio olhou para Nanaeh para que ela traduzisse o que ele havia dito.

– Ele quer usar o banheiro, meu pai.

Imaraji se voltou para ele e respondeu:

– Eu te ajudo a se levantar.

– Mas como? Estou sem roupa!

A bela Nanaeh riu sonoramente:

– O que diz o homem branco?

– Ele disse que está sem roupa.

– Tenho roupas aqui. Nanaeh pode ir, eu ajudo ele a se vestir.

– Está bem. A bênção, meu pai?

– Que Tupã te abençoe, minha filha.

Nanaeh saiu, e Imaraji ajudou o rapaz a se vestir. Houve muitas dificuldades, pois, devido a ter ficado entrevado na cama por muito tempo, as pernas do rapaz tremiam por falta de massa muscular. O jovem vestiu as roupas brancas, mas estranhou o tipo de vestes que usavam ali. Mesmo assim, Imaraji, índio forte, conseguiu sustentar seu enfermo até o banheiro.

Imaraji, do lado de fora, esperou-o para que pudesse ajudá-lo a voltar para cama.

Depois de ter ido ao banheiro, o velho índio trouxe um copo com um líquido dentro e ofereceu ao paciente.

– O que é isso?

– Não entendo o que diz homem branco.

O jovem o fitou com cisma, e o índio se pronunciou com um sorriso nos lábios:

– Beba, vai fazer bem. Água de coco boa para seu corpo.

O homem branco, ainda meio desconfiado, tomou tudo, como o índio havia instruído.

– Vou preparar comida para nós. Tá bem?

O homem branco limitou-se em responder um *sí*.

Enquanto Imaraji fazia o almoço, o jovem continuava olhando tudo ao redor, refletindo em sua situação. O que mais o deixava nervoso era não se lembrar de nada, nem mesmo de seu nome.

– Raio Azul.

– O que disse? – perguntou o jovem, sem entender nada.

Imaraji, continuando a limpar os peixes, respondeu:

– Você Raio Azul.

– Raio Azul? O que quer dizer isso?

Imaraji se aproximou do jovem e falou:

– Se falar devagar, Imaraji entende.

O rapaz, olhando assustado para os olhos negros e penetrantes do índio, apenas balançou a cabeça positivamente.

– Você não se lembra de nome. Imaraji dá nome a homem branco. Raio Azul é seu nome agora, até homem branco lembrar tudo.

O rapaz ficou muito intrigado: como o índio sabia no que estava pensando?

– Gosta de peixe?

Raio Azul respondeu com uma frase curta:

– Acho que *sí*.

– Não fica pensando no que aconteceu. Apenas se esforce para ficar bom. Imaraji cuida bem de Raio Azul.

– Por que escolheu esse nome para mim? – perguntou o jovem pausadamente, para que o índio entendesse. Imaraji se aproximou mais uma vez da cama na qual se encontrava o rapaz e respondeu:

– Raio é forte. Azul é bênçãos do céu. Homem branco bom; homem branco muito importante.

– Por que *importante*? Não sabe nada de minha vida, nem mesmo eu sei – concluiu, desanimado.

– Raio Azul trabalha com as mãos; gosto de seu trabalho. Trabalho formoso.

Raio Azul ficou pensando: "Será que esse índio sabe mesmo coisas da minha vida?".

– Imaraji não sabe muito, mas sabe o que precisa – respondeu o índio, deixando seu enfermo boquiaberto.

– Como sabe no que estou pensando, índio?

– Meu nome Imaraji... – disse o velho índio, repreendendo-o por chamá-lo de índio. – Sei muitas coisas de sua caminhada. Seu coração diz, Imaraji ouve.

Raio Azul estava completamente perdido com tudo o que estava acontecendo em sua vida. Embora não se lembrasse de nada, sentia em seu coração que podia confiar naquele índio. Também não havia escolhas: ou confiava, ou confiava.

– O que mais o senhor sabe a meu respeito?

– Todos choram morte de Raio Azul.

– Todos choram? Mas não morri; estou aqui!

– Imaraji sabe... Raio Azul sabe... Mas os filhos de Tupã não sabem.

– Quem é Tupã?

– Tupã, Criador do universo.

– O senhor está falando de Deus?

– Para homem branco Deus, para Imaraji, Tupã.

Raio Azul refletiu sobre tudo o que o índio dizia. Seus pensamentos rodavam como redemoinho. Mas em seu íntimo ele sentia que o índio era generoso e que suas palavras poderiam ter algum sentido, pois como viera parar em um lugar como aquele assim do nada? “Meu Deus, o que houve? Quem são as pessoas que choram a minha morte?”

– Sua família, pai, mãe, irmão... Moça bonita também chora muito.

Mais uma vez, Raio Azul tentou se levantar. Desta vez, com muita dificuldade, conseguiu. Precisava andar; precisava saber o que havia acontecido. Raio Azul tinha que entender muitas coisas que o estavam deixando nervoso.

– Raio Azul ainda não pode andar!

– O senhor me desculpe, mas preciso andar, preciso me descobrir! – Vagarosamente, passo a passo, Raio Azul se arrastou, até alcançar a porta que dava para o lado de fora. Sua respiração era ofegante, e ele rápido se cansou. Imaraji correu e o apoiou. As pernas do jovem tremiam muito; era preciso tempo para que pudessem voltar a sustentar seu corpo magro.

– Não disse que Raio Azul ainda não pode andar?

– Por favor, senhor, deixe-me olhar a vida lá fora. Preciso olhar tudo para que eu possa me lembrar de quem sou, de onde eu venho.

Imaraji o sentou diante da porta que dava para o lado de fora e o fez tomar mais um pouco de água de coco.

– Raio Azul não precisa ficar assim nervoso; tudo vai voltar à sua cabeça quando for a hora certa. Raio Azul precisa dar tempo para tudo o que aconteceu antes de vir parar na casa de Imaraji.

Raio Azul o olhou, admirado:

– Por tudo o que aconteceu comigo antes de eu vir parar aqui?

Imaraji, muito sábio, fez que não entendeu a pergunta do jovem:

– Imaraji não entende o que Raio Azul fala.

O rapaz o puxou pelo braço e, olhando-o nos olhos, concluiu:

– O que aconteceu... comigo... antes de... eu vir... parar aqui... em sua casa?

O índio não quis responder, pois não estava autorizado.

– Imaraji não entende o que fala Raio Azul.

Raio Azul não acreditou, mas não poderia pressionar um homem tão generoso como aquele.

– Tudo bem. Não quer me dizer, não é? Mas vou me lembrar.

– Isso mesmo, Raio Azul vai lembrar.

Raio Azul pensou com seus botões: “Como ele entendeu agora?”.

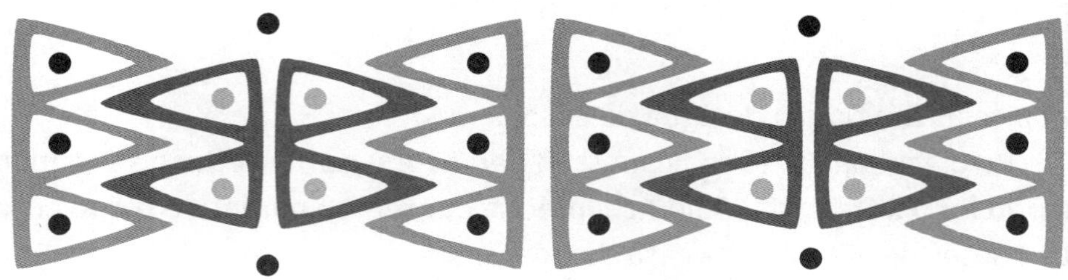

Capítulo 15

ENTRE ESPANHA E BRASIL

A convivência na casa dos Martinez estava a cada dia pior. Já não havia a harmonia de antes. Miguel se prolongava em sua jornada na empresa, para que, quando chegasse, a esposa, cansada pelo dia, já tivesse se recolhido e de preferência estivesse em sono profundo. Passava das onze horas quando chegou em casa:

– Ainda acordado, meu filho?

– Sim. Precisamos conversar.

– Sobre o quê?

– Por favor, pai, sente-se.

Miguel tirou a gravata e o paletó e se sentou, encarando o filho com curiosidade.

– Diga, meu filho, o que houve?

– Tenho pensado muito em tudo o que aconteceu depois da morte do meu irmão.

Ramon fez uma breve pausa.

– Continue, meu filho.

– O senhor tem que tomar alguma providência. O convívio com a mamãe está sendo insuportável.

Miguel se acomodou melhor no sofá, ganhando tempo para refletir no que poderia responder ao filho.

– Eu sei que as coisas têm piorado depois que seu irmão se foi. – Miguel fez uma pausa e suspirou, como quem procurasse fôlego para continuar a viver.

– E aí? – insistiu Ramon.

– E aí que às vezes não sei bem o que fazer. Sua mãe não esquece o que ficou para trás e não deixa que eu esqueça também.

– Desde que voltamos para nossa casa, não tivemos oportunidade de conversar, mas sinto que há necessidade. Quando conversou com meu irmão naquela noite miserável que gostaria muito de esquecer, ouvi tudo o que contou a Raul. Até quando vai ignorar que tem uma filha no Brasil?

– Ramon, meu filho, sei que já é bastante maduro para entender coisas que, muitas vezes, fogem ao nosso controle. Quanto a este assunto, não posso fazer nada.

– Como não pode, pai?

– Você reparou nas atitudes de sua mãe nesses últimos meses? Deve saber que o estado em que ela se encontra é justamente por eu ter tido uma noiva e, por consequência, uma filha. Sua mãe jamais vai aceitar que eu reconheça Liz como minha filha. Ela se sente ameaçada pela própria irmã.

– E tia Evita e Liz são uma ameaça para mamãe?

Miguel olhou para o filho, espantado:

– O que está dizendo?

– Estou perguntando isso mesmo que o senhor ouviu.

– Você acha que sua pergunta tem algum cabimento?

– Acho sim.

– Pode me dizer por quê?

– Porque a insegurança de mamãe pode ter um fundamento.

– O que está querendo dizer com isso?

– Que o amor entre tia Evita e o senhor pode não ter acabado, como o senhor quer tanto acreditar. O senhor mesmo quer acreditar que não há mais nenhum sentimento entre vocês dois.

Miguel se levantou e serviu-se de uma bebida.

– Ramon, posso ter cometido muitos erros em minha vida, mas você achar que ainda há um sentimento entre mim e sua tia é absurdo!

– Não sou eu que acho, pai, é o senhor que acha que tudo ainda não acabou.

– Não estou acreditando em suas palavras; não creio que meu próprio filho está me dizendo um absurdo desses.

Ramon silenciou por longos instantes, depois acrescentou:

– Tomara mesmo que tudo que eu acabei de dizer seja um absurdo; minha mãe não iria suportar perdê-lo.

– Ramon, meu filho, essa possibilidade está completamente fora de questão. Não precisa defender sua mãe; eu sei muito bem o que quero da minha vida. Não são coerentes essas suas palavras. Eu abandonei Evita às vésperas do casamento para ficar com sua mãe.

– Tudo que nos é difícil sempre terá um sabor inigualável; a conquista de ter o que não nos pertence sempre será mais prazerosa.

Miguel se levantou, completamente perplexo com o filho.

– É isso o que pensa sobre seu pai? É assim que me reconhece como homem?

– Não, pai. Não é esse o tipo de homem que acredito que o senhor seja, mas sou homem também; é próprio do homem sempre querer conquistar o que lhe é mais difícil. A mamãe foi um desejo com sabor de conquista. Porém, tia Evita era seu amor seguro, maduro. Tia Evita é o amor que no fundo o senhor espera de minha mãe.

– Ramon...

Mas o filho o interrompeu:

– Esqueça, pai. Esse tipo de amor o senhor nunca irá encontrar em mamãe. Tia Evita o ama com a alma; ama-o tanto, que não se importou em deixá-lo partir para ser feliz. O amor de tia Evita é maior que qualquer empecilho que possa ocorrer entre um casal, o que não acontece entre o senhor e a mamãe. – Quando Ramon se calou, lágrimas doloridas desciam por seu rosto ao constatar que a mãe e o pai seriam infelizes por terem escolhido o caminho da ilusão, da dúvida, das incertezas.

Miguel se aproximou do filho e o abraçou apertado, como fazia quando, ainda garotinho, sentia as inseguranças dele.

– Ah, meu filho... Nunca poderia imaginar que sofria tanto assim. – Miguel afagava os cabelos do filho como há muito não fazia. Depois, continuou: – Agradeço a Deus por ter tido filhos tão maravilhosos como você e seu irmão. Sinto tanta, mas tanta saudade de Raul, que não consigo nem colocar em palavras. Você e seu irmão foram as melhores coisas que poderiam ter me acontecido na vida.

– Estou com medo, pai.

– Pois pode sossegar seu coração; nunca vou deixar sua mãe, embora fique orgulhoso por se preocupar com ela. Eu amo Consuelo, e sempre vou amar.

– Sente também amor por Liz?

– Por que os filhos, desde pequenos, nos fazem perguntas tão difíceis de responder?

Ramon esboçou um leve sorriso, permitindo que suas inseguranças fluíssem, sem nenhuma vergonha nem constrangimento.

– Sempre pensei muito em Liz, mas, se eu disser que a amo como amo vocês dois estaria mentindo. O ser humano ainda é uma máquina complicada; nos apegamos a alguém quando o convívio é o alicerce firme, constituído em uma família. Liz sempre vai ser um bem com o qual nunca terei o prazer de conviver, alguém cujos anseios, dúvidas, sonhos, perspectivas de vida jamais poderei descobrir. Liz sempre será o símbolo, infelizmente, da discórdia.

– Puxa, pai, é assim que se sente em relação a Liz?

– Infelizmente é, meu filho. Por mais que eu deseje saber o mínimo a respeito da vida dela, sua mãe nunca permitirá. Agora, deixe de se preocupar tanto e vá descansar. – Miguel afrouxou o abraço e concluiu seu raciocínio olhando nos olhos do filho: – Não tenha medo por sua mãe; por mais difícil que seja nosso convívio, jamais a deixaria. Fui eu que fiz as escolhas do meu caminho. Tudo em nossa vida é ação e reação. Quero que se sinta à vontade quando tiver suas dúvidas, para resolvê-las comigo. Você cresceu, virou homem feito, mas para mim sempre será meu garotinho. Não tenha dúvidas a meu respeito; sempre que precisar, estarei aqui, pronto para aliviar seus anseios. Acima de tudo, eu o amo muito.

Ramon pousou um beijo na testa do pai e, muito mais leve, foi para seu quarto.

Miguel ainda ficou mais um tempo na sala, pensando em tudo o que o filho havia dito. Com pesar, avaliou sua vida. Teria tomado o caminho certo?

No Brasil, mais especificamente em São Paulo, a rotina na casa de Evita seguia seu caminho, como era preciso.

Para Evita, encontrar com Miguel depois de todos aqueles anos havia mexido com sentimentos que ela pensava ter exterminado, mas que, para sua infelicidade, estavam apenas adormecidos. A todo momento pegava-se pensando no ex-noivo. Então, seu coração disparava, as mãos transpiravam, e ela, por sua vez, não estava gostando nada desses sintomas. Não eram, por certo, um bom sinal. Porém, por mais que tentasse não ser nostálgica, revivia sua história de amor, que durara alguns bons anos. Vinham-lhe lampejos de muitos momentos de sua feliz juventude. Nesses momentos, Evita se olhava no espelho e muitas vezes se perguntava onde teria perdido a vaidade e o brilho no olhar.

Após o reencontro com o amor de sua vida, começou a perder peso. Não sentia apetite, e eram raras as vezes que conseguia fazer uma refeição. As filhas, depois de um tempo, começaram a notar.

Em certa manhã, sentaram-se à mesa as duas irmãs para o café da manhã.

– Bom dia, mãe.

– Bom dia, minhas filhas.

– Não vai se sentar conosco?

– Não... Já tomei um café preto.

– Ultimamente, a senhora não tem se alimentado direito.

– Claro que tenho. Por que se preocupar assim, Adriana?

– Por que a cada dia está mais magra. Sabia que mulheres mais velhas não ficam bem muito magras? E, depois, a senhora cobra que Liz se cuide, que vá ao médico, mas também não se cuida.

– Não estou nem ligando se mulheres mais magras não são atraentes. Quem disse que desejo ficar bonita?

– Nunca se sabe, não é? E se a senhora arrumou um pretendente por aí?

– Ah, garota, para de bobagens!

– Não acha que a mãe está emagrecendo muito, Liz?

– Do que vocês estão falando?

– Nossa, Liz, às vezes você está tão ausente, que fico preocupada.

Liz nada respondeu:

– Por que a única que acorda animada pela manhã sou eu? – perguntou Adriana.

– Eu não tenho motivos para ficar animada; minha vida é uma droga, mesmo. – Inconscientemente, Liz aos poucos deixava a melancolia se instalar em sua alma, sem pedir permissão. Não conseguia esquecer Raul e continuar sua história de vida, e cada dia lhe era penoso.

– Você não devia cultivar palavras pesadas como estas. A vida continua, temos que seguir em frente – falou Evita.

– Por mim, não teria nem mais vida – insistiu Liz. Ela sentia uma pressão forte oprimir seu peito. Tinha perdido a alegria de viver, e todos os seus pensamentos eram voltados para Raul. Havia procurado vários centros espíritas, em busca de uma mensagem que fosse, mas sempre saía frustrada, pois para ela nenhuma notícia chegava. Muitas vezes deixava o centro revoltada, blasfemando contra Deus, por se decepcionar com tanta demora em receber algumas míseras palavras que fossem. – Bom, tenho que ir trabalhar.

– Liz, volte aqui agora!

– O que foi, mãe?

– Tome um pouco de leite, ao menos.

– Não estou com fome, mãe.

– Não pode cultivar essa revolta em seu coração; uma hora vai cair doente. Precisa se alimentar. Coma alguma coisa pelo menos.

– Digo o mesmo para a senhora. Nós duas estamos condenadas a morrer de amor.

– O que está dizendo, Liz?

– Tchau, mãe... Pense bem em tudo que nos aconteceu nesses últimos meses.

– Liz, volte aqui e peça desculpas para mamãe! – gritou Adriana, indignada com a irmã. Liz não lhe deu ouvidos e foi embora.

– Mãe, essa menina está a cada dia pior.

– Você não disse que ia acompanhá-la ao médico? Não sei mais o que faço. Ela não tem forças para aceitar a morte de Raul. Por que Deus foi tão cruel assim com Liz? Raul ainda era tão jovem...

– Mãe, reparou no absurdo que disse agora? Mesmo que Raul não tivesse morrido, eles jamais poderiam ter contato. São irmãos, esqueceu?

– Não, não me esqueci. Mas qualquer coisa seria melhor a ver sua irmã assim, se acabando de tristeza.

– Mãe, não estou acreditando que preferiria que Raul estivesse aqui com ela a vê-la nesse estado!

– Você não sabe o que uma mãe é capaz de fazer para não ver os filhos sofrerem.

– Sinceramente, não entendo mais nada. Como pode pensar que Liz e Raul ainda teriam uma possibilidade de aproximação?

Evita se levantou e disse:

– É melhor não entender mesmo! Vá para seu trabalho e esqueça o que eu disse; deixe que eu pense por todas nós.

Adriana ficou chocada com a mãe, mas preferiu esquecer aquele assunto, como a própria mãe havia sugerido. Sem demora, pousou um beijo no rosto de Evita e saiu.

Os dias seguiam seu ciclo. Liz sentia-se cada vez mais melancólica, e foi preciso que Evita a levasse ao médico, mesmo contra sua vontade.

A melancolia que a jovem sentia tornara-se uma forte depressão. Embora o estado melancólico não fosse um bom sinal, tampouco algo confortável de se sentir, ainda assim era melhor do que a depressão. A diferença entre melancolia e depressão é importante de se destacar: melancolia é um estado em que a pessoa se encontra triste ou amargurada por algum acontecimento passageiro. Ela vem, mas logo vai embora.

No caso da depressão, os sintomas são mais preocupantes: é um estado que chega aos poucos e não vai embora facilmente; por mais que o paciente lute contra ele, não tem forças para reagir. É um estado de tristeza profunda, de desespero, de desestímulo quanto a qualquer atividade – enfim, sem a ajuda de um profissional adequado, o estado pode piorar gradativamente, tornando-se um grave transtorno psíquico.

No caso de Liz, nos primeiros dias de tratamento, ela ficou ainda pior, pois foi afastada temporariamente da redação. Para quem passa pelos dias turbulentos de uma depressão, ficar ocioso não é o caminho, pois fica-se sujeito a mais vibrações negativas.

Evita, ao voltar do médico com a filha, foi direto para a cozinha preparar um chá calmante. Liz, por sua vez, foi para o quarto e se deixou cair na cama, sem ânimo nenhum. As lembranças das várias cartas que Raul tinha trocado com ela ainda permaneciam intactas. As próprias cartas estavam todas ali, guardadas dentro de uma caixa em seu guarda-roupa. Liz pegou a caixa e, deixando as lágrimas descerem pelo rosto, releu:

Olá, meu amor, como têm sido seus dias? Espero que estejam sendo bons. Pintei um novo quadro inspirado em você; quando for para o Brasil, eu o levarei. Às vezes, me pego pensando em como será nosso encontro; confesso que sinto receio de não suprir suas expectativas.

Estou lhe mandando via correio uma espanhola feita por mim. Quando estiver em suas mãos, diga com sinceridade se há alguma semelhança com esse rosto meigo e belíssimo que você tem.

Bem, estou saindo agora de casa e vou para a galeria. Contos os dias para que eu possa ter o grande prazer de conhecê-la.

Muitos beijos a você.

Te amo...

Raul

– Quem mandou pegar essa caixa novamente, Liz?

Evita sentiu as têmporas ferverem e arrancou a caixa das mãos da filha.

– Me deixa, mãe, por favor...

– Sinto muito, mas não posso continuar assistindo a seu sofrimento! Trouxe um chá para que você beba com o remédio.

Liz colocou o comprimido na boca e o empurrou garganta abaixo com o chá. Passados alguns poucos minutos, Liz adormeceu. Evita a cobriu com carinho e saiu, para que pudesse descansar. Estava preocupada com a filha. Quando o telefone tocou, teve um sobressalto.

– Alô? Quem é?

– Sou eu, Miguel.

O coração de Evita, ao reconhecer a voz de Miguel, disparou, sem que ela pudesse contê-lo. Com voz trêmula, respondeu:

– Como tem passado?

– Não tão bem quanto gostaria, mas vou indo. E você?

– Mais ou menos; está difícil...

– Digo o mesmo. Está difícil sem meu filho Raul. Mas liguei para saber da Liz. Como ela está?

– Nada bem. Chegamos agora há pouco do médico.

– O que houve?

– O que eu já esperava: ela não aceitou a morte de Raul. Seus dias têm sido lamentáveis; não sei mais o que faço. Espero que os remédios que o médico receitou façam logo efeito.

– Mas ela está tão mal assim?

– Está sim. Ela insiste em ler as cartas que Raul mandava. Afastaram-na até do trabalho, que é o que ela mais gostava de fazer.

– Lamento muito.

– Eu também. E minha irmã, como está?

– Nada bem, pelo mesmo motivo. Não aceita que o filho morreu.

– Se eu pudesse fazer alguma coisa para ajudá-la...

– Não, Evita, não há nada que possa fazer por sua irmã.

– Se precisar de alguma coisa, é só pedir.

– Eu agradeço. Será que posso falar com Liz?

– Sinto muito, Miguel, mas acabei de lhe dar um comprimido, e ela dormiu. Se quiser, assim que ela acordar, peço que retorne sua ligação.

– Não precisa; já estou indo para casa.

– Não tem problema nenhum; peço que ela ligue lá na sua casa.

– Não, pra casa não... Amanhã torno a ligar para saber dela.

– Tudo bem, como quiser.

– Desculpe, Evita, por pedir que não ligue para casa. Sei que não foi elegante de minha parte, mas prefiro dar o retorno.

– Já devia imaginar por quê.

– É exatamente esse o motivo.

– Tudo bem, digo a ela que você telefonou.

– Obrigado. Amanhã ligo novamente. Boa noite, Evita.

Evita desligou o telefone, tremendo toda por dentro, e teve de se sentar.

– Senhor, ampare minha irmã, Miguel e Ramon.

Evita não podia negar: tinha pensado que os anos de distância de Miguel houvessem acabado com o amor que sentia por ele, mas constatava agora que estava enganada – sentia o mesmo amor de quando o conhecera. Porém, era uma espanhola forte; não aceitava se deixar envolver por sentimentos do passado. No mesmo instante, respirou fundo e foi para a cozinha se entregar a seus afazeres.

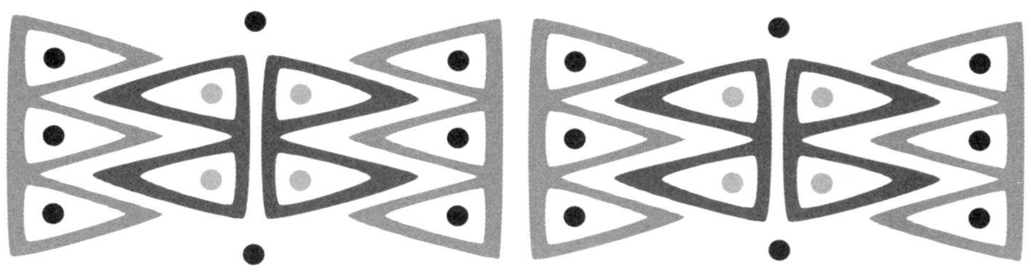

Capítulo 16

OS PRIMEIROS LAMPEJOS DE RECORDAÇÃO

Os dias passavam rapidamente no vilarejo, onde Imaraji, aos poucos, afeiçoava-se a Raio Azul. Já estavam se entendendo bem, e o generoso índio entendia quase tudo o que ele falava naquela língua enrolada. Todos os moradores e vizinhos próximos daquela região acabaram por gostar do novo morador.

Raio Azul ainda não se lembrava de sua vida antes do acidente; contudo, às vezes, vinham alguns *flashes* em sua memória, que logo se apagavam. Agora andava com a ajuda de uma muleta de apoio pelas pequenas ruas do vilarejo, em companhia de Imaraji, que o levara para conhecer a mão de obra daquele povo. A maioria vivia da pesca, mas havia outras atividades. O forte daquela aldeia era também o artesanato, o que inconscientemente encantou Raio Azul.

– O que é isso, Imaraji? – questionou o hóspede da cidade.

– São cascas de coco. Gosta?

– Muito...

Raio Azul parou e entrou em uma das lojinhas da aldeia. Ficou maravilhado pelo trabalho que a maioria das mulheres executava, ao tecer com uma agilidade incrível nas mãos. Era uma prática sensacional, em sua opinião. Pegou uma peça para ver de perto, outra e mais outra. Havia várias peças feitas de barro que, pelas mãos das mulheres, ganhavam muitas formas, como vasos, bustos, quadrinhos e tantas outras, harmonizando-se em um grande colorido, que davam um toque escultural às obras.

Raio Azul apreciou os trabalhos manuais por muito tempo. Teve curiosidade de ver tudo que havia ali naquela pequena aldeia. O velho índio não dizia nada, apenas observava com atenção os olhos de Raio Azul brilharem a cada peça que segurava nas mãos. Imaraji notou também que ali estava um sinal de identidade do misterioso hóspede.

– Quero aprender! – disse Raio Azul, entusiasmado, para o velho índio.

– Raio Azul pode aprender quando quiser – respondeu o índio, mais entusiasmado ainda.

– Qual é seu nome, moça?

– O nome da moça é Iara – respondeu Imaraji, vendo que a moça não entendia nada das palavras do visitante.

– Quando posso aprender a confeccionar trabalhos como estes?

– O que ele está dizendo, pai Imaraji?

– Quando ele pode aprender seu trabalho.

A moça sorriu com simpatia para o jovem Raio Azul.

– Você entende minha língua?

– Sim... Eu entendo. Mas você não entende a minha, não é?

Iara olhou para Imaraji, esperando que ele traduzisse.

– Ele diz que entende o que fala, mas sabe que você não entende o que ele fala.

– Ainda não, mas vou aprender, tenho certeza – respondeu Iara, dirigindo-se a Raio Azul.

O jovem quis ficar lá e aprender como se manuseavam aquelas peças, e o velho índio ficou feliz; sabia que Raio Azul estava no caminho certo.

Os dias foram passando, e Raio Azul ficou familiarizado com todos daquela aldeia. As pessoas o amavam, e ele também amava a todos. Tudo caminhava em uma sincronia de dar gosto.

Raio Azul, embora ainda arrastasse uma perna quando andava, já se encontrava bem restabelecido. Aos poucos, os moradores compreendiam o dialeto de Raio Azul. O jovem fez muitas amizades e sentia-se mais confiante.

O sol já se punha quando Raio Azul voltava para a casa de Imaraji. Ele caminhava admirando a paisagem; gostava de ver o mar azul ao fundo se encontrando com o céu – a impressão que se tinha era de que o mar abraçava o céu azul como um todo, parecendo almas gêmeas.

Raio Azul, antes de chegar à tenda de Imaraji, dirigiu-se para a beira do mar. Apreciando a beleza infinita de tudo ao redor, jogou-se nas águas azuis e cristalinas, mergulhando por vários minutos. O jovem desmemoriado, então, sob as águas, teve lampejos de lembranças. Viu-se em desespero e ouviu muitos gritos à sua volta. Como seu coração começou a bater forte, ele se assustou com os sintomas e saiu da água muito ofegante, deixando-se cair sobre a areia: "Meu Deus, o que houve antes de eu vir parar aqui? De onde vêm esses gritos de pavor?".

Raio Azul se esforçou para clarear as recordações, mas não foi feliz. Assim como as imagens vieram rápidas à sua mente, desapareceram com rapidez também. O jovem batia as mãos na cabeça na tentativa de se lembrar de qualquer imagem que fosse. "Não adianta, não consigo lembrar. Meu Deus, se é que Você existe, me auxilie; ilumine meus pensamentos para que eu possa lembrar pelo menos quem sou!".

Frustrado, o homem sem lembranças foi para casa. Logo que entrou, Imaraji o sentiu inquieto.

– Raio Azul, tá com fome? Imaraji fez um prato que você gosta.

Raio Azul não respondeu; estava pesaroso.

– O que aconteceu com Raio Azul?

– Entrei no mar para me banhar e tive uns lampejos.

– E o que viu Raio Azul?

– Vi umas imagens muito rápidas e logo a seguir ouvi muitos gritos. Entrei em desespero.

– O que mais Raio Azul viu?

– Aí é que está: tudo sumiu; não consegui ver mais nada.

– Confia em Tupã, ele vai trazer as respostas que precisa.

– Será, índio?

– Meu nome é Imaraji! Não duvide da bondade de Tupã.

– Bondade? Se isso for bondade, o que é ser ruim, então?

– Tupã não é ruim; Tupã tem seus motivos. Nada fica sem resposta. Se tá passando por tudo isso, é porque tem um propósito em seus caminhos.

– Que propósito pode ter um homem sem lembranças? Que propósito pode ter um homem que não sabe nem ao menos seu nome?

– Homem branco tem nome. Raio Azul é seu nome.

– Não, índio, você é quem me nomeou Raio Azul; eu não tenho nome de índio!

– Meu nome é Imaraji, não índio! Não gosta de Raio Azul?

O jovem sorriu diante do humor do generoso índio.

– Me desculpe, não devia estar falando com o senhor assim. Afinal, se não fosse por sua bondade, não estaria aqui vivo, tentando me lembrar de onde venho.

Imaraji saiu pelos fundos de sua tenda e voltou depois de uns cinco minutos.

– Raio Azul vai ficar melhor. Imaraji tira de você maus pensamentos, tira revolta. Já esquentei água pro seu banho; vá se banhar.

– Puxa vida, já pedi ao senhor que não faça mais isso. Não fica bem eu dar trabalho para o senhor. Pode deixar que eu mesmo preparo meu banho, está bem?

Imaraji não respondeu; apenas se voltou para a água com ervas com a qual o jovem também se banharia.

Depois de Raio Azul ter tomado banho e, em seguida, jogado em si as águas que Imaraji preparara com suas ervas, os dois companheiros fizeram a refeição e se deitaram. Raio Azul adormeceu profundamente.

De fato, no dia seguinte Raio Azul sentia-se bem melhor.

– Descansou bem? – perguntou Imaraji ao companheiro.

– Dormi muito bem; dormi tão pesado que nem sonhei. – Raio Azul parou diante do bondoso índio e se manifestou positivamente: – Não sei o que seria de mim sem a bondade do senhor. Mesmo que um dia eu recobre minha memória, nunca deixarei de vir vê-lo.

– Eu sei disso.

– Sabe? Como sabe?

– Eu apenas sei.

– Por que nunca me conta tudo o que sabe?

– Imaraji não sabe nada; quem sabe é Tupã.

– Sabe ao menos sobre minha família, amigos ou qualquer contato que possa ter passado por minha vida antes desse fatídico esquecimento?

– Já disse: quem sabe da vida de Raio Azul é Tupã... Imaraji não sabe nada.

– Eu sinto que sabe mais e tenta me esconder. Por que não me adianta essas informações, já que confia tanto nesse seu Tupã, que diz que na hora certa vou me lembrar de tudo?

Imaraji olhou fixamente nos olhos de Raio Azul e, sabiamente, retrucou:

– A graça está justamente em Raio Azul buscar sua história. Tupã bom, mas ele quer que cada um trilhe seu caminho, por isso Imaraji não pode trilhar caminho de homem branco; caminho riscado por homem branco deve ser trilhado por homem branco. Você já riscou seu caminho, desenhou seu destino. Só você pode passar por ele, mais ninguém.

Raio Azul se emocionou com as palavras sábias do índio. Mesmo sem querer demonstrar, seus olhos ficaram marejados de lágrimas. Ele baixou a cabeça.

– Poxa, índio, o senhor fala umas coisas...

– Meu nome não é índio; meu nome é Imaraji.

Raio Azul gostava de provocá-lo. Divertia-se muito com a cara que ele fazia, estendendo todos os músculos da face ao ficar emburrado.

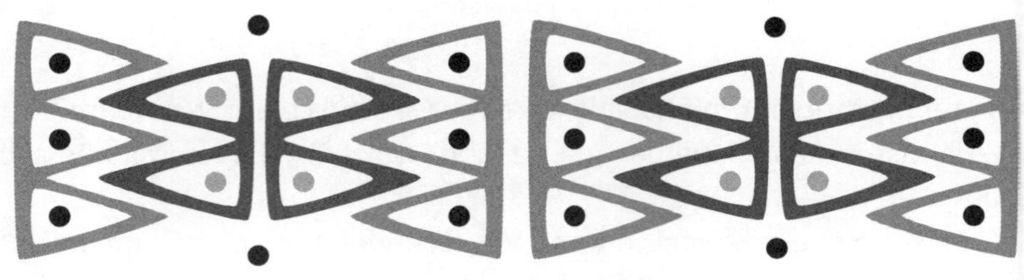

Capítulo 17

VIDAS QUE SE DESESTRUTURAM

Consuelo substituiu o sofrimento pela morte do filho por sentimentos de insegurança e revolta. Quase não pronunciava o nome de Raul; em compensação, o nome da irmã e o das sobrinhas eram indispensáveis para poder torturar o marido. Ramon já não se encontrava bem em sua casa. Tudo havia se transformado, e o antigo ambiente de alegria e aconchego já não era mais possível.

Com a permissão do pai, pois ele mesmo achava que não era justo o único filho participar de assuntos de discórdia e desarmonia em que a mãe se colocava sempre como vítima, foi para o Brasil passar uns tempos por lá, até quando fosse possível.

Ramon desembarcou na cidade do Rio de Janeiro.

Depois de alguns dias, Miguel fez uma ligação.

– Alô? Quem é?

– É Liz.

– Como está, Liz? É Miguel.

Liz ficou em silêncio por alguns instantes. Mesmo sem nunca ter convivido com Miguel, emocionou-se ao ouvir sua voz do outro lado da linha.

– Estou indo, e o senhor?

– Assim como você, tentando seguir em frente. Precisamos nos encontrar um dia desses.

– Será muito difícil; moramos a milhares de quilômetros de distância.

– Isso não seria problema se concordasse em querer se encontrar comigo.

Liz, depois de um momento, falou:

– Acho que não é nem questão de querer, e sim de necessidade. Há muitas coisas que preciso saber do senhor. Por mais que haja tempo e espaço entre nós, uma hora temos que falar sobre o assunto que, de certa maneira, nos fez infeliz.

– Concordo com você. Precisamos mesmo nos falar, ainda que guardemos forte mágoa em nosso coração.

– Quando o senhor quiser, sabe onde me encontrar.

– Preciso resolver alguns assuntos pendentes em minha empresa; assim que tudo estiver solucionado, irei para o Brasil a fim de que possamos no ver.

– Tudo bem.

– E sua mãe e sua irmã, estão bem?

– Estão sim.

– Liz, embora tenha sido muito bom você ter atendido o telefone, liguei por outro motivo. Ramon está aí com vocês?

– Ramon? Não. Por quê? Ele veio pra cá?

– Pensei que tivesse ido, mas, pelo visto, achou melhor ficar sozinho.

– Agora o senhor me deixou preocupada!

– Não foi minha intenção. Não é preciso se preocupar; se não foi para São Paulo, com toda a certeza está no Rio.

– Como o senhor sabe?

– Porque são os dois lugares que ele conhece, e, depois, deve ter preferido ficar onde passou alguns dias com o irmão. Ele deve estar precisando desse tempo. Não se preocupe, vou entrar em contato com ele. Mande lembranças a sua mãe e a sua irmã. Aguarde meu telefonema. Assim que possível, estarei aí.

– Estarei esperando.

Miguel desligou o telefone e pensou: "O que será que essa garota deve pensar a meu respeito? Meu Deus, por que tenho uma provação tão cruel? Por que me colocou em prova tão dura de suportar? Qual é o propósito de ter deixado dois irmãos caírem na armadilha de uma paixão avassaladora e racionalmente proibida? Por que ter que perder um filho amado, trazendo para o meu caminho uma filha à qual dei pouca atenção? Qual é seu propósito, meu Deus?".

Luna, sua secretária, bateu à porta e entrou.

– Senhor Miguel, a sala de reuniões já está pronta e todos já estão a postos.

– Obrigado, Luna. Diga a todos que estou indo.

– Sim senhor.

Luna saiu, e Miguel, ainda muito emotivo, lavou o rosto, tentando abafar uma dor que já estava quase insuportável de esconder. Passava por um momento de forte turbulência em sua vida. Perdera um filho querido e, por conta dessa lamentável tragédia, tinha se aproximado da filha em meio a diversas amarguras. De maneira simplista, tentava ocultar suas emoções, fragilizando assim sua existência e questionando onde havia errado. O episódio todo fora muito infeliz, e, se não bastasse, tinha ainda que buscar paciência para as inseguranças da esposa. Por mais que houvesse prometido a Ramon que não abandonaria a mãe dele, já não sentia mais prazer de voltar para casa, de voltar para ela.

Liz desligou o telefone e voltou ao quarto, acomodando-se novamente sob as cobertas que, contudo, não aqueciam seu coração. A dor pelo amor que sentia por Raul era imensamente forte. Muitas vezes se sentia suja e desequilibrada por não conseguir esquecer o amor que por tanto tempo cultivara por meio das poucas reportagens dele que reunira, das fotos e cartas contendo juras de amor eterno. Seu sofrimento a dilacerava, pois não havia o que pudesse ser feito para dissipar aquele sentimento insano e vergonhoso.

Liz, mais uma vez, entregou-se às lágrimas. Quando Adriana chegou, surpreendeu-a nesse estado.

– Chorando de novo, irmã?

– Não consigo esquecer Raul.

– Mas é natural, ainda é muito recente – respondeu a irmã, tentando não deixá-la mais infeliz do que já se encontrava.

– Seria natural se esse sentimento fosse como o seu, como o de mamãe, como o de Miguel. Mas não; meu amor por ele ainda permanece como sempre foi, não consigo senti-lo como irmão. Aliás, sinto-o tão perto de mim... Como posso lutar contra isso? Às vezes, parece que vou enlouquecer se continuar pensando nesse homem. Tantos e tantos rapazes poderiam ser meu irmão, mas justo Raul! O que fiz de ruim para estar pagando tão caro pelo amor?

Adriana abraçou a irmã e ficaram assim por longos minutos.

– Para de se torturar. Nem você nem Raul tiveram culpa; são acontecimentos inexplicáveis da vida.

– Você falando assim faz parecer um fato corriqueiro e sem importância.

– Ah, irmã, eu sei que isso não acontece a cada esquina, mas também não é o fim do mundo. Você, quando fala sobre esse amor, parece estar se punindo. Se há alguém que tem de responder por essa história toda, essas pessoas são mamãe e Miguel. Como mamãe pôde esconder um acontecimento como esse?

– A culpada de tudo isso é Consuelo; se ela não tivesse passado a perna na própria irmã, nada disso teria acontecido!

– Não culpe só tia Consuelo. E nossa mãe, e tio Miguel?

– Mamãe amava Miguel, ora.

– Eu entendo tudo por que está passando, mas tia Consuelo é a que menos tem culpa. Se mamãe não tivesse ocultado que estava grávida quando romperam o namoro, nada disso teria ocorrido.

– Está culpando a mamãe?

– Se quiser ir por esse lado, estou, sim.

– Você não pode culpar nossa mãe!

– Por que não? Quem escondeu que você já existia não foi ela? Pois então? Liz, raciocina comigo: se mamãe tivesse contado para tio Miguel que esperava um filho dele, talvez ele nem tivesse se casado com tia Consuelo.

– Me dá uma raiva quando você chama a Consuelo de tia.

– E ela não é nossa tia, por acaso? Por mais revoltada que você possa estar, os fatos não mudarão. Consuelo é irmã da mamãe e acabou!

As irmãs discutiam, sem nem imaginar que a mãe já havia chegado e escutava a conversa perto da porta do quarto. Evita, antes que as filhas percebessem, retirou-se sem fazer ruído, lamentando toda aquela história. Entrando no quarto, trancou a porta e chorou por muito tempo. Não esperava que a filha que mais a apoiava ficasse contra ela agora.

Muitas vezes, porém, as verdades que nos doem mais vêm dos filhos, ou de algum integrante da família com quem temos mais afinidade. Por isso, muitas desilusões e decepções nos acometem. Contudo, são as pessoas mais próximas e afins que nos fazem ver com exatidão onde erramos ou falhamos, justamente pelo laço espiritual. Só nos conhece plenamente quem tem um relacionamento mais intenso conosco.

Miguel chegou em casa tarde da noite. Não queria mais uma vez discutir com a esposa. Logo que entrou, foi direto para a biblioteca e serviu-se de uma bebida.

A situação estava complicada. Enveredava por caminhos repletos de abismos, muitas vezes sem volta. E não era isso que Miguel gostaria que acontecesse; amava a esposa, e a separação seria a última atitude que tomaria para solucionar seus problemas. Consuelo, por sua vez, vivia à base de calmantes; quase não circulava mais pela casa, descendo apenas um pouco pela manhã e depois se trancando no quarto, sem ter vontade de ver a luz do sol do lado de fora, que anunciava mais um dia oferecido pelo Criador, dando-nos a oportunidade de aprender com a vida e superar suas mazelas.

Miguel ligou para o filho.

– Ramon? Como está?

– Oi, pai. Estou bem, e o senhor?

– Bem, meu filho. Pensei que fosse para São Paulo, na casa de sua tia.

– Pensei nisso, pai, mas por fim decidi que não. Não sei como iriam me receber, e depois nem sei como agir diante de tudo o que nos aconteceu.

– Uma coisa não tem nada a ver com a outra, meu filho. Tenho certeza de que tanto as meninas como sua tia o receberiam muito bem. Não gosto de vê-lo solitário.

– Não se preocupe, estou bem.

– Tem certeza?

– Claro que sim, pai.

– Se prefere assim, quem sou eu para intervir? Mas, olha: se precisar de qualquer coisa, me telefona, está bem?

– Pode deixar. Se precisar, eu ligo.

– Fica bem, então.

– O senhor também.

Eram quase oito da noite, e Adriana foi ajudar a mãe a preparar o jantar. Evita estava calada, triste, pois não conseguia aceitar que a filha estivesse contra ela.

– Está tão calada, mãe. Aconteceu alguma coisa?

– Não...

– Aconteceu sim, pode falar!

– Não aconteceu nada, apenas não estou bem hoje.

– Se não está bem, por que não disse logo? Eu preparava o jantar.

– É só uma dor de cabeça; após o jantar vou me deitar.

– Liz me contou que tio Miguel ligou.

– Hoje?

– É, hoje. Liz disse que ele conversou com ela por muito tempo.

– O que aconteceu para ele ligar aqui pra casa?

– Quis saber de Ramon; falou que ele veio ao Brasil e queria saber se ele estava aqui.

– Ramon está no Brasil?

– Está, deve ter ido para o Rio.

– Por que ele não veio ficar aqui em casa?

– Sei lá, mãe. Às vezes, tem necessidade de ficar sozinho.

– O que será que houve para vir ao Brasil? Será que aconteceu algum desentendimento?

– Ah, mãe, como vamos saber? Eu acho que não houve nada. Vai ver, ele quis voltar ao Rio para relembrar os momentos que passou com o irmão lá.

– É, você tem razão; não deve ter acontecido nada.

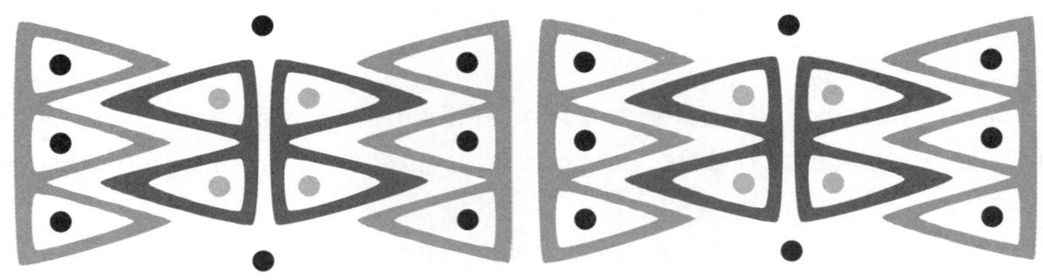

Capítulo 18

RAIO AZUL, UM ARTISTA

Havia se passado um ano.

Raio Azul foi se familiarizando com todos os moradores daquela aldeia. Aprendeu a manusear com admiração os trabalhos artesanais daquele povo. Já conseguia ganhar algum dinheiro com seu trabalho, assim podia colaborar nas despesas da casa humilde de Imaraji. O velho índio, por sua vez, gostava ainda mais de Raio Azul; achava-o sensível para trabalhos com as mãos. Era inacreditável a destreza com que, com o tempo, começou a fabricar belas esculturas e pintar diversos quadros. Para o velho índio, havia algum mistério nessa habilidade promissora de seu jovem amigo.

– Como Raio Azul consegue fazer os pincéis correrem neste papel tão bem?

– Não sei... Quer dizer, aprendi.

– Aprendeu? Com quem?

Raio Azul parou por alguns instantes e ficou pensando. Imaraji continuou:

– Raio Azul já sabia pintar!

– O que disse, velho índio?

– Que Raio Azul não aprendeu a pintar essas formosuras aqui e agora. Raio Azul já veio com essa bagagem. E já disse: eu não chamo índio, meu nome é Imaraji!

Raio Azul riu sonoramente.

– Pensa que faz Imaraji de bobo?

O jovem continuou a rir.

– Claro que não; eu gosto de vê-lo zangado.

– O tempo que Raio Azul fica brincando com Imaraji, devia puxar na memória por que sabe trabalhar com tanta formosura. Eu sou índio, mas sei que isso é coisa de artista.

Raio Azul teve alguns *flashes* instantâneos de quadros que havia pintado há muito tempo. Agitado, largou o pincel, levantou-se e saiu para o terreiro dos fundos da casa. O sábio índio foi atrás.

– O que viu diante de seus olhos?

– Não sei bem... Mas parece que vi muitos quadros em um lugar que agora não me vem claramente.

– Eu sabia que já fazia essas coisas de pintura!

– Como pode saber, se nem eu sei?

– Raio Azul tem que parar e pensar.

– Não consigo; tudo se apagou. Por que não consigo me lembrar com exatidão da minha vida passada?

Imaraji sentiu que seu hóspede havia ficado muito agitado e nervoso por desejar tanto se lembrar de sua história pretérita. Com cuidado, aproximou-se e pousou as mãos sobre sua cabeça.

– Homem branco fica calmo. Respira fundo; leva seus pensamentos a Tupã.

– Não adianta, pai – era assim que Raio Azul chamava o amigo às vezes. – Esse Tupã até hoje não me auxiliou em nada.

– Raio Azul, fecha a boca e leva seus pensamentos a quem você acredita, só isso.

Raio Azul silenciou, tentando se sintonizar com Deus. Foi questão de minutos, e o jovem homem branco viu um rapaz a seu lado com um sorriso largo nos lábios. Raio Azul se emocionou; sem esperar, lágrimas tímidas desceram por seu rosto. Tudo foi muito rápido; do mesmo jeito que a imagem dos quadros, esta também desapareceu diante de seus olhos. Imaraji, que estava a pouca distância do jovem, perguntou-lhe:

– O que viu?

Raio Azul andava de um lado para outro.

– Vi nitidamente um rapaz forte, que sorria para mim.

– Isso é bom...

– Como pode dizer que é bom se não sei de quem se trata?

– Não preciso saber, apenas vejo como os reflexos das lembranças aos poucos se mostram diante de Raio Azul.

– Isso não ajuda muito.

– Raio Azul precisa ter fé. Isso é muito bom sim. Tudo que vê em sua mente é bom sinal; Raio Azul está próximo de desvendar vida passada.

– Será que tive uma outra vida? Parece-me que sempre estive aqui; parece que nunca existiu outra vida antes dessa.

– Raio Azul tem guardado aí dentro de seu corpo muitas memórias de vida; só precisa crer em Tupã. Ele vai mostrar tudo o que precisa, mas só quando estiver pronto.

– Quem será esse rapaz que acabei de ver bem aqui, diante de meus olhos?

– Imaraji não sabe, mas tem certeza de que é alguém muito importante para Raio Azul.

– Será meu pai?

– O que Raio Azul precisa é acreditar em sua vida, em seus caminhos. Tupã acredita que seu filho tem poder pra isso.

– Como posso fazer para orar? Nunca fui adepto a orações.

– Raio Azul precisa estar sozinho e em silêncio. Marque um encontro com Tupã. Todos os dias, na mesma hora, solta braços e pernas, deixa sair de dentro do peito sentimentos de amor, de paz, de equilíbrio, e conta pra ele seus desejos, seus medos, suas dúvidas, suas incertezas. Mas é preciso convencer Tupã de que Raio Azul está entregando em suas mãos todos os seus mais sinceros sentimentos. Peça a Tupã uma lei; quando não temos forças para passar pelas provas, entregamos a Tupã, ele sempre tem um plano para nós, seus filhos; nada fica sem resposta. Todos os filhos do Pai Maior vêm com um propósito, você só precisa trazer ele de volta.

– Preciso ficar sozinho – disse Raio Azul, pensativo. Ele precisava de um tempo, embora *tempo* fosse o que mais houvesse naqueles dias em que, repentinamente, sua vida mudara de direção, de caminhos, de objetivos. Porém, precisava deixar de ser um homem sem passado. Sua alma vibrava muito sofrimento – mais que isso, sentia imensa necessidade de reencontrar sua identidade.

Raio Azul andou pela beira do mar até o sol se pôr de vez. Seus pensamentos confusos o levaram à exaustão. Quando voltou para casa, Imaraji o esperava com um prato de comida.

– Raio Azul precisa se alimentar.

– Sinto-me cansado; preciso apenas me deitar.

– Imaraji não deixa.

Raio Azul olhou-o assustado.

– Antes de descansar, o corpo precisa se fortificar. Sem alimento, mente fraca.

Raio Azul sorriu para o índio. Imaraji, na maior parte das vezes, pronunciava as palavras na linguagem dos índios, como é próprio de qualquer aldeia, mesmo em se tratando de tribos diferentes. Porém, a sabedoria era inigualável. Sabia exatamente as necessidades de cada órgão do corpo. Imaraji tinha um corpo forte e atlético; Raio Azul, com a alimentação regrada, já estava visivelmente com um porte escultural, semelhante ao do padrinho da aldeia.

– Não adianta mesmo, sempre me convence dos seus propósitos.

– Raio Azul precisa de alimento; fica forte e com a mente sã.

– O cheiro está bom mesmo.

– Então, Raio Azul, come que ainda está quente.

Raio Azul fez a refeição. Imaraji se deitou em sua rede e deixou seu protegido à vontade; sabia que ele ia noite adentro brincar com seus pincéis a percorrer papéis e mais papéis. O sábio índio tinha certeza, em sua experiência de vida, de que o jovem homem branco era um importante conhecido em suas terras.

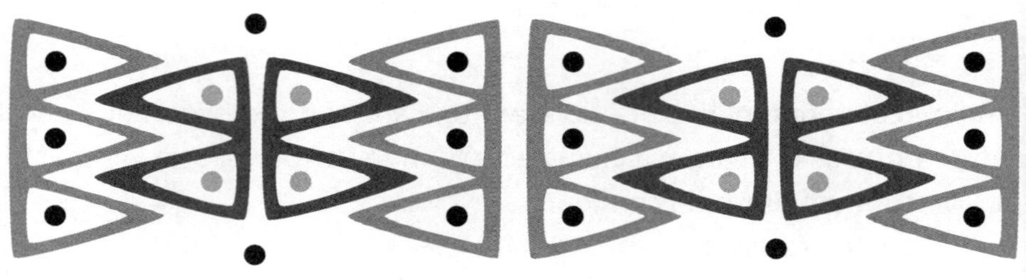

Capítulo 19

EXPOSIÇÃO MISTERIOSA

Após o jantar, Adriana tentou ligar para o celular do primo e obteve sucesso.

– Ramon?

– Sim...

– É Adriana, tudo bem?

– Olá, Adriana. Estou bem, e você?

– Estamos caminhando. Por que não veio ficar aqui conosco?

– Não quis incomodar.

– Não quis incomodar, ou foi recordar os passeios com Raul?

– Também. Mas, antes de voltar para a Espanha, passo aí para vê-las. Como está Liz?

– Não muito bem, sofre muito ainda.

– Eu faço ideia.

– Não... Não faz. Minha irmã não consegue seguir adiante, só pensa em seu irmão.

– Puxa... Pensei que ela já estivesse mais conformada.

– Por que não vem pra cá? Quem sabe consegue alentar seu coração. Quem sabe ela ouve uma pessoa diferente.

– Agora fiquei preocupado.

– Mas é pra ficar mesmo!

– Adriana, pare de assustar o rapaz – Evita a repreendeu, contrariada.

– O que foi?

– Minha mãe disse para eu parar de assustá-lo.

– Então não é verdade?

– Claro que é. Faz um esforço e vem pra São Paulo.

– Tudo bem, você me convenceu. Que milagre é esse de me querer por perto?

– É que às vezes faço um esforço – respondeu Adriana, brincando com Ramon.

– Amanhã, depois do café, irei para São Paulo.

– Quando chegar, telefona que vou te buscar no aeroporto.

– Nossa, estamos evoluindo muito!

– Pare de ser bobo. Olha que te deixo lá sozinho, hein?

– Não tem problema, há muitos taxistas no aeroporto, com certeza.

– Para de brincar; amanhã vou buscá-lo.

– Está bem, boa noite a todas vocês.

– Obrigado, que você durma com os anjos.

No dia seguinte, Ramon, após 45 minutos de voo, desembarcou no aeroporto de São Paulo. Adriana o esperava, ansiosa. Ramon, logo que a viu, aproximou-se a passos largos, abraçando a prima com carinho.

– Fez boa viagem?

– É tão rápido chegar a São Paulo, que nem considero uma viagem.

– É verdade. Em um piscar de olhos chegamos a São Paulo.

– Como está Liz?

– Não muito bem, como lhe disse. Espero que com sua presença ela se anime.

– Se vocês, que são ligadas a ela, não conseguiram animá-la, como acha que conseguirei?

– Tenho esperança de que consiga. Você lembra muito Raul.

– Nesse caso, talvez eu piore a situação.

– Deixa de falar bobagens... Sua presença fará bem a ela.

– Espero que sim.

Adriana, em companhia do primo, logo chegou em casa.

– Mãe, estamos aqui!

Evita veio recebê-los:

– Como está, querido?

– Bem, tia, e a senhora?

– Vou indo. Sente-se e fique à vontade.

Ramon colocou sua mala em um canto da sala e sentou-se.

– Conte-me: como está sua mãe?

– Não muito bem, tia. O motivo de eu vir para o Brasil foi justamente o estado em que minha mãe se encontra.

– Não me diga! Ela ainda não se conformou com a partida de seu irmão, não é isso?

– Sim – respondeu Ramon, omitindo que o estado de revolta da mãe também era por causa dela e de Liz.

– Vou telefonar para ela!

– Acho mais prudente não.

– Por quê? Minha irmã precisa de mim.

– Neste momento, minha mãe não precisa de ninguém nem de nada, além da paciência de meu pai. Aconselho-a a não fazer isso.

Evita deteve-se por alguns instantes. Não foi preciso o sobrinho dizer que sua irmã ainda se sentia insegura em relação ao passado.

– Ah, mãe, vamos deixar esse assunto para mais tarde. Ramon precisa espairecer; ele precisa apenas passear muito e se animar.

Liz, do quarto, ouviu a voz de Ramon, e sem demora veio vê-lo. Assim que o olhar de Liz cruzou com o de Ramon, ela correu e lhe deu um abraço apertado, ficando longos minutos assim. Ele, por sua vez, sentiu seu coração disparar de emoção.

– Não disse que Ramon viria para nossa casa? – comentou Adriana, feliz por ter o primo por perto naquele momento tão difícil para sua irmã.

Passados alguns instantes, Ramon afrouxou o abraço forte de Liz e, segurando suas mãos, disse com generosidade:

– É preciso que seja forte; não deve alimentar tristeza.

Liz, agora observando Ramon em detalhes, depois daquele dia péssimo em que Raul desencarnara, pôde reparar com mais atenção o quanto eram semelhantes. Emocionada, respondeu pausadamente:

– Você se parece muito com Raul!

– Não sei... acho que sim. Pelo menos, é o que todos dizem. Mas você só o viu de longe uma vez. Como pode afirmar com tanta certeza?

– Ah, pensa em uma pessoa que tem milhares de fotos, de revistas e jornais. Pensou? Pois bem, essa pessoa é sua... – Adriana parou a tempo, antes que dissesse alguma bobagem.

– Adriana! – repreendeu Evita.

– Se estão constrangidas em dizer que Liz é minha irmã, não precisam ficar. Acho até bom todos nós nos acostumarmos com essa ideia, afinal somos irmãos mesmo.

Liz, com um meio-sorriso nos lábios, soltou as mãos do irmão e voltou para o quarto. Ramon ficou sem ação diante da atitude da irmã, que ainda não aceitava os fatos.

– Desculpem. Não quis deixá-la ainda mais triste.

– Não precisa se sentir culpado. Liz vai ter que aceitar que você e Raul são irmãos dela. Sei que é duro; é difícil assimilar todos esses últimos acontecimentos, mas são fatos, ela vai ter que aceitar e pronto – falou Adriana, tentando confortar o primo.

Ramon sentou-se, desalentado, sentindo-se péssimo pela reação da irmã.

– Por favor, Ramon, não cultive sentimentos que não lhe pertencem, nem muito menos se sinta mal por isso. Apenas deixe o tempo passar; não há remédio melhor para esquecermos tudo o que aconteceu.

– Não é bem assim, tia. Posso avaliar o que Liz está sentindo. Até essa verdade aparecer, Liz e Raul se amavam como qualquer casal que anseia por extravasar a paixão que o envolve, sem ter que se preocupar com as responsabilidades. E, pelo que presenciei aqui, Liz nunca vai conseguir ver Raul de outra maneira; ela ama Raul como homem.

– Por favor, meu filho, não deixe esse assunto interferir em sua vida. Tudo passa, e isso vai passar também. E, depois, já se foi um ano desde que Raul partiu; nada podemos fazer.

Ramon não gostou de como a tia tratava um assunto tão delicado, como se fosse apenas um acontecimento corriqueiro. Pior ainda, falava como se ela não tivesse também uma parcela de culpa. Ramon já havia notado que sua tia não levava tão a sério o fato de sua filha ser de fato, também, a filha de seu pai.

– A senhora tem razão; não vamos deixar que um assunto sem consequências nos afete; afinal de contas, meu irmão morreu mesmo –

respondeu Ramon com certa ironia, ainda incrédulo pela maneira fria com que a tia tratava os sérios problemas da filha.

Adriana e Evita olharam para Ramon mais que admiradas, digamos, indignadas. Contudo, Evita entendeu o recado implícito nas palavras do sobrinho.

A cada dia, Consuelo sentia-se mais perturbada, ainda mais agora que nem Ramon se encontrava mais andando pela casa. Passava das onze da noite quando Miguel chegou.

– Vocês todos me abandonaram!

Miguel passou os olhou pela sala escura, surpreso. Consuelo saiu da penumbra e acendeu a luz do abajur.

– Consuelo, o que faz aqui no escuro?

– O mesmo de sempre; afinal, minha vida é só escuridão.

Miguel se condoeu, abalado.

– Ah, minha querida, não gosto de vê-la nessa angústia.

– Não gosta, mas prefere chegar tarde da noite para não ter que se encontrar comigo.

Consuelo não era mais aquela mulher bonita que ainda arrancava suspiros por onde passava. Havia sido uma mulher exuberante e atraente, com cabelos negros e sedosos na altura dos ombros, que enfeitavam seu rosto altivo. Na boca carnuda, sempre tinha um batom vermelho, que contrastava com seus olhos brilhantes e cheios de vida. Consuelo fora uma espanhola que esbanjava vida e alegria, mas hoje sua imagem em nada se comparava à daquela mulher por quem Miguel se apaixonara anos atrás.

– Sabe que não é bem assim. Com Ramon no Brasil, fiquei sobrecarregado.

– Quando vai se decidir ir para o Brasil também, como seu filho? Aposto que ele está na casa da mulher de sua vida e da filha cuja amizade e afeto você gostaria de compartilhar, por mais que deseje escondê-la.

– Chega, Consuelo, chega! Não suporto mais! Quer mesmo ouvir e saber o que sinto? Pois bem... Você não é mais a mulher por quem eu me apaixonei e que me fez largar tudo para ficar a seu lado. Abandonei uma mulher na porta da igreja, fazendo-a sofrer por muito tempo de sua vida. Fui um crápula; soube que ela esperava um filho meu e mesmo assim continuei em frente! Quando Liz nasceu, as poucas vezes que fui visitá-la nós brigávamos como dois inimigos; mal pude levar mantimentos e roupas para a garota, por sua falta de entendimento. O que mais quer de mim? Sabe por que abandonei minha própria filha? Fiz isso pelo que sentia por você; estava apaixonado e a queria a qualquer preço, e não pensei um segundo sequer se Evita sofria ou não, pois nada mais me importava a não ser você... você e você... E, no primeiro conflito que nos chega, você se faz de vítima e me coloca como um homem sem escrúpulos, sem sentimentos, sem honra. Você não está sofrendo mais do que eu a morte de Raul; eu o amava mais que tudo em minha vida. A vida, Consuelo, não foi só cruel com você; foi comigo também. Deus não está castigando só você, mas principalmente a mim. Quer coisa pior do que testemunhar o próprio filho se apaixonar por uma garota que é minha filha também? Sabe, Consuelo, não suporto mais você me encarar com esse olhar reprovador, como se eu tivesse feito tudo isso para magoá-la. E, ao mesmo tempo, parece me culpar por ter abandonado uma mulher que carregava um filho meu.

Miguel, em lágrimas, parou por alguns instantes, tentando serenar seu desespero, e logo continuou:

– Nossa vida se quebrou como um cristal lindo em sua essência, mas frágil; e, por mais que tentemos colar os fragmentos, nunca mais será o mesmo cristal brilhante de antes. Pensei muito depois da morte de nosso filho e cheguei à conclusão de que você nunca me amou; apenas quis vencer sua irmã, quis mostrar a ela que tinha mais poder sobre mim, mas não mais amor. Você me tem como prêmio disputado por duas jovens nos tempos de colégio. Sinceramente, não suporto mais essas provações todas; se sofre por nosso filho, eu também sofro. Se eu tivesse que renunciar a tudo o que conquistei até o presente momento em troca de ter meu filho aqui, agora, eu faria isso sem sombra de dúvida. Nada do que vivenciei valeu o amor que sinto por nosso filho.

Consuelo, tal como Miguel, chorava em desespero. Ela tinha a cabeça abaixada, e assim ficou. Miguel se retirou para o quarto e não saiu mais. Não sabia definir com precisão o quanto sofria; apenas se deixou cair sobre a cama e ficou remoendo seus pensamentos, até adormecer.

Na manhã seguinte, Ramon e Adriana se levantaram e, juntos, tomaram café com Evita. A surpresa foi boa: Liz também se juntou a eles e tentou ser simpática.

– Fico feliz que tenha se juntado a nós – disse Ramon, com carinho.

– Meu sofrimento não vai trazer Raul de volta pra mim.

Ramon sentiu em seu íntimo que sua irmã se dirigia a Raul como se ele tivesse sido realmente seu namorado, mas não a contrariou. Já era um bom começo Liz desejar ter sua vida de volta.

– Que planos vocês têm para hoje? – perguntou Liz.

Adriana olhou para a mãe e o primo com felicidade.

– Vou aonde sua irmã for! – respondeu Ramon, animado.

– E aonde você vai, irmã?

– Ramon e eu combinamos de ir até a galeria e depois almoçarmos juntos em um lugar bem aconchegante.

– Irei com vocês.

A alegria de todos os presentes era visível. Ramon pousou sua mão sobre a da irmã e concluiu, feliz:

– Puxa vida, que ótima notícia. Você nos deixou muito felizes, Liz.

Primos e irmãos saíram após o café. Liz ainda não se encontrava em seu total estado de felicidade, mas estava se esforçando.

Logo que entraram na galeria, Ramon foi apresentado à dona:

– Anna Lúcia, esse é meu primo, Ramon.

Anna Lúcia o olhou surpresa, pois a semelhança com Raul era notória.

– Já não o conheço?

– Não sei, talvez...

– Já sei! Da exposição no Rio de Janeiro, lembra?

Ramon pensou por alguns instantes e depois concluiu:

– É mesmo! Como tem passado?

– Bem... Puxa vida, você lembra muito seu irmão!

– É o que todos dizem – respondeu Ramon sem muito entusiasmo. Nos últimos tempos, era o que mais ouvia, e isso não o deixava à vontade.

– Sinto muito pelo que aconteceu.

– Todos sentimos. Raul era uma boa pessoa.

Liz, quando viu que recomeçariam a falar da morte do famoso artista plástico, retirou-se, distraindo-se com as obras espalhadas pelo salão.

– E Liz, como está? Parece-me bem melhor.

– Nem me fale, Lúcia. Pela primeira vez depois de tudo o que aconteceu, resolveu dar as caras para o mundo novamente. Só peço que parem de falar de Raul.

– Então já dei um fora terrível, não foi? – concluiu Anna Lúcia.

– Tudo bem; parece que ela mesma não quer ouvir falar dele. Não viu que logo se retirou? – respondeu Adriana.

– Posso lhe oferecer um café? – Anna Lúcia indagou a Ramon.

– Não, obrigado. Quem sabe mais tarde? Acabei de tomar um café da manhã bem reforçado.

– Tudo bem. Gosta de obras de arte?

– Como não? Foi o que mais vi em minha vida.

– Então vamos dar uma volta pelo salão. Quem sabe você não tem umas ideias para minha próxima exposição?

– Bem, Ramon, aproveite a companhia de Lúcia enquanto faço meu trabalho. Rose deve estar precisando de mim.

Lúcia, de braços dados com Ramon, andou com ele por toda a galeria.

Ramon deu muitas opiniões sobre a nova exposição, e Lúcia, encantada pelo rapaz, acatou suas novas ideias.

Liz deparou com muitas obras de Raul. Pensou que fosse se entristecer, mas não. Naquele momento, diante de tantas obras inéditas de Raul, pegou sua câmera da mochila e tirou várias fotos.

Lúcia se aproximou dela.

– Liz, não vai publicar isso, não é?

Liz estava empolgada demais para responder.

– Liz, por favor, estou falando com você – insistiu Lúcia.

Ramon interveio:

– Liz, por que está tirando tantas fotos?

– Porque essas obras eu ainda não conheço.

– De quem são? – perguntou Ramon.

– Do seu irmão.

Ramon, admirado, olhou para Lúcia, esperando uma explicação.

– Do meu irmão?

Liz respondeu antes de Anna Lúcia:

– Claro que são!

– Bem... São obras inéditas.

– Como inéditas? Parecem ser obras de Raul...

Lúcia entrou na frente dos quadros:

– Não são de Raul... Pare de tirar fotos, Liz!

Liz deteve-se, espantada.

– Não são de Raul – Lúcia repetiu. – Parece que está bitolada! Tá doente, garota?

Adriana, ouvindo Lúcia gritar, nervosa, largou o que fazia e foi para junto da irmã.

– O que está havendo aqui? – perguntou Adriana.

– Só porque tirei algumas fotos das obras de Raul, sua chefe ficou irada!

– Mas não são obras de Raul – contrapôs Anna Lúcia.

– A quem quer enganar? Claro que são; conheço cada traço de suas pinturas. Eu, mais que ninguém, conheço seu modo próprio de elaborar as obras.

– Pare de tirar fotos, Liz, por favor. Parece uma louca! – falou Anna Lúcia.

Ramon não gostou do modo com que Lúcia se dirigia à irmã.

– Ei, ei... Vamos nos acalmar. Liz, por favor, para de tirar fotos e vamos dar uma chance de Lúcia se explicar.

Liz parou de pronto, atendendo o irmão.

– Puxa vida... Perdoem-me pelo modo como tratei Liz, mas ela parece enxergar apenas as obras de Raul.

– E você, mais esperta do que eu, só sabe enxergar os homens, inclusive Raul, não é mesmo, sua oferecida?

– Do que está falando, Liz? Para de ofender Lúcia dessa maneira – ponderou Ramon.

– Do que estou falando? Pergunte a ela! Pergunte como já deu em cima de Raul. Agora quer o outro irmão, não é, sua abusada?

– Liz, você está ficando inconveniente. Pare, por favor! – pediu Ramon, contrariado.

– Se não são dele essas obras, que explicação há para isso tudo? – perguntou Liz, apontando para os quadros.

– Se me deixar explicar, vai ficar mais fácil.

– Pois explique, então – pediu Ramon.

– Eu não sei de quem são essas obras.

– Não? Como assim? – indagou Liz.

– Já faz alguns dias, me apareceu aqui uma pessoa trazendo em mãos uma das obras.

– Quem trouxe? – perguntou Liz, aflita.

– Vai deixar eu terminar, ou vai ficar me interrompendo?

– Calma, Liz, deixa ela explicar – pediu Ramon, segurando a mão da irmã.

– Quando vi esse quadro, me apaixonei. Tive a mesma impressão que você teve, Liz. Mas o quadro não era de Raul, é óbvio.

– É obvio que você era apaixonada por ele também, isso sim!

– Liz, se não parar, vou ser obrigada a pedir que se retire – disse Anna, impaciente:

– Vocês duas querem parar de se alfinetar? – entrou no meio Adriana, com medo de que ambas partissem para uma agressão mais séria.

– Quem está me provocando é sua irmã.

– Continue, Lúcia. De quem se trata, então?

– Eu não sei; o artista pediu para não ser identificado.

– Como assim? – perguntou Liz, muito alterada.

– Já disse que não sei!

– Calma, Lúcia. Você há de convir que é muita coincidência; parecem realmente os quadros de meu irmão.

– Eu sei, Ramon, mas não são, posso lhe garantir.

– Como pode ter garantias? Tem alguma coisa errada nessa história toda! – falou Liz.

– Não, Liz, é apenas uma coincidência.

– E quem trouxe as obras, então? Eu nunca as vi antes – perguntou Adriana, também perplexa.

– Eu sei que nunca as viu; acabei de colocá-las em exposição.

– Mas pode pelo menos dizer quem as trouxe?

– Não, não posso.

– Não estão vendo que ela está tentando nos enrolar? Você, com essa carinha de santa, quer enrolar todo mundo. Quem nos garante que ela não sabe onde está Raul?

– Cala a boca, garota. Só sabe pensar nesse cara. Ele já morreu, você não sabia?

– Então explica o que está acontecendo aqui, porque estas obras são do Raul sim!

Ramon e Adriana olharam para Lúcia, esperando uma explicação.

– A pessoa que as trouxe pediu para não ser identificada.

– Como não? – perguntou Ramon, nervoso.

– Pediu que não se revelasse nada a respeito, pelo menos por enquanto.

– Então nos leve a essa pessoa.

– Não posso, Liz.

– Como não?

– Mesmo que eu quisesse, não poderia, pois não sei onde encontrá-los.

– *Encontrá-los*? Então há mais de uma pessoa envolvida nessa história toda?

– Hã... Quer dizer, não sei... Eu tratei com uma pessoa só, mas sei que existem mais pessoas por trás de tudo isso.

– Sabe? E como sabe?

– Bom, quando me trouxeram a primeira obra, referiam-se a uma terceira pessoa, aí concluí que há mais de uma pessoa por trás dessas obras.

– E como vocês, sem saber a origem das obras e quem é o artista, colocam-nas aqui em exposição? Isso pode trazer sérios problemas à galeria!

Lúcia ficou muito preocupada. Sua intuição, desde o início, dizia que aqueles quadros trariam sérios aborrecimentos.

– Não vou tirá-los daí. A exposição está agendada para a próxima semana, e nada nem ninguém vai fazer com que eu mude de ideia.

– Mas isso é ilegal. Você não sabe de onde os quadros vêm. E se forem roubados?

Lúcia estremeceu.

– Não são roubados. Mas há um grande mistério por trás disso tudo – falou Liz.

– Como pode afirmar com tanta certeza, Liz?

– Quem garante que Raul está mesmo morto? – perguntou ela.

Todos se entreolharam, completamente assustados com a convicção de Liz. Ramon, com muita calma, dirigiu-se à irmã:

– Liz, pelo amor de Deus, você está sob forte emoção por estar diante de obras tão semelhantes às de Raul. Mas sejamos coerentes: nós o enterramos; não há a menor possibilidade de serem dele. Acho que não foi boa ideia trazê-la aqui.

Liz olhou bem para todos e disse, muito convicta:

– Vocês podem pensar ou achar qualquer coisa sobre mim, mas estas obras são de Raul. – Em seguida, Liz se retirou, sem esperar respostas.

– Sua irmã está louca, Adriana. É melhor irem atrás dela!

– Continue com seu trabalho. Eu vou atrás de Liz. – Ramon saiu com rapidez atrás da irmã, conseguindo alcançá-la a tempo.

– Liz, espera.

Liz continuou andando, sem se incomodar com o nervosismo de Ramon ao chamá-la. Quando a alcançou, segurou-a pelo braço.

– Ei, Liz, calma. Só quero acompanhá-la.

Liz parou, soltando um suspiro do peito como quem diz “nada do que me disser vai me convencer”.

– Calma, só quero lhe fazer companhia. Conhece algum lugar legal para bebermos alguma coisa? Estamos precisando.

Liz respirou mais tranquila, sentindo que o irmão não iria cobrá-la de nada. Sorrindo, pegou a mão dele com carinho.

– Conheço sim.

Liz e Ramon entraram em uma lanchonete simples, à qual Liz costumava ir com os colegas de profissão.

– Puxa, não havia um lugar um pouco melhor, não?

Liz sorriu com gosto.

– Claro que existem muitos lugares melhores que este, mas é aqui que venho sempre com o pessoal do trabalho.

– Tudo bem. Se está bom pra você, está bom pra mim.

Os dois se sentaram e pediram dois sucos. Liz estava em tratamento, por isso não podia beber nada alcoólico, e Ramon a acompanhou.

A moça ficou em silêncio por alguns minutos. Ramon apenas a olhava, tentando chegar a seus pensamentos.

– Sente-se melhor?

Liz olhou para Ramon e sorriu.

– Pensam que estou ficando louca, que só penso em Raul, não é isso?

– Não chego a tanto; acho que está só um pouquinho sem noção.

Liz riu sonoramente.

– Gosto quando ri assim; o sorriso fica muito bem em você.

– Quando foi reconhecer o corpo de Raul, reparou em todos os detalhes?

– Acha que não reconheceria meu próprio irmão?

– Com toda certeza, acho que reconheceria, sim. Porém, todos nós estávamos muito nervosos, muito alterados. Os detalhes são importantes.

– Acha que não atentei para os detalhes, é isso?

– Ramon – perguntou Liz –, diga friamente: o que achou daqueles quadros?

– Bem, se essa desgraça toda não tivesse acontecido com meu irmão, diria com toda a certeza que os quadros realmente eram obras dele.

– Pois então... Raciocina comigo objetivamente: tente se lembrar dos detalhes, como unhas, cabelos, pele, olhos... – Liz ia falando, e Ramon, pensativo, relembrava de quando fora reconhecer o corpo do irmão. Nada restara dele, a não ser uma pessoa inerte, sem mais ilusões.

– Sei aonde quer chegar, mas não há esperanças. Raul morreu, essa é a verdade com a qual temos que conviver.

– Viu o rosto dele perfeitamente?

– Para de insistir. Não há mais o que possamos fazer; já fez mais de um ano que ele se foi.

– Viu o rosto dele ou não?

– Não... Mas isso não quer dizer nada.

– Como não? Por que não reparou melhor em seu rosto?

– Porque o rosto estava muito machucado, inchado, sei lá, Liz! Não gosto de me lembrar disso.

– Tudo bem... Está certo; eu sou uma chata mesmo. Não vou mais fazê-lo sofrer com recordações desagradáveis.

Liz esperou que Ramon se acalmasse e, em seguida, pediu que fossem embora. Ramon atendeu prontamente. Logo que chegaram em casa, o almoço estava pronto, e ambos se sentaram em companhia de Evita para almoçar.

Passava das seis da tarde quando Adriana chegou, indo direto para o quarto.

– O que passou pela sua cabeça quando disse que aqueles quadros todos são de Raul? Quando vai entender que ele já morreu? Não pode duvidar das pessoas assim; essa falta de aceitação já está passando dos limites!

Liz não disse uma palavra, não retrucou uma vírgula; apenas deixou que a irmã despejasse toda a raiva sobre ela.

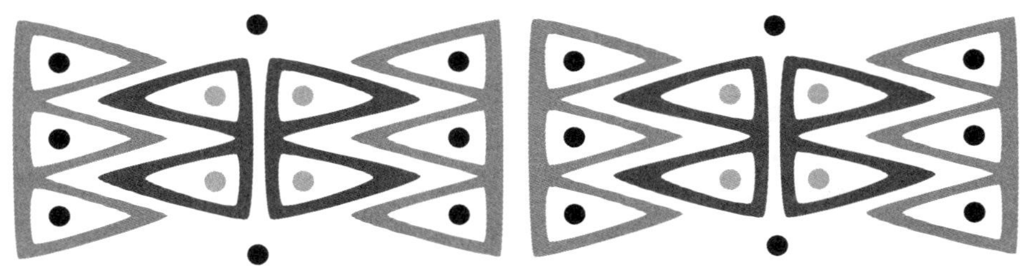

Capítulo 20

NOVAS DESCOBERTAS

Raio Azul já estava bem familiarizado com sua nova vida. Seus quadros e esculturas eram cada dia mais requisitados. Vinham pessoas de muitas cidades atrás de seu trabalho. No entanto, ele ainda sofria por não conseguir recordar de sua vida passada, fato que o incomodava muito.

Estava na pequena casa com seu amigo Imaraji, quando Nanaeh chegou e bateu à porta. Imaraji foi atender.

– Boa noite, pai Imaraji. Podemos conversar um pouco?

– Sim – limitou-se o velho índio a responder. Imaraji saiu de dentro da humilde casa e pediu que a jovem mulher o acompanhasse. – O que houve para vir a essa hora na casa de Imaraji?

– O senhor me pediu que, se tivesse qualquer novidade, viesse procurá-lo. Aqui estou eu.

– Aconteceu alguma coisa?

– Sim, meu pai. Há dois dias, quando saí de São Paulo, estava muito aflita. A moça que é responsável pela loja disse que exigia explicações sobre a origem dos quadros; falou que, se não fosse dessa maneira, não era mais para levar obras para ela.

– Pois é, o círculo está se fechando.

– Como assim? O que quer dizer?

– Não adiantaria eu explicar.

– Como não, pai? Sou ignorante, por acaso?

– Desculpe, Nanaeh. Não gosto de perder o leme da navegação.

– Controle de que, meu pai?

– Sente-se aqui – pediu o velho índio à moça. – Se essa mulher que está a tratar das obras se queixou é sinal de que algo deve ter acontecido por lá, na cidade grande.

– E aí?

– E aí... como vamos explicar de onde vêm essas obras?

– Vamos falar a verdade: que são de Raio Azul, meu pai.

– E como faremos isso? Homem branco nem imagina o que nós dois estamos arrumando para ele!

– Mas vai saber um dia. Pense comigo, meu pai: se essas obras derem certo e as pessoas da cidade grande que apreciam esse tipo de arte as comprarem, Raio Azul terá que produzir mais, para que possamos levar à capital.

– Não sei não... Ele é muito esperto; já deu falta de alguns quadros.

– E o que o senhor disse, meu pai?

– Que vendi para os homens ricos da cidade vizinha.

– Então já é meio caminho andado. Pelo menos, ele já sabe que seus quadros foram para a cidade. Só não sabe que cidade é essa.

– E você acha certo isso?

– Ah, pai, o senhor começou com essa história; agora vamos até o fim.

– Será que devemos?

– Pensa bem, meu pai. Se essa moça da capital quer ter garantias, é porque sabe muito bem o que está fazendo. E depois, o intuito do senhor não era que entre muitas pessoas alguém reconhecesse o trabalho de Raio Azul? Pois então, já deve estar tendo resultados.

Imaraji coçou a cabeça, meio inquieto, e em seguida respondeu:

– Você está certa. Preciso seguir adiante. Um dia, alguém vai vir atrás de Raio Azul se for conhecedor de suas obras.

– O que digo então para a moça da capital?

Imaraji pensou por um momento e depois respondeu:

– Vou pedir que Raio Azul assine o quadro como os artistas famosos.

– Isso mesmo, meu pai. O senhor vai ver que estamos no caminho certo. Raio Azul ainda vai achar toda a sua família.

– Tenho certeza disso; Tupã vai nos amparar! Hoje mesmo vou falar para pôr o nome dele no canto do quadro. O que acha?

– Acho que vai dar certo, meu pai. Esse moço é muito bom; precisamos ajudá-lo a achar seus familiares.

Imaraji voltou para sua tenda. Logo que entrou, Raio Azul o cercou de perguntas:

– O que está havendo com esse velho índio? A toda hora sai misteriosamente, encontra-se com Nanaeh e volta como se nada tivesse acontecido!

– Pois hoje esse velho índio vai explicar tudo.

– Pode começar.

– Raio Azul, outro dia você me perguntou dos quadros que pinta, não foi assim?

– Foi, sim senhor. E o senhor me disse que leva para a cidade para vender.

– Pois é. É isso mesmo, só que agora Raio Azul tem que colocar o nome no canto dos quadros, como fazem os homens importantes que lidam com essa gente rica. Sabe como é?

Raio Azul riu sonoramente, respondendo:

– Oh... Velho índio está querendo ser meu *marchand*?

– Mar... o quê? – perguntou Imaraji, espantado.

– Eu disse *marchand*?

– O que quer dizer essa palavra difícil?

Raio Azul se levantou, agitado e assustado com ele mesmo.

– Será que eu era realmente um artista de obras de arte? Meu Deus, de onde tirei essa palavra *marchand*?

– Raio Azul é artista, sim...

– Estou falando sério. Falei mesmo *marchand*?

– Sim, falou isso mesmo. O que quer dizer?

Raio Azul, como se estivesse em transe, respondeu sem errar uma vírgula:

– *Marchand* é um termo de origem francesa que designa o profissional que tem como atribuição intervir no processo de distribuição da produção do artista. Esse profissional é seu representante, encarregado da intermediação comercial da obra de arte. Ele é um corretor especializado ou consultor, que representa ou promove a assessoria do artista junto ao mercado e a instituições públicas, privadas, museus, fundações culturais e possíveis compradores.

– Mas é tudo isso? Não entendi nada!

– O *marchand* é a base do contato entre o artista e o mercado das artes, lidando diretamente com comerciantes, leiloeiros, investidores e colecionadores. Resumindo, é ele quem cuida das obras dos artistas; é o intermediário de exposições, leilões, exposições em galerias e espaços culturais. É ele quem cuida praticamente de tudo para o artista.

Raio Azul, ao terminar de dar suas explicações, sentia-se completo; aquele parecia ser de fato seu mundo. Mais que perplexo, questionou:

– Será que é esse o caminho? Será que eu vivenciei o mundo das artes?

Imaraji, sem demora, deixou-se levar pela própria intuição:

– Raio Azul não viveu nesse mundo; Raio Azul ainda faz parte dele, e Imaraji quer ajudar.

– Mas como?

– Levando para o povo de seu meio as suas obras.

– Mas não é tão simples assim!

– Claro que é. Raio Azul já tem muitas obras nas mãos de homem branco.

– Mas, meu pai, isso tudo tem que ter registro; não se pode ir mandando esses quadros todos que já sumiram das minhas vistas para vender e pronto. Há todo um processo.

– E como Raio Azul sabe disso tudo?

Raio Azul estava assustado com ele mesmo; não sabia explicar como sabia daquilo tudo que, sem esperar, expunha ao índio Imaraji.

– Ah, meu pai, não sei de onde vem todo esse conhecimento!

Raio Azul estava sob forte emoção e, confuso, saiu correndo sem rumo. Correu por muito tempo, até que, exausto, deixou-se cair sobre a areia branca da praia. Imaraji pensou em ir atrás dele e acalmá-lo, mas sentiu que ele devia ficar só com suas buscas intermináveis.

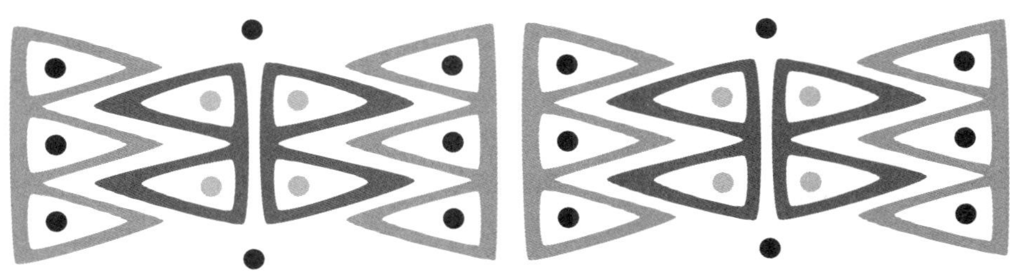

Capítulo 21

UM QUADRO IMPRESSIONANTE

Chegou o dia tão esperado por Liz: o dia da exposição dos quadros da galeria ao público.

Adriana chegou em sua casa e entrou no quarto, nervosa.

– Como está meu cabelo, irmã?

Liz a olhou, surpresa.

– Nossa! Pra que tudo isso?

– Meu cabelo está ou não está legal?

– Claro que está. Só não pensei que fosse ao salão de beleza arrumar os cabelos e fazer maquiagem.

Adriana se ajeitou rapidamente, e Liz a olhou com orgulho.

– Está muito bonita, irmã. Parece que vai a uma grande festa.

– Verdade?

– E eu falo mentiras? Pode acreditar; está maravilhosa. Ramon vai ficar lisonjeado com sua companhia.

– Por que está dizendo isso?

– Porque acho que esse trato todo no visual tem nome, e não é exposição.

– Ah, Liz, para já com isso. Eu me produzi toda porque Lúcia exigiu, só isso. Haverá artistas de vários lugares; quero ficar bem atraente. E depois, Ramon e eu somos primos. Isso não pode dar certo.

Liz ficou em silêncio.

– Ah, irmã, me perdoe. Não quis ofender, muito menos entrar nesse assunto de primos, irmãos...

– Tá bom, Adriana. Está ficando cada vez pior... Não tem nada não; você está só expondo sua opinião. Aliás, é a opinião de todo mundo: que paixão de primos não dá certo. Quem me dera que Raul fosse apenas meu primo; todos os meus problemas estariam resolvidos.

– Desculpe; não queria ter falado isso. Ia dizer apenas que, cruz-credo, eu e Ramon juntos era capaz de sair até faísca; não combinamos de jeito nenhum.

Liz sorriu ao ver a irmã levando os dedos à boca em sinal de livramento.

– E você, não vai?

– Não perco essa exposição por nada!

– Então vamos, que já estou atrasada.

– Pode ir tranquila, só irei mais tarde.

– Tudo bem então. Espero você lá.

Liz beijou a irmã e lhe desejou boa sorte. Adriana saiu apressada, pois Ramon já a esperava:

– Como está bonita! – elogiou o primo.

– Estou bem mesmo?

– Está linda!

– Então vamos, que estou atrasada.

Ramon e Adriana seguiram para a exposição, enquanto Liz, com as fotos de Raul em mãos, deixou algumas lágrimas rolarem por seu rosto.

– Nunca vou te esquecer, eu o amo demais. Por favor, Raul, mostre-me onde está. Sinto que está entre nós e, custe o que custar, vou encontrá-lo. É uma promessa.

Nesse momento, Evita bateu à porta do quarto e entrou.

– Liz, minha filha, ainda olhando essas fotos,? Por favor, minha filha, para de sofrer. Não aguento mais vê-la desse jeito!

Liz abraçou a mãe com carinho.

– Não estou sofrendo, mãe, apenas sinto necessidade de olhar para ele. Diga-me: existe um sorriso mais lindo do que este?

Evita pegou uma das fotos.

– Como se diz em espanhol, *ese chico es mui lindo*.

– Mãe, posso lhe fazer uma pergunta?

– Claro que pode, filha.

– Promete que não vai ficar zangada?

– Ah, Liz, quando você vem com essa conversa, boa coisa não é.

– A senhora tem certeza de que sou filha de tio Miguel?

Evita esperava tudo, menos uma pergunta como aquela.

– O que quer dizer com essa pergunta imprópria?

– Mãe, por favor, não se faça de coitada nem de santa; já sei muito bem como se concebe um bebê. E depois, tenho o direito de saber com detalhes tudo sobre a minha vida.

– Por mais que a ame, não tem direito nenhum de saber da minha vida passada!

– Tenho sim. Essa história também me diz respeito; tenho todo o direito.

– Não tem não. Como posso falar com minha filha sobre intimidades minhas do passado?

– Mãe, para de se fazer de santa. Isso não combina com uma espanhola de sangue quente. Desde que o mundo é mundo, rolam lances de amor, sexo e essas coisas.

Evita se horrorizou.

– Fique você sabendo que, no meu tempo, não se falava sobre isso, principalmente com as mães.

– Falar não podia, mas "fazer" podia?

Evita pensou que fosse desfalecer com o atrevimento da filha.

– Eu me recuso a levar esse assunto adiante, está bem? – Contrariada, Evita se dirigiu à porta para sair do quarto.

– Sempre que pode, a senhora foge do assunto. Até quando vai ser assim?

Evita, antes de sair, estacou, surpresa com a petulância da filha. Liz não se conformava:

– Por favor, quando resolver me contar toda essa história, vou estar pronta para a verdade. Se Raul realmente fosse meu irmão, Deus não seria tão injusto e inescrupuloso em permitir que eu o amasse assim!

Evita, abalada, saiu e foi para seu quarto.

Liz se recompôs, pois tinha de ir à exposição.

Assim que Liz chegou à galeria, encontrou alguns colegas de profissão cobrindo a matéria.

– Liz!

– Renato!

– Puxa, quanto tempo! Como se sente, está melhor?

– Muito melhor. Nossa, essa exposição vai ser boa; nunca vi esse lugar tão cheio assim!

– E você, tem trabalhado muito?

– Bastante, mas estou gostando. Cada dia, aprendo mais. E você, quando volta?

– Logo. Quer dizer, quando o chefe autorizar. Minha mãe foi tão dramática que até hoje ele liga, preocupado comigo. Prometeu-me que no começo do mês quem vem vai me chamar de volta.

– Que bom.

– Bom mesmo. Depois que entramos nesse tipo de trabalho, não conseguimos ficar longe. E você, o que faz aqui?

– Para variar um pouco, vim fazer uma matéria para a revista.

– Encontrá-lo aqui veio a calhar. Preciso de você.

– De mim? Pra quê?

– Vamos entrar no meio do pessoal que te explico.

Renato e Liz andaram por todo o espaço cultural. Liz procurou não ser vista por Lúcia; não queria ser mal-educada justamente naquele evento tão importante para a expositora. Quando a via de um lado, dirigia-se para outro.

Liz estava muito melhor; já não se sentia com taquicardia, mesmo em meio às muitas pessoas que se encontravam prestigiando a exposição. Além daqueles quadros já existentes, quando acabara discutindo com Anna Lúcia, havia muitos outros. Liz tentava não se emocionar, mas não estava sendo muito feliz em sua tentativa. De repente, deparou com um lindo quadro: era sua própria imagem diante de si. Renato ficou estupefato. Sem conter a surpresa, aproximou-se para se certificar de que tinha diante dele o que de fato seus olhos haviam visto. O jornalista soltou um grito.

– Esta não é você? Meu Deus, quem pintaria um quadro seu?

Liz não conseguiu responder àquele mistério. No exato momento em que Liz deparou com sua imagem, no entanto, lágrimas começaram a descer copiosamente por seu rosto. O rapaz, em vez de acudir a colega, deixou o lado profissional aflorar: tirou várias fotos, de vários ângulos, querendo garantir a matéria. Depois sim voltou a ser um espectador.

Ao sentir que havia algo de errado com a amiga, Renato puxou-a pelo braço, entrando em uma pequena sala. Colocou todo seu equipamento de trabalho sobre uma mesa e acomodou Liz em uma cadeira. Pensou que a colega de profissão não fosse suportar tamanha emoção. Correu até o salão e, do primeiro garçom que passou com algumas bebidas sobre a bandeja, pegou a primeira e voltou, fazendo com que Liz tomasse um pouco daquele líquido forte. Esperou por alguns segundos, depois fez a pergunta que não conseguia mais conter:

– Liz, aquela imagem de mulher é você, ou eu estou louco de tanto ver quadros?

A jovem, passando as mãos no rosto úmido de lágrimas, respondeu pausadamente:

– Ele está vivo... Raul sobreviveu ao acidente... Ele está vivo... Eu sabia... Eu sabia...

– Do que está falando, garota?

– Raul... Ele não morreu...

– O planeta todo sabe que Raul morreu. O que está acontecendo?

Liz continuou em silêncio.

– Por favor, me explique o que está havendo!

– Raul não morreu!

– Liz, o que mais ouvimos nos meios de comunicação é que o artista Raul Hernandez Martinez morreu; ele já era! Será que depois de anos ainda tem esperanças? Ou alguém está tirando proveito das notícias sobre ele e fazendo obras iguais, talvez?

– Cala a boca por um segundo, por favor! – Liz tremia muito. Depois do primeiro impacto, a garota mal conseguia falar de tanta felicidade. Sua satisfação por saber que Raul se encontrava entre eles era imensa; ela ria e chorava ao mesmo tempo.

– Liz, você está bem? – Ela abraçou Renato com euforia. – Por favor, me explica tudo isso com calma.

Depois de contar toda a história sobre o artista misterioso cujas obras a galeria expunha, Liz, ainda muito emocionada, o intimou:

– Preciso de sua ajuda.

– Como posso colaborar para te ver bem?

– Temos que tirar aquele quadro da exposição.

– O quê? Você quer roubá-lo?

– Não é bem roubar... Vamos tomar emprestado.

– Não, Liz, não podemos fazer isso. O nome desse negócio é *roubo*.

– Não é roubo; nós dois não faríamos isso, somos pessoas de bem.

– Ainda bem que pensou melhor.

– É claro. Vamos apenas tomá-lo emprestado, Renato, e tem que ser agora, antes que alguém o compre.

– Está louca? Como vamos *tomá-lo emprestado*?

– Ainda não sei, mas vamos colocar o cérebro para funcionar.

– Estou tão nervoso com essa sua ideia, que mal consigo respirar, quanto mais raciocinar!

– Já sei!

– Já sabe o quê?

– Venha, vamos voltar para o salão.

Liz e Renato voltaram para a exposição, e Renato interagia com as pessoas, fazendo seu trabalho. Enquanto isso, Liz foi falar com a irmã.

– Adriana, você viu todos os quadros em exposição?

Adriana a olhou, surpresa.

– Claro! Esqueceu que meu trabalho é justamente supervisionar tudo antes de as portas se abrirem ao público?

– Não me esqueci; apenas quis me certificar de que já havia supervisionado tudo.

– O que houve? Nunca se preocupou com meu trabalho antes!

– Nada... Apenas me preocupei esta noite. Há muitos espectadores; isso aqui está lotado!

– Cadê seu amigo Renato?

– Está por aí. Por quê?

– Porque Lúcia perguntou por ele. Bom, tenho que circular. Não dá para te dar atenção hoje, o movimento está intenso.

– Tudo bem, pode ir. Estou apenas a passeio, mesmo. Cadê Ramon?

– A última vez que o vi, estava na sala de Anna Lúcia. Por favor, Liz, não me arrume desentendimentos hoje, hein?

– Que estresse! Não estou nem aí para sua chefe.

– Melhor assim... Tchau!

Liz foi para a sala de Anna Lúcia, bateu à porta e em seguida entrou.

– Ramon?

– Onde esteve até agora? Estava à sua procura.

– Preciso de você neste momento. – Liz puxou o irmão pelo braço.

– Ah, não, Liz. Agora que consegui a atenção de Ramon?

Liz não deu importância às palavras de Anna Lúcia.

– Vamos, Ramon, preciso de você.

Ramon se desculpou com a moça e acompanhou a irmã. Liz, fora da sala, foi logo dizendo:

– Ramon, quero que veja uma coisa!

– Que coisa?

– Já viu todas as obras?

– Ainda não deu tempo. O que houve? Está ofegante!

– Venha ver uma coisa comigo; logo vai entender.

Ramon acompanhou a irmã, que andava com pressa. Assim que chegaram ao local, Liz ficou surpresa:

– Cadê o quadro que estava aqui? – Liz berrou. – Alguém viu o quadro que estava aqui há pouco? – Ela gritava tanto, que todos os presentes se voltaram para ela, o que deixou Ramon extremamente nervoso.

– Liz, não há quadro nenhum aqui. Vamos embora.

– Não... Não vou... – Liz continuou, muito nervosa: – Quem tirou o quadro que estava bem aqui? Alguém pode me responder? – A jovem se sentia à beira do desespero.

As pessoas que se encontravam na exposição a olhavam, assustadas.

– Liz, por favor, vamos sair daqui agora! – Ela se desvencilhou da mão do irmão, que tentava tirá-la do local. – Não... Não vou enquanto o quadro não aparecer! – gritava a jovem, desesperada.

Ramon abraçou-a com força, obrigando-a a acompanhá-lo.

– Foi vendido – gritou um moço, aproximando-se deles.

– Vendido? Quem o comprou?

– Um rapaz. Ele acabou de sair; se correrem, talvez o encontrem.

Ramon estava chocado com o estado da irmã. Esquecera-se de qualquer noção de educação ou gentileza, e, com ela presa em seus braços, conduzira-a para fora da galeria.

Liz chorava compulsivamente. Assim que Ramon alcançou a rua, pediu um táxi e a fez entrar.

– O que está havendo com você?

– Preciso achar aquele quadro. Por favor, me ajude! – gritava a garota, totalmente descontrolada.

– Não havia quadro algum. Você precisa se tratar com urgência, está doente! Isso está ficando muito sério, Liz.

O celular de Liz tocou e ela, trêmula, atendeu:

– Sua louca... O que pensa que estava fazendo no meio daquela exposição?

– Roubaram o nosso quadro. Ajude-me, por favor!

– Acalme-se, pelo amor de Deus. Ninguém roubou o quadro; ele está comigo. Não foi isso o que me pediu?

Liz riu sonoramente em meio às lágrimas que desciam por seu rosto.

– Vá para casa descansar, que amanhã nos veremos.

– Não, preciso dele agora.

– Liz, me escuta: vai para casa, que desse jeito todos vão perceber o que aconteceu, e eu vou me lascar, garota! Afinal, se o quadro sumiu, foi porque eu o roubei.

Liz entendeu o recado e desligou o celular. Não disse mais nenhuma palavra. Ramon, por sua vez, estava extremamente preocupado com a irmã. Assim que chegaram, a casa estava em silêncio absoluto, o que Ramon achou propício, devido ao estado da irmã. Mais do que depressa, levou-a para o quarto. Depois, fez com que se deitasse a seu lado, agasalhando-a em seus braços. A jovem, segurando as mãos do irmão, beijou-as repetidas vezes.

– Acha que estou ficando louca, não é?

Ramon deu um sorriso forçado.

– Você não está bem. Estou preocupado; precisa aceitar um tratamento mais específico.

– Sei que está pensando que estou louca, mas...

Ramon a cortou.

– Por causa desses malditos quadros, está ficando doente. Precisa se conformar com a morte de Raul e seguir adiante.

– Não estou doente; eu vi um quadro naquela parede, ainda vou te provar.

– Liz, está vendo coisas que não existem. Amanhã mesmo vou ao aeroporto comprar duas passagem para a Espanha. Vou levá-la embora daqui; vou cuidar de você!

– Por favor, Ramon, acredite em mim. E eu não irei à Espanha de jeito nenhum, ainda mais agora.

– Eu é que te peço: pare com essa ideia fixa. Acalme-se, procure relaxar. Você precisa dormir.

Liz silenciou. Passados alguns minutos, adormeceu tranquila nos braços do irmão. Ramon, ao contrário, ficou acordado, sentindo que a irmã estava realmente precisando de cuidados. Liz estava doente.

Na manhã seguinte, Adriana entrou no quarto disposta a colocá-lo abaixo.

– Liz, eu te mato. Eu te mato, sua peste!

Ramon, que havia acabado de adormecer, acordou assustado:

– O que foi, Adriana? Como entra aqui nesse estado?

– Pergunte para sua irmãzinha do coração!

Liz, espreguiçando-se, ainda sonolenta, perguntou:

– O que está havendo, hein?

Adriana se aproximou dela, furiosa, e tentou lhe dar uns tapas.

– Ei, ei... Calma, Adriana. O que houve? Fala de uma vez!

Adriana puxou o ar, tentando se controlar.

– Cadê o quadro da exposição que você roubou?

– Eu? Está louca? Não roubei nada!

– Roubou sim...

– Do que está falando, irmã?

– Do quadro que você, com a ajuda de alguém, roubou da galeria.

– Espere aí... Não olhe pra mim não! – disse Ramon, surpreso; porém em seguida a ficha caiu. – Liz, você estava falando a verdade, então?

– Do que está falando, Ramon? – perguntou Adriana, furiosa.

– Calma, Adriana, acho que sei o que houve. Vamos todos serenar e esclarecer esse impasse.

Liz se levantou e, sem preocupação nenhuma, foi para o banheiro, tomou banho e se arrumou. Adriana, por sua vez, a pedido do primo, tentou se acalmar, aguardando que Liz saísse do banheiro e viesse lhe dar explicações.

– Já esperei demais, Liz. Por favor, estou pedindo com educação. O que fez com o quadro que estava na exposição? Ele custa muito dinheiro.

Liz não deu nenhuma resposta.

– Liz, estou perdendo a paciência com você. Não tinha o direito de roubá-lo!

Evita, com a agitação pela casa, foi ver o que estava havendo.

– Podem me dizer o que está acontecendo por aqui?

– Mãe, Liz roubou um quadro da galeria.

– Liz... você chegou a esse ponto?

– Não roubei nada.

– Por favor, mãe, faz ela devolver, senão estou perdida!

– Como me acusa assim, sem mais nem menos? Havia tantas pessoas; por que justamente *eu* o roubaria?

Adriana não respondeu.

– Responde, vai! Conta para todos por que eu fui a primeira a ser acusada.

Adriana deixou que algumas lágrimas rolassem por seu rosto, assustando tanto Ramon quanto Evita.

– Agora quem quer saber dessa história toda sou eu – gritou Evita, irritada.

– Pode começar, Liz, agora mesmo. Já estou farta de tantas desavenças nesta casa. Não suporto mais essa desunião que se fez aqui desde que a história de Raul veio à tona! Pode começar, Liz.

– Por que eu?

– Não aceito mais nenhum argumento. Quero apenas que comece a se explicar. Por que roubou o quadro da galeria onde sua irmã trabalha?

– Não roubei...

Adriana, sem tréguas, se manifestou:

– Ainda tem coragem de...

Evita a cortou:

– Espere sua vez, Adriana! Fala logo, Liz, antes que eu perca minha paciência.

– Apenas peguei emprestado.

– É muita cara de pau!

– Cala a boca, Adriana.

– Eu vou devolver; só preciso dele por um tempo.

– Quer esse tempo para quê?

– Para mostrar a todos que Raul não morreu. A única pessoa que poderia pintar um quadro como aquele, com todos os detalhes, é ele.

Ramon olhou para Liz, assustado:

– O que foi que disse?

– Estou tentando dizer a vocês que foi Raul quem pintou aquele quadro! Não foi você mesmo quem disse que seu irmão escondia um quadro em sua sala, na galeria, e que era uma cópia fiel minha? Pois então: aquele quadro que sumiu é exatamente meu retrato fiel. Raul está vivo!

Ramon estava em choque.

– É isso mesmo que ouviu: seu irmão não morreu, e a prova está nesse quadro que peguei emprestado.

– Você está mais doente do que eu pensava, Liz. Hoje mesmo vou levá-la ao centro espírita para fazer um tratamento, já que os remédios não fizeram efeito – disse Evita.

– Liz tem razão, mãe – falou Adriana, parecendo assombrada com aquela história também.

– Do que é que está falando, Adriana? Querem me deixar louca, é isso? Uma hora, sua irmã está errada; na outra, você a defende. O que está acontecendo com as minhas filhas? O que está acontecendo com a minha vida? Já não suporto mais isso tudo! – Evita estava muito abalada com os acontecimentos dos últimos tempos; era muita pressão para que pudesse suportar, tendo em vista, ainda, os longos anos durante os quais tinha ocultado tantos segredos.

Adriana nunca havia visto a mãe naquele estado e ficou muito preocupada. Ramon foi até a cozinha e trouxe um copo com água para a tia, fazendo-a beber.

– Vou explicar tudo, mãe. Por favor, se acalme.

– Então comece – disse Evita, impondo-se.

– O quadro que estava na galeria era o retrato da Liz. – Ramon e Evita se entreolharam, surpresos. Liz não se abalou.

– Continue, Adriana – pediu Ramon.

– Talvez Liz tenha razão. Pode ser que Raul realmente esteja vivo, porque nada explicaria a pintura tão perfeita do rosto da minha irmã. Contudo...

– Contudo...? – interveio Ramon, impaciente.

– Contudo, não podemos afirmar se ele de fato está vivo. Ramon talvez possa nos ajudar nessa questão.

– Como posso colaborar?

– Lembra-se de quando veio para o Brasil atrás de seu irmão?

– Lembro-me perfeitamente.

– Pois bem; depois de ter reconhecido seu corpo no IML, você veio para cá. Assim que viu Liz, aqui mesmo neste quarto, por que você se emocionou tanto?

– Quer que eu explique? – perguntou Ramon, adiantando o caso a ser solucionado.

– Isso, Ramon. Melhor do que ninguém, você se recorda daquele dia em que viu Liz sofrendo e sob efeito de calmantes? Liz estava dormindo, lembra?

– Foi isso mesmo. Quando a vi ali deitada, tomei um susto, pois era a cópia fiel de Liz no quadro que meu irmão escondia a sete chaves em sua sala. Raul, naquele tempo, já era apaixonado por Liz; admirava aquele quadro sempre, dizia com convicção que ainda a conheceria; infelizmente, nem tudo é como sonhamos. Nessa época, também descobrimos que Liz e Raul eram irmãos.

Evita, emotiva e cansada por ter a sua vida constantemente exposta, remexeu-se, agitada.

– O importante agora é descobrirmos realmente onde se encontra Raul. Se somos irmãos ou não, já é uma outra história – pronunciou-se Liz, convicta de que o encontraria.

– Liz, melhor não depositar tantas expectativas nessa busca. Pode ser que Raul esteja vivo, mas pode ser que não – ponderou Ramon.

– Tenho mais esperança em encontrá-lo do que você, Ramon. E olhe que ele é seu irmão!

Ramon pensou em dizer que ele era irmão dela também, porém se conteve.

– Não é isso; é que tenho medo de vê-la sofrendo ainda mais.

– Pelo visto, só eu tenho essa certeza, não é?

Evita não se pronunciou mais.

– Já que temos que começar essa busca, vamos ao quadro. Só posso afirmar se realmente é uma obra do meu irmão quando o vir.

– Vai se impressionar, Ramon – respondeu Adriana.

– Então vamos a ele! – Ramon se aproximou de Liz e a abraçou com ternura. – Liz, me perdoe por ontem; achei que estivesse fora de si. São muitas informações para digerirmos de uma só vez. Mas, quanto a levá-la para a Espanha, isso eu vou fazer sim!

Evita estava apreensiva. Ninguém notou isso, porém, a não ser Liz, que sentia que a mãe escondia ainda muitas coisas de seu passado.

– Por que não me contou sobre o quadro? – Liz perguntou à irmã.

– Justamente por tudo isso que está acontecendo. A mãe tem razão: nossa família está se desfazendo; ninguém se entende mais. Precisamos procurar nos harmonizar. A mãe não merece passar por tudo o que está passando.

– Prometo que, depois de ver o quadro, confirmando se é ou não de Raul, volto para a Espanha e as deixo em paz.

Liz se aproximou do irmão.

– Não... Não pode nos deixar agora. Se não estiver ao meu lado, não vou conseguir chegar aonde preciso.

– Consegue sim. E depois, preciso voltar para a minha vida; meus pais também necessitam de mim. Seja qual for o resultado dessa busca, preciso colocar meus pais a par de tudo o que está acontecendo.

Evita colocou o café da manhã sobre a mesa e pediu que todos se sentassem para se alimentar, antes de saírem para essa fatídica descoberta.

Ramon, Liz e Adriana chegaram à galeria. Anna Lúcia já os esperava, muito contrariada.

– Bom dia, Lúcia.

– Só se estiver bom para vocês. Liz, cadê meu quadro? Exijo que me devolva!

– É mesmo? E, se eu não o fizer, o que vai fazer?

Anna Lúcia apertava as mãos, muito nervosa.

– Você não tinha o direito de roubá-lo!

– Então dê parte na polícia, ora. Está no seu direito.

– Ah, Adriana, não suporto sua irmã!

– Sou uma pedra em seu sapato, não é?

– Que garota possessiva, meu Deus!

– Eu sou possessiva, e você é muito atirada para o meu gosto. – Liz se aproximou de Lúcia e disse, ameaçadora: – Por que não liga para a polícia? Vá, ligue! Está no seu direito.

– Calma, Liz. Não é assim que se resolvem as coisas. Vamos usar do bom senso. Todos nós estamos com a emoção à flor da pele, afinal, se Raul estiver vivo, temos que encontrá-lo, e isso é motivo de felicidade para todos nós, e não de discórdia.

– Menos para você, não é, Lúcia? No mínimo, esse acontecimento aqui na galeria é caso de polícia, porque está vendendo quadros sem procedência.

– Fique calma, Lúcia. Minha irmã não vai fazer nada contra você, eu prometo – disse Ramon.

Lúcia caiu, desalentada, sobre a cadeira.

– Por favor, Liz, não posso sujar o nome da minha galeria. Minha irmã me mata!

– Devia mesmo matar você. Onde ela está para eu poder contar tudo a ela?

– Por favor, Liz, tenha calma. Podemos resolver tudo isso sem minha irmã e sem a polícia. Se de fato esses quadros forem mesmo de Raul, também ficarei muito feliz; será uma bênção de Deus vê-lo novamente.

– Mas é muito abusada mesmo. Vende os quadros do cara, e ainda por cima se acha no direito de vê-lo novamente. Escuta aqui, sua devoradora de...

– Calma, Liz, estamos aqui para tentar solucionar esse impasse, e não para complicá-lo. – Ramon estava ficando nervoso com tudo o que ouvia ao mesmo tempo.

– Então nos coloca em contato com a pessoa que faz negócios com você – disse Liz, intimidando-a.

– Preciso de tempo.

– De tempo? Como assim?

– A pessoa com quem tenho contato vem a mim; não sei nada sobre ela.

– E como faz negócios com pessoas que nem ao menos sabe de onde vêm? Isso é mesmo caso de polícia! E se esses quadros forem roubados?

– Liz, vai devagar. Lúcia não pensou nas consequências; apenas fez negócios sem pensar direito – contemporizou Adriana.

– Puxa vida, gente, não me pressione assim. Eu realmente fiquei encantada com as obras e não pensei nas consequências. Eu errei, admito, mas quem não erra?

Liz suspirou fundo. Na verdade, ela era uma boa pessoa; sabia que pressionar ou fazer chantagens não adiantaria. Seguir por aquele caminho não era o ideal, afinal, todos erram em algum momento da vida.

– Tudo bem. Então, o que temos que fazer para conhecer essa pessoa que traz as obras até você?

– Ela só vem uma vez por mês.

– E como chegou a essas últimas obras inéditas?

– Foi um caso esporádico. Da última vez que esteve aqui, eu cobrei a assinatura do artista. Alguns dias depois, ela voltou com a assinatura de quem as pinta.

– Bem, já temos uma informação: o contato é mulher.

– Eu disse que era mulher? Não me lembro.

– Você disse *ela* – concluiu Ramon.

– É... É uma jovem mesmo. Nessa altura do campeonato, nem sei mais o que estou dizendo.

– Então vamos à assinatura do artista.

Lúcia pediu que todos a acompanhassem. Assim que depararam com uma das obras, Lúcia pediu que se aproximassem. Todos juntos leram:

– Raio Azul? Que nome é esse? Quem assinaria apenas como Raio Azul?

– Esperem um pouco...

– O que foi, Ramon?

Ramon, concentrado na caligrafia, silenciou por alguns instantes.

– Parece-me que a letra é do meu irmão... Será? Não é possível, é ele. Meu Deus!

Liz se lançou sobre Ramon, emocionada, abraçando-o com força. Ramon sentiu seu coração disparar junto ao dela.

– Tem certeza, Ramon? – perguntou Adriana, eufórica.

– É possível que sim. Não devemos criar tantas expectativas por esse primeiro sinal, pois a assinatura está um pouco tremida. Porém, não erraria na identificação da caligrafia que mais acompanhei em toda a minha vida. Mas esperem um pouco. Se ele realmente está vivo, por que não nos procurou? – Ramon se questionou, tentando achar um motivo.

– Eis o grande problema. Mas isso é o de menos; o que mais importa é que ele está vivo, e não deve estar muito longe de nós!

– Engano seu, Liz. Se é que é Raul mesmo, vive muito longe daqui.

– E como sabe?

– A moça que vem à galeria diz que não dá para vir mais vezes por ser muito longa a viagem.

Liz andava de um lado para o outro, desejando com todas as forças de seu ser achar uma solução rápida.

– Bem, o que faremos agora? – perguntou Adriana.

– Em primeiro lugar, Liz tem de me devolver o quadro.

– Não acho uma boa ideia.

– Lúcia tem razão, Liz. Todos já sabemos o motivo pelo qual o tomou emprestado; ficar com ele já não faz sentido.

– Ainda acho que Lúcia ficar com quadros de origem duvidosa não é o caminho certo.

– Do que está me acusando agora, hein, garota?

– De falsária!

– Do que, sua garota arrogante? – Lúcia perdeu as estribeiras e partiu para cima de Liz, que, mesmo segura por Ramon, não fugiu à briga.

– Sabe qual é seu problema, Lúcia? É querer tanto quanto eu achar Raul. Mas esquece: se ele não se interessou por você naquela época em que praticamente o seduziu em um quarto de hotel, agora, então... Já era.

– Já era o que, garota? Você que não quer enxergar o óbvio: mesmo que Raul esteja vivo, nunca vai tê-lo. Aliás, qualquer uma pode ter alguma coisa com ele, menos você, já que ele é seu irmão. Cai na real, garota abusada!

– Vocês duas querem parar, por favor! – gritou Ramon, muito bravo mesmo.

Lúcia baixou a cabeça e saiu, e Liz, soltando fogo pelas ventas, foi para a rua.

– Adriana, vai atrás da sua chefe e tenta controlar os ânimos. Eu vou tirar Liz daqui.

Adriana fez o que o primo pedia, e Ramon foi atrás de Liz, para também tentar acalmá-la.

– Liz, o que foi aquilo? Está realmente precisando de serenidade; não é à toa que sua mãe está a cada dia mais nervosa.

– Lúcia é uma idiota. Não entende nada de obras de arte; brinca de ter uma galeria só para não ficar por baixo da irmã. E, depois, sei muito bem que foi atrás de seu irmão na Espanha! Anna daqui, Anna de lá... Metida! Gosta de se apresentar por Anna. Ela é intragável.

– Afinal, o nome dela é Anna ou Lúcia?

– É "Anna Lúcia, muito prazer" – disse Liz, imitando a moça. Ramon não conseguiu segurar o riso. – É pra rir mesmo... dessa mulherzinha entojada.

Se é tão metida a carioca, por que não se muda de vez para o Rio e fica lá?

Ramon ria sonoramente de Liz; estava se apegando muito à irmã.

– Por que ri tanto? Não vejo graça alguma.

Ramon riu ainda mais ao vê-la ficar mais brava a cada segundo.

– Do que está rindo?

– Como descobriu que Anna Lúcia seduziu Raul, se eu, que estava lá, não fiquei sabendo de nada?

Liz falou, emburrada:

– Não estou achando graça nenhuma. Essa garota já deu em cima de um irmão, agora está atrás do outro. Olha só: se eu souber que saiu com ela, esqueça minha amizade, viu?

Ramon, rindo escancaradamente, abraçou Liz.

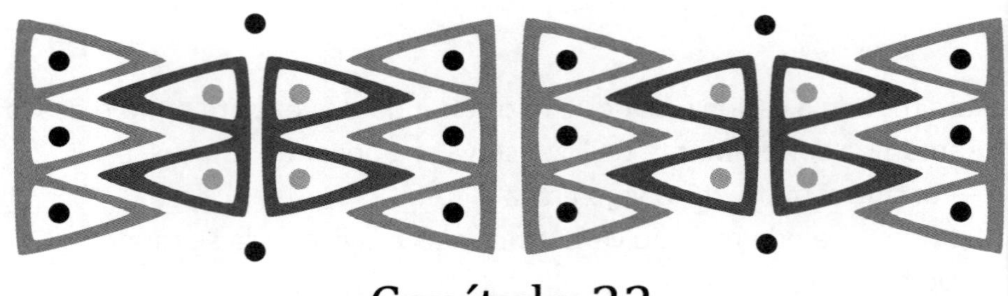

Capítulo 22

NOVAS LEMBRANÇAS, NOVAS SOLUÇÕES

Dias, meses se passavam, e Raio Azul ainda lutava para se lembrar de sua vida passada. Muitas vezes, vinham lampejos de memória, e ele tivera seu primeiro progresso: havia visualizado o irmão Ramon nitidamente; conseguira ver seu rosto com todos os detalhes, e lágrimas de emoção tinham escorrido por seu rosto. Para ele, era um grande progresso.

Imaraji não o deixava desanimar; sempre lhe dava explicações com muita sabedoria. Raio Azul, com o passar do tempo, aprendeu a amá-lo e respeitá-lo como todos os outros da aldeia. Aliás, qualquer problema que houvesse, lá estava Imaraji: fosse uma doença, necessidade de conselhos, um amparo a um morador – sua tenda era um lugar comum para acolher todos, sempre.

Aquela era uma tarde de muito calor, como tantas outras, quando, no terreiro atrás da casa de Imaraji, Raio Azul, pintando uma nova tela, sem que esperasse, teve um lampejo de uma mulher mais velha com muito sofrimento marcando-lhe o rosto. Raio Azul, sem deixar a emoção tomar sua mente, como havia ensinado o velho índio Imaraji, procurou serenar, para que pudesse puxar em sua memória mais detalhes da sofrida mulher que o chamava. Obtendo total controle da mente, ficou paralisado, puxando o ar com força para os pulmões e soltando-o levemente pela boca. Aos poucos, com esse exercício, veio o nome da mulher legível em sua memória: *Consuelo*.

Raio Azul estava se tornando um bom aluno. Já conseguia pôr em prática as lições sábias de seu pai Imaraji. Com muita fé e confiança, levantou suas mãos para o céu e pediu ao Criador:

– Meu pai Tupã, aprendi muitos ensinamentos de valor de pai Imaraji. Pois hoje, em seu nome, peço suas bênçãos sobre mim, sobre minha cabeça, que é meu guia. Não deixe que a emoção que trago em meu espírito me desespere e coloque tudo a perder. Fortaleça-me com seu bálsamo de bondade e compreensão, trazendo entendimento e sabedoria para que, com sua autorização, eu possa me lembrar dos entes que me são caros. Aprendi a confiar em ti como confio em minha existência aqui, ou em qualquer lugar em que meu espírito esteja. Senhor Tupã do mundo, muito obrigado por eu ter conseguido pela primeira vez a serenidade pela qual tanto treinei, e a qual tanto almejei. De hoje em diante, serei eu grato por suas obras.

– *Tutanaia* Tupã – emendou o velho índio, com palavras em sua língua nativa, também em agradecimento pelo seu curumim. O olhar intenso do índio capturou o de Raio Azul, feliz por ele já respeitar a força maior que rege a todos os mundos, todo o universo. – Lembrou de quem foi instrumento para chegar aqui na Terra? – perguntou Imaraji à soleira da porta, de onde observava seu filho.

Raio Azul olhou para o velho índio, que sorria com satisfação e alegria. Aproximou-se do jovem, e este, de joelhos, aos pés de Imaraji, fez seus agradecimentos:

– Oh, pai, hoje pude colocar em prática seus ensinamentos e, para minha felicidade, lembrei-me de minha mãe. Seu nome é Consuelo.

– Levanta, não sou Tupã para cair aos meus pés. Agradeça a quem de direito; quem dá as leis é ele. – Imaraji estendeu a mão para que seu filho branco levantasse.

– Mas, se não fosse o senhor a me ensinar as leis de Tupã, eu não poderia hoje me controlar e entregar-me à oração com tanta fé.

– Venha, vamos tomar um chá de ervas para comemorar sua vitória.

Raio Azul entrou na tenda humilde do velho índio, muito falante por já ter evoluído com sua memória.

– Será, pai, que logo me lembrarei de tudo? De quem sou e de onde venho? Será que me lembrarei das pessoas importantes para mim?

– Como Raio Azul sabe que tem gente importante para ele?

– Saber eu não sei. Mas sempre temos pessoas que são importantes para nós, pessoas que amamos, como uma mãe, um irmão. O senhor não teve também?

Imaraji silenciou por alguns instantes. Em seguida, respondeu:

– Para Imaraji, tudo é importante.

– Como assim? Não houve algum índio ou índia em especial?

– Como diz Raio Azul, *sí*, mas a visão de Imaraji e de meus ancestrais é outra. Amamos, sim, mulher, filhos, mas amamos todos como uma só família e, mais que tudo, amamos e respeitamos a mata, os rios, as cachoeiras, a terra, que dá alimento para todos, e a vida, que para Imaraji é o amor maior, porque sem ela nunca alcançamos a verdadeira evolução. Sem toda essa beleza real que está vendo a sua volta, não poderíamos amar quem quer que fosse; quem ama a natureza tem amor para oferecer a todos os irmãos do mundo. Não temos esse amor de apego material, porque tudo foi emprestado por Tupã. Homem branco quer sempre conquista, mais e mais, achando que sua riqueza é desse mundo. A riqueza do homem está no que ele faz de bom ou de ruim, não só para outro homem branco, mas para tudo que Tupã criou. Não é porque nascemos simples e ignorantes que temos o direito de acabar com as matas, os rios, as cachoeiras. Quando homem branco descobrir que em cada canto de toda a natureza tem morador, vai estar perto do início da evolução como um todo.

Raio Azul absorvia cada palavra do velho índio como se fosse o néctar de ervas que bebericava, aprimorando seus ensinamentos ao lado de um simples e humilde homem da natureza. Seus olhos brilhavam de admiração por um homem simples que vivia em meio à natureza, valorizando a vida com um simples plantio de alimento como se fosse o bem mais precioso. Um homem que valorizava a extensão daquelas matas embrenhadas como se fosse o maior privilégio de todos os tempos. Aquilo tudo para ele era o amor, literalmente falando, no sentido de ser a generosidade de Deus para com seus filhos, ainda muito ignorantes, que caminhavam lentamente para outro estágio, ainda longe da regeneração, em que as provas e expiações ainda faziam os seres escravos por não darem valor à imensidão da terra promissora ao cultivo de qualquer alimento, a fim de manter este planeta de maravilhas enquanto fosse permitida nele a estadia.

O índio sábio Imaraji deu uma pausa e apanhou na caneca mais um pouco de chá, servindo-o a Raio Azul, que se mantinha calado, esperando que ele continuasse sua aula tão bem explanada. Com o decorrer dos dias, Raio Azul pensava como um homem tão esclarecido poderia tratar ele próprio, que até então não era ninguém, devido à falta de memória, como uma criatura especial. O jovem levou o chá à boca e fitou Imaraji com olhos brilhantes, como quem pedisse que ele continuasse.

– Raio Azul já fez progresso; fico feliz por já lembrar de sua mãe e irmão.

– Quer dizer que o rapaz que me aparecia a toda hora é meu irmão?

– É sim. Por certo deve de ter pai e mais alguém que Raio Azul quer muito bem.

Raio Azul franziu o cenho.

– Vê mais alguém em minha vida?

– Não. Mas, como é de seu costume, já que são apegados a coisas e gente, deve haver muitos homens brancos dos quais quer se lembrar.

– Por que insiste em omitir fatos da minha vida passada?

Imaraji se levantou e fez que não entendeu.

– Imaraji vai até a cidade; preciso buscar aquele pão que Jacira faz pra você.

– Por que sempre foge quando pergunto ao índio se sabe mais alguma coisa sobre as pessoas que fizeram parte da minha vida?

– Meu nome é Imaraji. Por que vive me chamando de índio? – Imaraji saiu e deixou Raio Azul a refletir.

O velho índio andava às pressas, logo chegando à casa de Jacira. Bateu à porta e entrou.

– Oh, meu pai, o que faz aqui? Aconteceu alguma coisa com Raio Azul?

– Não, ele está bem. Imaraji precisa falar com Nanaeh.

Não foi preciso Jacira, mãe de Nanaeh, chamá-la; logo ela apareceu na sala.

– Pai Imaraji...

– Quando volta para aquele lugar?

– Daqui a dois dias, por quê? Não quero desrespeitá-lo, meu pai, mas acho que não deve pegar mais peças de Raio Azul sem ele saber e levar para a cidade grande. Lá não é como aqui, que todos se conhecem!

– Por que esse medo, Jacira? Imaraji só quer ajudar Raio Azul.

– Mas estão agindo contra a lei dos homens brancos.

– Imaraji não vai deixar que aconteça nada!

– Meu pai, preste atenção: São Paulo não é como aqui, onde vivemos pacificamente e em harmonia. Estamos falando de uma cidade enorme. Não é assim que devemos ajudá-lo; há outras maneiras. Sei que a intenção é ajudá-lo a encontrar os familiares dele, mas esta não é a melhor solução.

– Mas ele sofre muito tentando se lembrar do passado – ponderou Nanaeh.

– Eu sei, minha filha – respondeu Jacira. – Sei também que gostam muito dele, mas está na cara que ele vem de família rica e instruída. O senhor mesmo, meu pai, disse que ele nem é do país; temo estarmos no caminho errado.

– Mas suas obras estão vendendo bem; contabilizei, e ele já tem um ótimo capital para recomeçar sua vida quando sair daqui.

– Mas não sabemos quando isso irá acontecer. E se nesse meio-tempo, quando estiver indo a São Paulo, pegarem você? – falou Jacira.

– O que quer dizer, mãe? – perguntou Nanaeh.

– Que irá presa; algo me diz que esse moço é conhecido por seus quadros, por suas peças. Ele pode não se lembrar, mas é instruído. Esse rapaz deve ser estudado, até mesmo letrado; não devemos brincar com coisa séria.

– Jacira tem razão, Nanaeh, não deve mais se arriscar.

– Mas, pai, quem vai levar as peças e os quadros para São Paulo? A dona da loja está me esperando.

– Imaraji vai pensar. Só boa vontade não vai ajudar.

– Desculpe-me, pai. Sei que sua intenção é ajudar, para que apareça alguém que reconheça seu trabalho e venha procurá-lo, mas Nanaeh não está preparada para alguma eventualidade.

– O que Jacira quer dizer?

– Que essas pessoas em São Paulo podem muito bem só estar esperando uma oportunidade para pegar Nanaeh em delito. Isso é flagrante!

– O que quer dizer isso?

– Meu pai, se Raio Azul for um artista famoso e conceituado, não irão se omitir assim. Quando tiverem com as provas nas mãos, vão autuá-la pela lei. Resumindo: pode ser que estejam com a boca na botija, entendeu?

– Jacira tem razão – concordou Imaraji. Pensativo, levantou-se, abriu a porta e foi embora. Jacira correu atrás dele.

– Por favor, meu pai, não se aborreça comigo; estou com medo.

Imaraji passou a mão sobre a cabeça de Jacira e disse:

– Jacira tem razão.

– Sua atitude, como sempre, é muito nobre, mas na cidade grande não é como aqui.

– Imaraji não é burro, Imaraji entende.

O velho índio voltou para sua tenda. Logo que entrou, não viu Raio Azul. Aproximando-se da porta que dava para o terreiro, viu-o pintando mais uma tela. Ele não quis atrapalhar. Voltou e se deitou na rede, pensando em outra maneira de ajudá-lo.

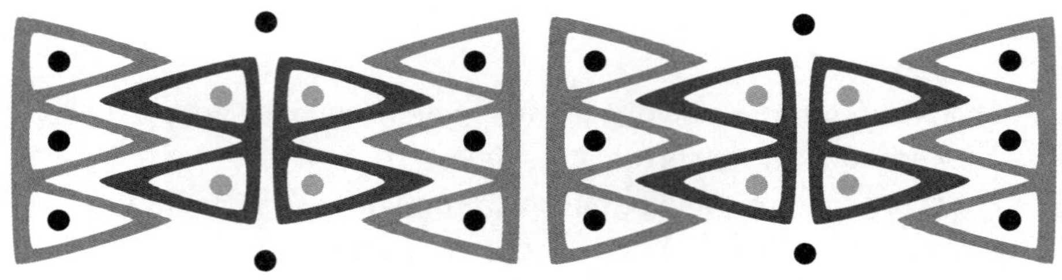

Capítulo 23

UMA DESCOBERTA SURPREENDENTE

Miguel estava se sentindo muito infeliz. Seu mundo havia desmoronado, e seus castelos de areia, ruído por completo. Muitas vezes, pegava-se chorando copiosamente em segredo na solidão de sua sala, na empresa. A dor por Deus tê-lo castigado por suas atitudes impensadas, motivadas pela paixão, agora cobrava seu preço. Miguel pegou o porta-retrato da família antes perfeita e, sem ânimo, apertou o objeto contra o peito, lamentando a perda do filho:

– Meu Deus, por que levou meu bem mais precioso? Como continuar a caminhar sem metade de minha alma? Senhor, estou ciente dos meus erros e me condeno por isso; contudo, se me der uma única esperança de ainda ser feliz, farei o possível para não deixar quem amo sofrer nunca mais.

Miguel chorava sem ter vergonha disso. Em sua casa, nada restara depois da morte do filho. Ramon, o bem que lhe restava, estava ausente; a esposa, por quem fizera tudo em nome do amor, não era mais a mulher alegre e bonita de antes.

– Por que meu mundo perfeito se foi? – gritou, a alma sedenta por paz.

O telefone tocou, e Miguel, arrancado de seu mundo sombrio, assustou-se:

– Alô?

– Pai?

– Oh, meu filho, que saudade! Como você está?

– Estou bem. Também sinto saudade do senhor e da mamãe. Como ela está?

– Está bem, na medida do possível. Mas fale de você.

– Estou bem, não se preocupe. – Ramon silenciou por alguns segundos.

– Filho, está ai?

– Sim... Pai, precisamos conversar.

– O que houve?

– Não sei se é uma boa nos falarmos por telefone.

– Está me assustando. O que aconteceu?

– Não se preocupe; as notícias são boas. Quero dizer, tudo indica que sejam melhores ainda se estivermos no caminho certo.

– Por favor, meu filho, não acrescente mais dúvidas e incertezas à minha vida. Eu te peço: diz logo do que se trata.

– Será que o senhor vai suportar ter uma notícia como essa por telefone?

– O que há de pior, depois do que já me aconteceu?

– O senhor está certo. Pai... desconfio de que Raul esteja vivo.

Miguel ficou paralisado. Lágrimas começaram a escorrer por seu rosto de uma maneira que jamais pensou ser possível.

– Pai? Pai? Por favor, pai... Está me ouvindo? Está tudo bem?

– Sim, meu filho...

– Pai, o senhor precisa vir o mais breve possível para o Brasil. Precisamos ficar todos juntos agora.

Miguel parecia ter saído do corpo, tal a emoção que o tinha envolvido. Pausadamente, respondeu para o filho:

– Estou indo... agora... agora mesmo para casa. Estaremos aí o mais breve possível.

– Tudo bem, pai, estaremos todos esperando.

Miguel desligou logo o telefone e foi para casa. Assim que chegou, com alegria nos olhos, comunicou o fato à esposa, que quase perdeu os sentidos. Maria ajudou-os a prepararem as malas; o casal parecia ter ressurgido das cinzas. Não se importaram com o horário, indo direto para o aeroporto. Esperaram por mais de duas horas para o embarque, que foram as duas horas mais longas da vida deles.

Desembarcaram no Brasil no dia seguinte. Os primeiros raios de sol despontavam no céu. Foram direto para um hotel e se instalaram lá. Miguel, muito ansioso, não se importou com o horário e ligou para o filho, que atendeu, sonolento:

– Alô?

– Filho, é o pai.

Ramon deu um salto.

– Pai?

– Já chegamos.

– Onde estão?

– Em um hotel.

– Me dê o endereço que daqui a pouco vou encontrá-los.

Ramon se levantou rápido, tomou banho, se arrumou e já ia saindo para encontrar com os pais, quando Evita o chamou.

– Onde está indo assim tão cedo?

– Encontrar com meus pais.

– Nada disso, antes vai tomar seu café.

– Não precisa, tia.

– Claro que precisa, pode se sentar.

Ramon não discutiu. Apenas sorriu e obedeceu a tia, que o serviu com carinho. Liz, ouvindo um falatório na cozinha, despertou e se juntou a eles.

– Ramon, aonde vai tão cedo?

– Meus pais chegaram; vou encontrá-los.

– Não ia me chamar?

– Liz, é melhor você ficar aqui.

– Já sei, sua mãe não quer me ver.

– Não é isso.

– É isso sim.

– Liz, não seja injusta. Tenho absoluta certeza de que agora a única coisa com a qual ela não vai se incomodar é com sua presença.

– Você está certo; enquanto vai vê-los, vou resolver alguns problemas.

– Por favor, Liz, prometa-me que não vai à galeria.

– Claro que não. Vou à redação. Está mais que na hora de eu começar a trabalhar.

– Ainda bem que ainda há bom senso; não quero vê-la em hipótese nenhuma com Anna Lúcia.

– Nossa, por que "Anna Lúcia"?

– Como você é implicante!

– Essa aí nem me fale; não consegue resolver as questões com calma e educação – falou Evita.

– Não vai começar, né, mãe? – resmungou Liz.

– Liz, por favor, não responda para sua mãe. Não entendo por que tanta implicância.

– Bem... É melhor eu cuidar da minha vida. – A jovem não deu tempo para que o assunto prosseguisse; levantou-se e foi se arrumar para sair.

– Não ligue, meu filho. Liz tem um temperamento forte – contemporizou Evita.

– Já notei. Mas sabe o que é? Às vezes ela se mostra um pouco mais dúbia...

A tia o interrompeu:

– Dúbia? Não precisa ser gentil comigo. Liz muitas vezes se mostra agressiva, rebelde, incompreensiva, incerta. O problema de minha filha sou eu.

– A senhora? Isso é novidade pra mim!

– Você, Ramon, foi muito bem educado. Seus pais o criaram com boa formação e princípios. Se bem que índole não herdamos de ninguém, e educação, por mais que procuremos transmitir aos filhos, sem uma alma razoavelmente evoluída, não é absorvida, embora lutemos para isso. Mas você é um bom rapaz. Desde pequeno já se mostrava responsável e educado.

– O que está querendo dizer com essa volta toda?

– Que Liz é uma boa garota, mas não me aceita muito.

– O que é isso, tia? Liz tem uma personalidade forte, mas daí dizer que ela não aceita a senhora é demais!

– Não perca tempo querendo amenizar a situação entre mim e minha filha. Você é bastante inteligente, e não é de hoje que observa o tratamento que Liz dispensa a mim.

Ramon não sabia o que responder, já que sua tia enxergava a verdade.

– Liz, até hoje, não aceita o rompimento entre mim e seu pai.

– Mas a senhora não teve culpa!

– Para minha filha, fui a única culpada. Ela diz que eu não soube brigar pelo que queria; que sou uma pessoa fraca, sem personalidade.

Ramon ficou penalizado.

– Não sinta pena de mim – replicou Evita. – Cada um tem o que merece. Talvez eu tenha sido mesmo fraca por não ter lutado pelo homem que hoje poderia estar aqui a meu lado. Mas, se não foi assim, é porque não era pra ser. Deus é sábio, e nós temos que acatar o que ele traça para nós. Deus sempre tem seus propósitos. Seu pai fez o que tinha que fazer, afinal, se ele não tivesse seguido seu caminho, dois seres tão maravilhosos como você e Raul não teriam nascido.

– Tia, a senhora acha mesmo que Deus tem um propósito para nós?

– Acho sim, meu filho, pelo menos acredito nisso, porque qual seria o motivo de nascermos em determinada família? De sentirmos amor, afinidade por algumas pessoas, e com outras nem ao menos simpatizarmos? Por que diferenças de classe social, por que alguns serem abastados e outros nem ao menos terem amor, uma palavra de carinho ou de conforto? O propósito de todos nós é o mesmo: alcançar evolução contínua. Entretanto, alguns aproveitam as oportunidades que lhe são dadas e progridem admiravelmente; outros, ainda na ignorância, preferem roubar, matar, sequestrar, praticando atrocidades e sentindo-se esquecidos pela sociedade e por Deus, colocando-se na posição confortável de abandono e se penalizando consigo mesmo.

– Não acredito que uma pessoa instruída como a senhora acredita em dogmas. É impossível falarmos de religiões e doutrinas sem que haja controvérsias; prefiro não entrar nessa questão.

– Não precisamos discordar; apenas deixamos cada qual com suas crenças.

Ramon parou por alguns instantes, depois retomou o assunto:

– É muito difícil falar sobre meu pai e a senhora, mas às vezes me pergunto por que meu pai não a escolheu; parece-me tão equilibrada e justa...

Evita riu sonoramente.

– Nunca confie nas aparências; elas costumam nos enganar muito.

Ramon esboçou um sorriso amarelo.

– Não creio que a senhora esteja fazendo uma autocrítica.

– Não é crítica nenhuma, mas ninguém é perfeito.

Ramon pensou em continuar o assunto e saber a verdade de muitas dúvidas, mas Evita era muito mais experiente que ele.

– Por que a senhora...

– Se não se apressar – disse ela –, não chegará a seu compromisso. Seus pais devem estar muito aflitos esperando-o.

Diante do impasse levantado pela tia, Ramon se levantou.

– A senhora tem toda razão; meus pais devem estar aflitos. – Gentilmente, pousou um beijo no rosto da tia e partiu.

Evita, por sua vez, relembrando o passado, chorou. Ela ainda guardava o amor que um dia sentira à primeira vista por Miguel, mas sabia que era tarde para sofrer, já que nunca lutara por ele, como dizia sua filha Liz. Suas lembranças juvenis eram muito boas; tudo era perfeito, nada poderia dar errado, já que ambos tinham jurado amor eterno. Muitas vezes, Evita se revoltava, pois tinha sentido o que a filha dizia quanto a aceitar as causas passivamente. Ninguém em sã consciência deixaria um amor tão forte e puro acabar: "Por que não lutei por meu amor? Por que deixei que ele partisse? Se ao menos tivesse lutado, perderia com dignidade, e não precisaria causar um mal tão grande a pessoas tão próximas e amadas".

Imersa em pensamentos, previa que seu sofrimento verdadeiro ainda estivesse por vir, já que tudo indicava que Raul estava vivo.

– Como poderei fazer para que Liz e Raul não sofram, já que fatalmente vão se encontrar? – disse em voz alta.

– Falando sozinha, mãe? – perguntou Adriana, que acabara de se levantar.

– Não, não... Apenas pensei alto. – Evita se levantou rápido da mesa e foi ao banheiro lavar o rosto, que denunciava suas lágrimas. Logo voltou. – Quer que eu te sirva, filha?

– Pode ser, estou morrendo de fome. O que está tentando me esconder, sem sucesso?

– Eu? Esconder? Imagina!

– Está sim, conheço a senhora. E já sei que os pais de Ramon chegaram.

– Ah, para com isso. Acha que a chegada de Miguel e de minha irmã seria motivo para eu estar aborrecida e escondendo algo?

– Acho sim. Aliás, acho mais ainda.

– Vamos parar com essa conversa por aqui.

– Sabe o que eu acho? Pois bem: que minha irmã tem razão; entregou o homem com quem estava prestes a se casar muito fácil. Nenhuma mulher faria isso!

– Eu fui diferente, e daí?

– E daí que vai levar muitas dúvidas para o resto da vida, sem saber como seria se tivesse lutado e tivesse Miguel a seu lado. Melhor ainda, ele seria meu pai também.

– Para de dizer bobagens, menina, seu pai foi um ótimo pai.

– Não nego isso, mas talvez eu não sofresse por vê-la infeliz pelo fato de ainda amar Miguel.

Evita olhou para filha, indignada e sem graça.

– O que está dizendo, Adriana?

– Isso mesmo. Liz tem razão: a senhora não lutou por ele, mas seus olhos mostram a paixão que ainda sente!

Evita levantou-se, muito abalada. Adriana tentou contemporizar:

– Mãe, por favor, espere. Não quis ser intrometida.

Mas Evita não deu ouvidos às súplicas da filha. Adriana não argumentou mais; deixou que a mãe ficasse sozinha em meio às suas amarguras.

Ramon chegou ao hotel e foi encaminhado ao quarto, onde os pais já o esperavam. Ele bateu à porta.

– Posso entrar?

Consuelo correu para abraçar o filho; logo as lágrimas desceram, deixando-a muito sensível.

– Como está, mãe?

Consuelo, que não continha as lágrimas, não conseguiu responder.

– Calma, mãe, se tudo de que suspeitamos se concretizar positivamente, nossos sofrimentos findaram.

Consuelo afrouxou o abraço.

– Será mesmo que Deus é tão generoso assim?

– Não sei se posso dizer que Deus é generoso depois de tudo o que passamos, porém acho que tudo pode acontecer.

Em seguida, Miguel deu um forte abraço no filho, muito emocionado também.

– Conte-nos tudo, meu filho.

Ramon contou com todos os detalhes suas suspeitas. Consuelo, de tempos em tempos, passava o lenço de papel no rosto, enxugando as lágrimas que insistiam em descer.

– Puxa vida, que Deus realize nossos desejos! – disse Miguel em tom de piedade.

– Calma, pai, ainda há muito chão pela frente.

– Mas já é uma esperança muito grande, meu filho. Quando podemos conhecer essa moça que sabe de Raul?

– Aí é que está. Precisamos nos acalmar e ter cautela; qualquer ato impensado, e perderemos esse elo que existe entre essa pessoa e nós. Liz e eu há alguns dias estamos de campana na galeria onde Adriana trabalha.

– Mas, agora que chegamos, ainda precisa de Liz?

– Mãe, por favor, se não fosse justamente a insistência dela, não saberíamos nada sobre meu irmão. E, depois, nada a fará deixar essa investigação. Liz é muito mais ligada em Raul do que pensávamos.

– Não estou achando isso prudente.

– Vamos manter a calma, Consuelo. Liz não vai atrapalhar em nada; pelo contrário, a certeza que alimenta de encontrar Raul é que fez com que tivéssemos a esperança que já pensávamos estar perdida.

– É isso mesmo, pai. Enquanto Liz não souber o paradeiro de Raul, não vai desistir.

Enquanto Ramon estava com os pais, Liz continuava firme em sua busca.

Já passava das dez da manhã quando ela avistou um suspeito descendo de um táxi e entrando na galeria com muitos quadros e alguns pacotes grandes que pareciam ser esculturas. Muito arguta, aguardou que o taxista ajudasse o homem com os quadros e os pacotes por longos minutos, para depois, sim, entrar sorrateiramente. Mantinha-se calma, pois sabia que, quando a oportunidade chegasse, seria preciso muita serenidade, pois seu desejo de encontrar Raul era muito maior que suas angústias e anseios. Liz consultou a hora no celular e entrou.

O espaço da galeria em si era bem amplo; havia muitas colunas sustentando o imóvel. Sem que a percebessem, Liz andava por entre as colunas, até que pôde, de onde estava, ver nitidamente o homem estranho com Lúcia. Seu coração bateu forte; parecia que de fato aquele homem alto, forte e de pele bronzeada sabia da vida íntima de seu grande amor. Suas emoções não podiam ser falsas diante do desejo enorme de sua alma em se aproximar daquele homem, para que pudesse ouvir generosamente de seus lábios a verdade que tanto almejava. Porém, a razão se colocou à frente, pedindo que ela mantivesse o controle de seus atos, e foi o que fez. De onde Liz estava, percebeu que Lúcia aparentava estar com medo daquele homem estranhamente grande e forte. Na verdade, Lúcia se afastou instintivamente dele, temerosa de sua presença. Foi então que Liz não teve dúvidas: aproximou-se, no intuito de "auxiliar" a medrosa Lúcia.

– Com licença...

– Ai, Liz, ainda bem que chegou.

Liz, com o olhar fixo no homem, perguntou a ela:

– Mas por quê? O que houve?

O homem sorriu com o canto da boca, e Liz sentiu que aquele ser havia percebido o pavor nos olhos de Lúcia, que sem mais nem menos começou a tremer.

– Meu nome é Liz. – Estendeu a mão para o homem, que também a fitava com o olhar penetrante:

– Prazer, Imaraji – respondeu o velho índio, estendendo também a mão para Liz, que a segurou com firmeza.

– Posso ajudá-lo?

– Mais do que imagina – respondeu Imaraji, abrindo um sorriso encantador, que passou confiança à jovem. Liz achou estranha a resposta do índio, mas naquele momento seu intento era muito maior que a mera curiosidade. Por isso perguntou com delicadeza:

– Desculpe-me minha ignorância. O senhor é descendente de índios?

Imaraji, que de pronto havia gostado de Liz, sorrindo respondeu:

– Sou.

– Puxa, que legal! Acho que nunca em minha vida pude imaginar que conheceria um descendente de índio!

– Imaraji não é descendente, Imaraji é índio, tribo Jurema.

Liz, ao contrário de Lúcia, relaxou. Havia gostado tanto do índio, que parecia ter esquecido o que a fizera se aproximar daquela figura estranhamente fora de seu ambiente natural.

– O senhor quer um café?

Lúcia a olhava com os olhos arregalados. Embora o velho índio notasse o medo aterrorizante da dona da galeria, que nada dizia, respondeu:

– Imaraji gosta muito de chá de ervas, mas aceita café.

Liz estava encantada com Imaraji. Jamais havia pensado que fosse ter acesso a um homem com costumes e crenças totalmente distintas das suas.

– Lúcia, vamos até sua sala?

– Minha sala? – perguntou Lúcia, com muito medo.

– É, Lúcia. Ou quer nos servir café no meio da galeria?

Lúcia indicou com a mão para que pudessem entrar. Liz gentilmente esperou que o índio entrasse primeiro e, incisiva, falou:

– Vá logo buscar o café, sua medrosa, eu faço companhia a ele!

Lúcia, pela primeira vez, não contestou algo que Liz sugeria, muito menos discutiu o pedido de café.

– Por favor, como é seu nome mesmo?

– Imaraji.

O visitante andava por toda a sala. De repente, deparou com o quadro em que Liz estava detalhadamente pintada. Anna Lúcia achara prudente guardar os quadros em sua sala até que fosse resolvida qual era a procedência deles. Porém, o índio não teve a reação que Liz esperava. Já que era ele quem sabia do paradeiro de Raul, a jovem ficou com muito medo de descobrir que tudo não passava de um lamentável mal-entendido.

– O senhor gosta de obras de arte? – perguntou ela.

– Imaraji gosta muito.

– Vi que quando entrou trouxe com o senhor alguns quadros. O senhor pinta?

Imaraji, com largo sorriso, respondeu:

– Acha que Imaraji pinta estes quadros?

Liz não gostou que ele respondesse com outra pergunta, mas procurou esconder sua ansiedade.

– Por que não? Já estudei em minha vida sobre muitas tribos, e sei muito bem que os índios são bons com tintas.

– Isso é verdade. Em minha aldeia tem muitos índios que fazem peças bonitas. Mas, quando jovem, o uso de tintas era mais para embelezar o corpo.

– Puxa, gostaria tanto de conhecer o trabalhos de vocês!

– É mesmo? – respondeu Imaraji, olhando-a fixamente.

– É sim. O senhor sabe... tive um grande amigo que era artista; suas obras são fabulosas!

Liz queria ter visto os quadros que Imaraji trouxera com ele, mas estavam todos embrulhados. Sentiu que era preciso ter cautela e calma para não pôr tudo a perder.

– Imaraji gostaria que filha de pele branca falasse dele.

– O senhor quer que eu fale desse meu amigo?

– Isso... Imaraji gosta de homens que trabalham com as mãos, igual aos moradores de minha aldeia.

Lúcia entrou acompanhada da copeira.

– O café já está pronto.

– Pode servi-lo – pediu Liz.

A copeira serviu a todos e, em seguida, retirou-se, deixando a bandeja sobre a mesa. Lúcia sentou-se a quilômetros do homem e ficou a olhá-lo com desconfiança.

Liz falou por muito tempo sobre Raul; em cada palavra dita, sua emoção era visível. Imaraji, muito sábio em seu entender, já tinha conhecimento de que, aquela linda jovem esperava por Raio Azul há muito tempo, e que, finalmente, com as bênçãos de Tupã, achara o começo de sua história. Com certeza aquela figura singela era a alma sedenta de amor por Raio Azul, não importando qualquer impedimento imposto pelo homem.

– Imaraji gostou do café, mas tem que correr.

– Correr? Correr como?

– Imaraji precisa voltar para a aldeia.

Liz, sem se dar conta, levantou-se rápido, com receio de perder o contato com aquele bom e gentil índio.

– Mas o senhor ainda nem chegou direito. Não veio por causa dos quadros?

– Acho que Imaraji não precisa mais fazer negócios; vou levar os quadros embora.

– Não senhor. Quer dizer, fique mais um pouco; ainda nem nos conhecemos direito.

– Já deu meu tempo; Imaraji tem de ir embora.

– O senhor não pode fazer isso!

Imaraji a olhou, surpreso:

– Não?

– Me desculpe... Quer dizer, não veio vender seus quadros para a Lúcia?

Ela quer comprá-los. Ainda nem os vimos.

– Eu? Não... Não se preocupe, senhor. Se quiser levá-los de volta, por mim está tudo bem – respondeu Lúcia, desejando que Imaraji fosse embora o mais breve possível.

Imaraji não se conteve diante da situação das jovens: uma queria vê-lo pelas costas, e a outra não queria que ele fosse embora de maneira alguma. Imaraji riu sonoramente de ambas.

– Do que o senhor está rindo?

Imaraji se aproximou de Liz e segurou suas mãos com firmeza.

– Amanhã Imaraji vai voltar com todos os quadros. Se quer ir junto para conhecer minha cidade, Imaraji leva jovem de pele branca.

– De jeito nenhum – gritou Lúcia, desesperada.

– Claro que irei junto – retrucou Liz.

– De jeito nenhum; vou ligar agora mesmo para Ramon!

– Não faça isso – pediu Liz, tomando o celular das mãos de Lúcia.

– Imaraji não quer desentendimento; Imaraji quer paz. Devolva isso pra sua amiga – pediu Imaraji, com ar de comando, para a garota que não queria de jeito nenhum que o velho índio partisse.

– Ela quer me impedir de ir com o senhor. Se ela ligar para Ramon, ele não vai permitir que eu vá!

– Quem é Ramon?

– É meu primo.

– Não, não é. Ramon é seu irmão e, se ela for com o senhor, ele vai ficar muito bravo.

– Fique quieta, Lúcia. Da minha vida cuido eu.

Imaraji se aproximou novamente da jovem e tomou o celular de suas mãos, devolvendo-o para Lúcia, que o pegou rápido e se afastou.

– Imaraji parte amanhã bem cedo para aldeia. Se quiser, me encontre onde pega ônibus. – Tendo dito isso, Imaraji pegou todos os quadros e esculturas, e foi embora.

– Eu ajudo o senhor com os quadros!

– Imaraji agradece.

Liz, meio desajeitada, pegou alguns quadros e acompanhou Imaraji até a porta da galeria. Muito prestativa, fez sinal para um taxista. O motorista os ajudou a colocar as obras devidamente acomodadas no carro. Imaraji entrou do lado do motorista e se acomodou no banco de trás.

– A que horas o senhor vai pegar o ônibus na rodoviária?

– Bem cedo... Quando o dia estiver despontando os primeiros raios.

– Estarei lá.

– Você moça muito boa, que Tupã a ilumine.

Antes que o táxi saísse de vez, Liz segurou a mão de Imaraji.

– Sei que o senhor sabe o que mais desejo em minha vida. Muito obrigada por tudo.

Imaraji não respondeu nada; apenas acenou com a mão e foi embora.

Enquanto isso, Anna Lúcia saía muito nervosa à porta da galeria.

– Ele já foi embora?

– Viu o que fez?

– O que queria que eu fizesse? Que a deixasse ir embora com esse homem estranho?

– Ele não é estranho, é um índio!

Ramon chegou bem na hora da discussão entre Liz e Lúcia, acompanhado de Miguel:

– O que está havendo aqui?

– Essa louca queria ir embora com um homem superestranho!

– Bem, em primeiro lugar, vamos entrar. Vocês duas estão tumultuando a passagem dos pedestres pela calçada; estão todos olhando – disse Ramon. Em seguida, pegou a mão da irmã e a puxou para dentro da galeria. Anna Lúcia e Miguel entraram atrás:

– O que houve? – perguntou Miguel.

– Essa garota não tem noção; queria de qualquer maneira acompanhar aquele homem estranho.

– Ele não era estranho; era um índio. Quantas vezes terei que repetir?

– Ramon, confie em mim – pediu Lúcia. – Liz não está raciocinando direito. Por causa de Raul, quer se aventurar com um homem que nunca viu em sua vida. Isso é loucura!

– O que você tem que ver com minha vida?

– Parem todos – gritou Miguel. Sem ter outra alternativa, as duas jovens se calaram.

– Não a conheço, Lúcia, mas tem toda razão. Como confiar em um homem que nunca viu?

Liz ficou emburrada, mas Miguel, amoroso, abraçou-a.

– Por favor, acalme-se. Todos desejamos imensamente encontrar Raul, mas temos que usar o bom senso. Não precisa ficar arrasada assim; amanhã daremos um jeito de encontrá-lo e conhecer melhor esse tal homem.

– Ele é índio! – Liz era marrenta; sempre tinha de dar a última palavra.

– Agora que parecem estar mais calmas, poderiam explicar tudo o que houve aqui?

Lúcia relatou o que havia acontecido. Ao término, Miguel questionou Liz:

– É assim que pretende resolver os fatos? – Liz não respondeu. – Já que não quer falar, falo eu. Em primeiro lugar, onde esse índio vai tomar o ônibus?

– Ah, deve ser na rodoviária – afirmou Ramon.

– Pois bem. E a que horas marcou com ele, Liz?

– Ele não falou o horário exato; disse apenas que volta para sua cidade nos primeiros raios de sol.

– Pois bem, amanhã estarei na rodoviária, para conhecê-lo.

– Eu também vou – disse Liz, eufórica.

– Está bem, passo bem cedo para buscá-la.

Liz ficou um pouco mais calma. Depois de tudo resolvido, Miguel decidiu ir embora.

– Vamos, Liz, que a deixo em casa – Miguel falou, taxativo.

No caminho, Liz só pensava no dia seguinte; sonhava com aquele encontro. Assim que o táxi parou, Liz se despediu e, quando já ia saindo, mais uma vez Miguel se pronunciou:

– Não fique ansiosa; descanse bem.

– Você não vem, Ramon? – perguntou Liz, mas, antes que respondesse, Miguel interveio:

– Hoje não, Liz. Prefiro que Ramon fique com a mãe dele, afinal de contas, ela também precisa de amparo.

Ramon olhou para o pai, indeciso:

– Por favor, Ramon, eu lhe peço.

Ramon olhou para Liz, que não gostou nada de Miguel tê-lo intimado a ficar com a mãe. Sem alternativa, a moça respondeu:

– Tudo bem. Mas amanhã bem cedo vocês vem me buscar?

– Claro que sim. Descanse bastante; amanhã estaremos aqui.

Liz entrou em casa, e Miguel seguiu com o filho para o hotel.

– Não vamos pegar Liz amanhã.

– Não?

– Claro que não, meu filho. Liz pensa que sabe o que está fazendo, mas não sabe. Está movida pela emoção de encontrar seu irmão, e isso não é bom. Como levar Liz conosco? Não sabemos realmente se seu irmão está vivo. E, depois, o que faremos quando Liz estiver frente a frente com ele? Temos uma missão; é preciso ter cautela.

– Uma missão?

– Sim. Temos que procurar por esse tal de Imaraji, aí sim entraremos no mesmo ônibus.

– Não vamos falar com ele?

– Claro que não, filho. Não é a decisão certa a tomar. Lúcia tem razão, não sabemos com quem estamos lidando. Primeiro passo: nós o encontramos. Segundo passo: depois de localizado, nós o seguiremos, e pronto.

– Bem pensado, pai.

– É o mais sensato. Ele não sabe quem somos, por isso não vai desconfiar de absolutamente nada. E, depois, não será tão difícil de acharmos, afinal, um índio na cidade de São Paulo com alguns quadros não é algo muito comum.

– Mas e se a rodoviária aqui de São Paulo for imensa?

– Depois dessa notícia de que seu irmão supostamente está vivo, nada mais será difícil. Mesmo que a rodoviária for imensa, nós o acharemos, custe o que custar.

Ramon sentiu-se feliz por o pai confiar nele.

Naquele dia, Ramon ficou em companhia dos pais. Almoçaram, fizeram algumas compras e voltaram ao hotel. Consuelo há muito não se sentia assim, um pouco mais animada. A companhia do filho foi uma bênção para seu coração sofrido.

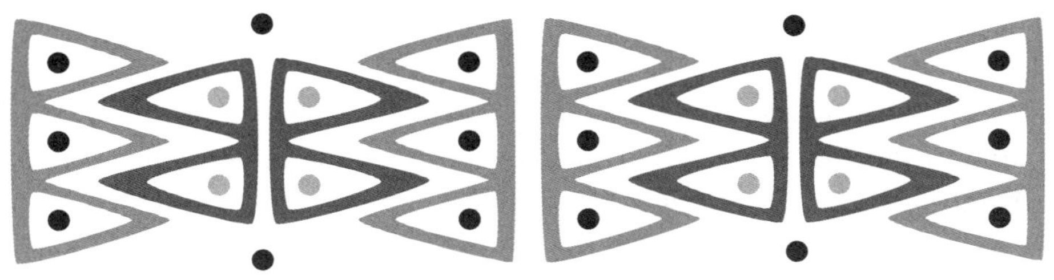

Capítulo 24

VISITA A UM LUGAR ESPECIAL

Na manhã seguinte bem cedo, Miguel, acompanhado do filho, se despediu de Consuelo.

– Boa sorte para vocês dois. – Consuelo abriu os braços para que o filho se agasalhasse neles. – Eu te amo, meu filho. Perdoe-me por ter sido tão egoísta.

– Ah, mãe... – Consuelo pousou seus dedos nos lábios do filho, impedindo-o de falar.

– Fui muito egoísta sim, meu filho. Só pensei em meu sofrimento, sem questionar o que você também sentiu com a partida de seu irmão. Mas hoje Deus me ofereceu mais uma oportunidade de reparar meus erros. Que você e seu pai sejam felizes na busca de vocês.

Ramon tornou a abraçar a mãe, e Miguel carinhosamente os enlaçou com seus braços também.

Ainda estava escuro quando Ramon chegou à rodoviária acompanhado do pai. Miguel estava disposto a desvendar todo o mistério em torno do desaparecimento do filho. Com a ajuda de Ramon, começaram a procurar pelo tal índio; cada um foi para um lado. Seria difícil só os dois darem conta de percorrer toda a rodoviária, e foi então que Ramon teve uma ideia: pediu colaboração de alguns funcionários que andavam por toda a extensão do local, justamente no auxílio de encaminhar os supostos viajantes. Mesmo assim, a situação continuava difícil. Já estava desistindo, quando viu em um dos guichês um homem alto, de cabelos a descerem pelos ombros. Aproximou-se e pôde averiguar que havia um carrinho, desses próprios para bagagens, a seu lado. Nele havia pacotes embrulhados, além de outros objetos, aparentemente quadros. Ramon só não pôde confirmar com exatidão por eles estarem todos muito bem embalados. Mesmo assim, o rapaz se arriscou e simulou um esbarrão:

– Oh, desculpe-me, senhor.

A bendita passagem caiu das mãos do homem, que quase fora atropelado por Ramon. Ele, claro, apanhou-a do chão com rapidez e, antes de entregá-la para o senhor, olhou-a para ver o destino. O homem gentilmente não deu alarde nenhum e não se assustou com o esbarrão de Ramon, apenas parou e ficou a olhá-lo fixamente. Ramon, por sua vez, quando pôde ficar bem de frente para o senhor alto e forte, identificou-o com esperança, pois parecia mesmo se tratar de um índio.

– Puxa, senhor, aqui está sua passagem! Me desculpe.

O senhor sorriu, deixando aparente uma forte fileira de dentes, e agradeceu:

– Não faz mal, eu é que devo olhar bem por onde ando. Cidade grande... não estou acostumado.

Os olhos de Ramon se iluminaram. Não soube dizer como, mas Ramon teve certeza de que aquele homem rústico era quem traria a boa notícia sobre seu irmão. Sem graça, se justificou:

– Sabe o que é? Estou com pressa; vou para a mesma cidade que o senhor.

– Não precisa ter pressa. Tem passagem para mais um, ou até, quem sabe, para mais dois.

Ramon olhou-o, admirado pela resposta tão precisa. Surpreso, não conseguiu dizer mais nada.

– E então, não vai comprar sua passagem?

– Vou sim...

Ramon não sabia definir o que sentia, mas podia jurar que a presença daquele homem à frente lhe causara um certo arrepio.

– Então vá; senão todos irão passar na sua frente, e homem branco fica sem o bilhete.

Ramon não respondeu mais nada. Dirigiu-se ao guichê e comprou duas passagens; aliás, só havia aquelas duas, como o índio havia dito.

– Comprou também a de seu companheiro? – perguntou o senhor, assim que Ramon passou de volta por ele.

– Como sabe que eu precisava de duas passagens?

– Eu não sei nada; apenas estou vendo dois bilhetes em sua mão.

Ramon saiu sem dar respostas, tratando de ir procurar pelo pai. À medida que andava, se afastando do senhor, olhava de tempos em tempos para trás, intrigado com aquele ser que, de sua parte, ao contrário dele, não se dera o trabalho de ver para onde ele fora.

Depois de longos minutos, Ramon decidiu telefonar para o pai. Assim se encontraram e foram rápido para a plataforma; já estava em cima da hora. Quando entraram, viram que todos já estavam acomodados. Miguel e o filho, então, também procuraram seus lugares.

– Tem certeza de que é este o ônibus?

– Tenho, pai;

– Não estou vendo nenhum índio por aqui.

– Mas eu vi a passagem nas mãos dele; eu mesmo a peguei quando ele a deixou cair no chão.

– Está certo, meu filho. Eu estou precisando relaxar.

– Então feche os olhos e tente dormir um pouco; a viagem vai ser longa.

Miguel, depois de algum tempo, adormeceu, porém Ramon estava ansioso com a expectativa de encontrar o irmão tão amado. Olhava para todos os lados, pensando onde havia se metido o tal índio, mas não o viu por ali e acabou ficando com medo de ele ter ido para outro lugar, ou ter pego, quem sabe, outro ônibus.

– Puxa vida, cadê aquele índio? Onde será que ele se meteu?

Ramon não conseguia relaxar; muito aflito, levantou-se e foi para os fundos usar o banheiro. Assim que chegou perto da porta do banheiro e colocou a mão para abri-la, ouviu uma fala forte:

– Não se aflija, está no caminho certo.

Ramon, assustado, olhou para todos os lados, mas não soube dizer de onde vinham aquelas palavras que sabia serem para ele. Sem demora, usou o banheiro e saiu em seguida. "Agora descubro onde esse índio está sentado!", pensou consigo mesmo.

Na volta do banheiro, olhou assento por assento, no intuito de achar o índio. Não havia dúvida de que ele queria assustá-lo. Mas não o achou em nenhum assento por onde passou. Aquilo parecia até mesmo uma história do folclore que os mais velhos do interior costumavam contar. Ramon tentou não pensar mais no assunto, cerrando os olhos para dormir.

Pai e filho dormiram razoavelmente bem, acordando em uma parada obrigatória que o motorista fez, para que os passageiros pudessem fazer uma refeição, usar o banheiro e esticar o esqueleto, já que faltava muito para o destino final.

Assim que se acomodaram em uma das mesas, Ramon avistou o senhor, que se dirigiu ao balcão do restaurante.

– Pai, é aquele senhor ali!

– Tem certeza?

– Claro que tenho. Mas de onde ele surgiu? Fui ao banheiro do ônibus e não o vi em lugar nenhum!

– Deixe-o em paz; não me parece do tipo que faz amizades.

– Que é isso, pai? Ele é apenas um índio, só isso.

– Por isso mesmo; eles são muito unidos; porém, entre eles, apenas.

– Bom, pelo menos estamos no caminho certo.

O senhor, ainda no balcão, sorria com ele mesmo enquanto fazia seu pedido. O sábio senhor pediu apenas um copo de suco de frutas e sentou-se ao lado da mesa de Raul e Miguel enquanto esperava o garçom servi-lo.

– Para onde vão?

Miguel olhou para o filho, sem saber o que responder ao índio.

– Bem, nós...

– Homem branco não precisa responder se não quiser.

– Não sabemos o nome da cidade direito – respondeu Ramon, confuso.

Em seguida, o garçom trouxe o suco, e o índio não perguntou mais nada, apenas o saboreou e saiu do restaurante. Miguel e o filho também fizeram uma refeição e voltaram para o ônibus. A viagem continuou por mais algum tempo; chegaram na manhã do dia seguinte.

O índio desceu em seu destino, e pai e filho também.

– Senhor, quer que o ajudemos com essas peças?

O índio olhou para os dois e respondeu:

– Vou pegar uma barca ainda; não quero atrapalhar o destino de vocês.

– Não se preocupe com isso; fazemos questão de ajudá-lo. É muita coisa para carregar; pegaremos a barca também.

– Se homem branco não se incomodar, então aceito ajuda.

Miguel e Ramon o ajudaram a carregar todas as peças para a embarcação, acompanhando-o até o pequeno vilarejo, ou à pequena aldeia, como a chamava o sábio índio. Logo que chegaram, Jacira e Nanaeh vieram recebê-lo.

– Oh, pai, que bom que já regressou. Estava preocupada!

– Não precisava ficar assim; sei muito bem andar em cidade grande.

– Meu pai... não vendeu nenhum?

O índio a cortou:

– Deixe de ser curiosa, Nanaeh! – Em seguida, Imaraji apresentou os dois homens que o haviam ajudado. – Esses dois moços me auxiliaram a trazer minhas peças.

Nanaeh, quando viu Ramon, levou um impacto forte, ficando em estado de choque.

– Nem tudo o que parece é, Nanaeh. Contenha-se; é o melhor que faz.

Jacira, como já conhecia o velho índio de outros tempos, entendeu na mesma hora o que Imaraji queria dizer à sua filha.

– Ele tem razão, Nanaeh. Fale menos e ajude mais. Vamos logo com essas coisas, daqui a pouco o sol estará a pique.

O índio, com a ajuda de Nanaeh e Jacira, ajeitou os quadros e as peças em um carrinho de mão.

– Agradeço ao senhor e a seu filho pela ajuda; daqui cada um segue seu caminho.

Miguel gentilmente estendeu a mão para se despedir, e Ramon fez a mesma coisa. Nanaeh, contudo, por mais que tentasse desviar o olhar do rapaz, não conseguia; seus olhos insistiam em admirá-lo.

O índio, acompanhado pelas duas mulheres, já estavam a alguns passos quando Miguel perguntou:

– A senhora conhece algum lugar por aqui no qual possamos nos instalar?

– O que ele disse? – perguntou Jacira, sem entender sua língua.

– Esperem um pouco, vou falar com eles – Nanaeh falou. Voltou alguns passos e gentilmente perguntou: – O que o senhor disse?

– Há alguma estalagem aqui para ficarmos?

– Uma hospedaria, senhor?

– *Sí*.

– Temos sim.

– Poderia nos levar até lá?

Nanaeh pediu que os estrangeiros falassem mais devagar, para poder entender. Estava acostumada com Raio Azul; com o tempo, já compreendia sua língua. Raio Azul, por sua vez, falava português com dificuldade, mas falava, e até mesmo um pouco da língua nativa do índio Imaraji.

– Venha, eu os levarei – falou a moça.

Miguel e Ramon pegaram as respectivas malas e seguiram a jovem. Ramon se encantou com a pequena aldeia – tudo era colorido e de pequenas proporções; era uma casinha grudadinha na outra, tipo vilinhas sem asfalto. Havia apenas pedregulhos misturados à areia que o mar soprava por toda a cidade.

Imaraji ia andando à frente, junto de Jacira, e Nanaeh mais atrás. A moça diminuiu os passos, esperando os dois homens brancos, como dizia o velho índio.

– Faz tempo que mora aqui?

Nanaeh parou à frente do rapaz e pediu educadamente:

– Fale mais devagar para eu poder entender, por favor.

Ramon sorriu.

– Falo português.

– Que bom, assim é melhor para nos entendermos. O que você me perguntou mesmo?

– Perguntei se você mora nesta cidade há muito tempo.

– Desde que nasci.

– Desde que nasceu?

– Sim. Você fala minha língua, mas arrasta o espanhol.

– É verdade, às vezes fica um “portunhol”. Já conheceu outras cidades?

– Algumas...

– Não tem vontade de conhecer mais lugares?

– Quem não tem? Mas não me queixo; tenho tudo de que preciso aqui.

Ramon, ao longo do caminho, fez mil perguntas a Nanaeh, que respondia com satisfação. Quando chegou à pequena pousada, entrou acompanhada dos dois homens.

– Iara – chamou Nanaeh.

A dona da estalagem apareceu na recepção.

– O que a traz aqui, Nanaeh?

– Esses dois cavalheiros querem hospedagem.

Iara, quando olhou para Ramon, sofreu o mesmo impacto.

– Nossa, parece Raio...

Nanaeh interveio a tempo:

– Então os atenda logo, que estão muito cansados.

Iara pediu os documentos e preencheu os papéis de hospedagem. Ramon olhou para o pai com felicidade; pela reação das duas jovens, Raul realmente morava naquela pequena cidade.

– Bem, agora tenho que ir. Se precisarem de alguma coisa, é só me procurar.

Nanaeh estendeu a mão educadamente para se despedir de Ramon e Miguel. Já estava próxima à porta de saída, quando foi interpelada:

– Como posso achá-la, caso precise de alguma coisa? – perguntou Ramon, encantado pela moça com traços fortes de índia.

Miguel sorriu, esboçando espanto pelo filho estar impressionado com a jovem.

– Se você quiser, mais tarde posso vir buscá-lo para mostrar minha casa. O que acha?

– Será um prazer.

Nanaeh estava eufórica com a visita do jovem em sua humilde cidade; seus olhos brilharam quando Ramon aceitou vê-la mais tarde.

– Então depois, quando já estiver bem instalado, venho buscá-lo. Se quiser, também posso lhe mostrar a cidade!

– Claro que *sí*...

Nanaeh saiu com o coração disparado, e Ramon voltou-se para o pai, que ria da cena.

– O que foi, pai?

– Nada. Falei alguma coisa?

– Não falou, mas está pensando.

– Pensamento é a única coisa que, graças a Deus, ainda é livre.

– Muito engraçadinho, né, pai?

Depois de registrados devidamente, Iara os acompanhou ao quarto. Tudo lembrava uma aldeia indígena: o local era decorado artesanalmente, com objetos feitos por eles, os índios. O lugar era simples e muito harmonioso, e Ramon olhava tudo com curiosidade.

Liz não conseguiu dormir; estava aflita pela demora de Ramon.

– Mãe, Ramon ainda não chegou?

– Não.

– Nem telefonou?

– Não. Por que toda essa aflição?

– Ele ficou de vir me buscar hoje bem cedo, e até agora não deu sinal de vida.

– Está achando que eles vão encontrar Raul?

– Estou achando não; lógico que vamos encontrar Raul.

– Ainda acho que não deveria alimentar expectativas; as coisas podem ser diferentes do que está pensando.

– O que para a senhora seria um alívio, não é?

Evita estava cansada com a implicância e com o tratamento que a filha vinha lhe dispensando.

– Como pode pensar uma coisa horrível como essa? Acha que prefiro que meu sobrinho esteja morto?

– Acho que sim.

Evita se aproximou da filha e lhe disse, magoada:

– Por que essa revolta toda contra mim? Por que me hostiliza sempre que pode?

– A senhora ainda pergunta? Como pode a senhora, isso sim, fazer tudo o que fez para mim?

– Eu não fiz nada, os fatos apenas aconteceram!

– Até entendo que as coisas aconteceram. O que não posso deixar de lado é o fato de ter deixado meu pai se casar com sua irmã, sem nunca ter feito nada por mim ou pela senhora. Se tivesse lutado pelo homem que ama até hoje, muitos fatos, como a senhora mesma diz, seriam bem diferentes.

– Acha que, se eu tivesse ficado com Miguel, Raul não existiria? Ninguém nasce sem permissão de Deus. Raul veio entre nós com os pais que já lhe estavam prescritos por Deus. Eu que me iludi e deixei os sentimentos me levarem por caminhos tortuosos. Raul veio no seio da família que merecia.

– São esses seus pensamentos?

– Não são meus pensamentos, é assim que os caminhos seguiram.

– Sabe o que parece, mamãe? Que a senhora fez tudo de propósito, de caso pensado, para que Miguel sofresse o resto de seus dias.

– Talvez tenha sido realmente meu desejo, contudo hoje eu me arrependo. Consuelo não merecia esse sofrimento todo.

– Como pode sentir arrependimento apenas pelo sofrimento de sua irmã? Quer dizer que eu nunca signifiquei nada para a senhora? Que eu sim posso sofrer, que você não se incomoda? Não se importa com o fato de que Raul tenha sido amaldiçoado pelos fatos?

– Não é nada disso, minha filha.

Liz pegou a bolsa e saiu para a rua, muito nervosa. Andou pela cidade por horas. Em seus pensamentos, sua mãe nunca havia se importado com seus sentimentos; ela achava que, para Evita, apenas Consuelo era motivo de preocupação.

A jovem parou o carro em uma rua qualquer e desabou em lágrimas:

– Por que, meu Deus, não consigo ver nem sentir Raul como meu irmão? Por que tudo isso? O que quer me mostrar? Que tem força, que ninguém foge aos seus caprichos?

Liz ficou ali dentro do carro por muito tempo, enquanto seu celular tocava sem parar. Porém, não tinha ânimo em sua alma para falar com ninguém.

Evita, por sua vez, muito triste, também deixou as lágrimas descerem por seu rosto. Adriana saiu do quarto e surpreendeu a mãe chorando.

– O que houve, mãe? Onde está Liz? Ouvi quando discutiam.

– Saiu, muito nervosa. Ela entendeu tudo errado.

– Ah, mãe, por favor, não fica assim. Daqui a pouco ela volta mais calma.

– Por que erramos tanto na vida?

– A senhora não errou, mãe, as coisas apenas foram acontecendo.

Evita levantou e, enxugando as lágrimas em um pano de prato, disse, queixosa:

– Não, minha filha, eu cometi o maior erro de minha vida. O pior é que agora não tem mais volta.

– Sempre há uma solução. Dê um tempo para Liz; ela está muito ansiosa com os últimos acontecimentos. Enquanto não encontrar Raul, não vai sossegar.

– Será?

– Claro que sim.

Evita, ainda chorando muito, fez uma promessa:

– Prometo diante de Deus que, se realmente Raul estiver vivo e aparecer, deixarei Miguel e Consuelo livres para viverem suas vidas.

– Mãe, está louca? A senhora já os deixou viver a vida deles há muito tempo!

– Não, ainda não deixei... Mas prometo que deixarei se Deus trouxer Raul de volta.

– Mãe, do que está falando? Há muito tempo abriu mão de seu amor por tio Miguel, para que pudesse viver com tia Consuelo – Adriana repetiu.

Evita abraçou a filha com carinho.

– O fato de deixar que as pessoas caminhem sozinhas às vezes não quer dizer que os deixamos livres realmente. – Depois dessas palavras, Evita lançou-se aos afazeres domésticos.

Adriana não entendeu nada.

Passava das onze da manhã quando Liz, depois de passar pela recepção, bateu à porta do quarto. Consuelo atendeu:

– Pois não?

– Preciso falar com a senhora.

– Você é quem?

– Liz.

Consuelo não havia reconhecido a garota parada à sua porta.

– O que quer aqui? Ramon e Miguel não estão.

– Foram à procura de Raul? Sabia que não me levariam.

– Sim. O que a fez pensar que Miguel e Ramon a levariam junto?

– No fundo, eu sabia que não queriam que eu fosse; apenas alimentei a ilusão de poder estar junto quando achassem Raul.

Consuelo ficou com pena da garota. De fato, ela parecia mesmo muito abalada com tudo o que acontecera envolvendo a família toda.

– Preciso falar com a senhora, por favor, deixe-me entrar.

Depois de hesitar por alguns segundos, Consuelo se afastou para que Liz pudesse entrar no quarto. A jovem avançou alguns passos, tímida e olhando tudo ao redor, esperando que sua tia se pronunciasse, o que porém não aconteceu.

– Posso tomar alguma coisa?

– O que deseja tomar?

– Qualquer coisa forte.

– Não acho que deva tomar bebida forte pela manhã.

– Está preocupada comigo? – perguntou Liz com uma pitada de ironia.

– Bom, tome o que quiser. Não estou aqui para me preocupar com você nessa altura do campeonato.

Liz abriu o frigobar e se serviu de uma água. Consuelo não disse nada, apenas a observava.

– Tenho pensado muito em nossas vidas – disse Liz, olhando através da janela do quarto que dava para rua. Não sei por que tudo isso está acontecendo com a gente, mas gostaria que soubesse que estou aqui por causa de Raul.

– Por causa de Raul?

– Sim. Posso saber o porquê da surpresa?

– Vamos encurtar esta conversa: veio até aqui para se certificar de que realmente Raul é seu irmão, não é isso?

– Não. Infelizmente, acho que todos nós temos essa certeza; vim pedir que perdoe minha mãe.

– Perdoar sua mãe? Mas eu e sua mãe já nos entendemos!

– Mas ela sofre muito ainda.

– Não estou compreendendo você.

– Quero que a perdoe por ainda amar muito Miguel. Desde que você tirou traiçoeiramente o noivo dela, minha mãe nunca mais voltou a ser feliz. Ela ama Miguel, mas sua preocupação é com sua vida, com a senhora. Eu e minha irmã podemos estar contra tudo o que ela deixou escapar em sua juventude; podemos até brigar, que ela não se abala. Contudo, por você ela faria qualquer coisa; minha mãe quer vê-la feliz.

– Veio até aqui para me ofender?

– Não. Vim até aqui porque estou cansada de cobrar de minha mãe o que ela nunca teve sequer oportunidade de conhecer. Eu a cobro muito por ela não ter brigado por Miguel, mesmo porque sei que não teria chance nenhuma de reverter o jogo. Miguel ama a senhora de verdade; ele nem se lembra de que um dia foi noivo de minha mãe. Por isso estou aqui, para pedir à senhora que visite minha mãe. Reconheço que não sou legal com ela, uma vez que ela se preocupa mais com a senhora do que com qualquer outra pessoa existente, embora saiba muito bem o que eu penso a seu respeito. Não vim julgá-la; vim pedir que, nessa hora de angústia pela qual estamos passando, fiquemos todos juntos. Sei que, se fosse à minha casa e procurasse minha mãe, a senhora a faria muito feliz. Dê a ela o que eu não consigo dar.

– Não é feliz com sua mãe? Não foi isso que ela disse quando nos encontramos.

– Mais que a qualquer um, minha mãe a ama muito. Durante toda a vida dela, sempre se preocupou mais com a senhora do que com todos nós. Minha mãe não se importa com o que eu penso, mas se importa muito com que a senhora pensa sobre ela. Neste momento, todos estamos com pensamentos voltados para Raul, mas ela não; ela está preocupada com a senhora. Nada mais tem importância, a não ser a senhora.

– E o que quer, então?

– Que passe por cima da desavenças, mágoas, medos, incertezas, e vá ver minha mãe.

– Só isso?

– Por que a pergunta?

– Você não veio aqui por sua mãe; veio para me conhecer. Está na sua cara seus sentimentos em relação a mim. Quando olho para você, consigo até sentir a raiva que sente por mim.

– Não sinto raiva nem nenhum sentimento semelhante pela senhora; meus ressentimentos não são com a senhora, e sim com minha mãe, por nunca ter lutado pelo homem que ama; por nunca ter brigado pelo homem que pertencia a ela. Ao contrário de minha mãe, brigo pelos meus ideais, pelo que quero.

– Eu lamento muito pelo amor equivocado que sentiu por meu filho.

– A senhora lamenta nada; se tivesse que fazer uma escolha diante de Deus, escolheria que Raul estivesse morto e enterrado a vê-lo em meus braços.

– Você, garota, é muito petulante! Acha que perco meu tempo me preocupando com você?

– Acho que não; contudo, sei que a incomodo. Bem... Vou embora, acho que já nos toleramos mais do que era preciso. Está em suas mãos querer ou não ver a felicidade de sua irmã.

Liz foi saindo, e Consuelo não se moveu nem para lhe abrir a porta. Mas, como havia suposto, não ficou com raiva nem indiferente pela garota; achou-a, ao contrário, bem decidida, verdadeira e firme em suas convicções – alguém que lutava por sua felicidade.

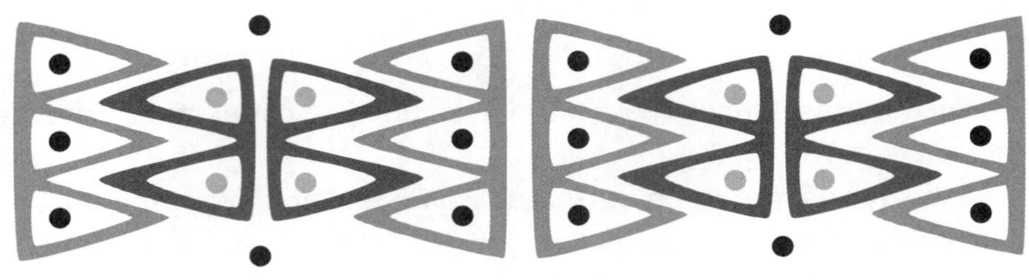

Capítulo 25

UM ENCONTRO TÃO ESPERADO

Logo que Imaraji entrou em sua tenda, deu pela falta de Raio Azul. Foi até o terreiro, onde costumava ficar ocupado com suas obras.

– Já chegou? Como foi de viagem?

– Bem. Imaraji não gosta de cidade grande.

Raio Azul riu sonoramente.

– Eu, ao contrário do senhor, daria tudo para conhecer muitas cidades grandes. O senhor bem que podia um dia desses me levar para conhecer essas cidades; deve ser muito bom nos confundirmos no meio de tantas pessoas. Encontrou seus parentes?

– Encontrei sim.

– Puxa vida, que bom! Quando virão aqui para a aldeia?

– Ainda não sei, mas Imaraji sente que logo, logo vai ter novidades.

– Fico feliz pelo senhor.

– E você, se lembrou de mais alguma coisa?

Raio Azul se levantou, deu alguns passos e, com o olhar perdido no horizonte, respondeu:

– O senhor já teve a sensação de estar esperando por alguém? A todo instante me pego pensando em uma jovem, mas não sei quem é.

– É mesmo?

Raio Azul silenciou.

– Quando diz *jovem*, está falando de uma mulher?

– É – respondeu o moço. – É uma linda jovem, mas devo estar louco. Nem imagino se existe alguém possuidora de uma beleza angelical, como demonstra seu rosto.

– Descreve para Imaraji essa moça de que fala.

Raio Azul entrou na tenda e saiu em seguida com um quadro nas mãos.

– Não sei por que, mas não gosto de mostrar a ninguém.

Raio Azul ficou com o olhar distante.

– Por que não gosta de mostrar? É uma moça tão bonita!

– É esta a jovem que não sai de meus pensamentos. Só não sei se a conheço, ou se é apenas uma figura dos meus devaneios artísticos, como diz o senhor.

Raio Azul sempre mantivera aquela imagem de mulher que havia pintado escondido de olhares curiosos. Era a primeira vez que a mostrava a seu tutor. Jamais poderia imaginar que havia uma imagem perfeita como aquela em uma galeria para a qual, há alguns meses, o velho Imaraji mandava suas obras.

– O que acha?

Imaraji se aproximou sorrateiramente e se agachou à frente do quadro, passando os dedos no contorno da figura. Disse quase com a voz sumida:

– Mas é perfeita! Como pode ser tão parecida?

– O que disse, pai?

Imaraji pigarreou e respondeu com os olhos brilhantes:

– Imaraji está admirando a beleza da moça branca. É ela que Raio Azul espera?

– Não sei se a espero; é um sentimento forte e ao mesmo tempo estranho.

– Imaraji ia ficar muito feliz se Raio Azul casasse com essa moça!

Raio Azul riu escancaradamente de Imaraji.

– Do que Raio Azul tá rindo?

– Do senhor, meu pai. Como pode dizer uma bobagem tão absurda dessas? Nem sei se essa jovem vai aparecer um dia.

– Ela vai aparecer.

– Para de dizer bobagens, meu pai.

Imaraji levantou-se e, de frente para Raio Azul, com as mãos apoiadas em seus ombros, disse convicto:

– Moça branca também espera Raio Azul.

O moço ficou sério no mesmo instante; sabia que, quando o velho índio ficava com olhar fixo na janela da alma – os olhos –, enxergava através deles. Era então hora de se calar e respeitar, pois ninguém sabia de onde vinham aqueles sinais, mas era o momento de aceitá-los em silêncio.

– Moça branca ama Raio Azul.

Raio Azul começou a sentir seu corpo esquentar de tal maneira, que não havia como não dar importância devida àquela emoção imensa que cobrava, mais do que nunca, os questionamentos desesperadores de seu eu verdadeiro: *Quem sou? De onde venho? O que quero? O que pretendo?*

– Está vendo essas perguntas todas dentro de Raio Azul?

Raio Azul respondeu que sim com um balançar de cabeça.

– Pois bem. São as mesmas que moça branca também quer descobrir. Ore a Tupã. Ore para que ele permita; para que ele dê a Raio Azul a lei da verdade, a lei que trará toda a sua vida de volta.

Raio Azul tremia pela emoção que o envolvia por inteiro.

– O senhor sabe quem é esta jovem?

– Só sei o que Tupã permite Imaraji saber.

– Como sabe que ela também me ama e que procura as mesmas respostas que eu?

– Porque Tupã é sábio; ele sabe que só um sentimento como o amor pode levar a desvendar mistérios que a alma pensou estarem perdidos. Raio Azul está predestinado à moça branca. Na hora certa, Tupã vai deixar vocês se encontrarem. – Imaraji, em seguida, virou-se para entrar na tenda.

– Como posso achá-la?

– Apenas confie no amor...

Raio Azul correu para o mar. Depois da longa ausência que sentia de sua vida anterior, surgia uma esperança de que estava perto de unir os pequenos pedaços de sua existência, para construir sua história. Com alegria no peito, jogou-se sobre as ondas e ficou por muito tempo lá. Ele, o mar e o céu infinito eram testemunhas de grande e expressiva felicidade.

A tarde já caía quando Nanaeh chegou à pousada onde Ramon e o pai estavam hospedados. Tão logo apareceu na recepção, Ramon lhe abriu um sorriso encantador. A jovem foi seu guia turístico, levando-o para conhecer sua casa, as lojinhas, os trabalhos manuais de artesanatos. Enfim, Nanaeh foi uma ótima anfitriã.

– Está com fome? – perguntou ela gentilmente.

– Ainda não, você está?

– Também não. Que tal se sentarmos na praça?

– Acho uma ótima ideia.

Ramon sentia-se bem naquele lugar; tudo era simples, mas muito aconchegante. Gostou dos trabalhos artesanais, dos enfeites da cidade, tudo muito bem cuidado e, a cada canto, uma lembrança da cultura indígena. A cidade deixava bem à mostra como tudo fora construído pelas mãos sábias dos índios.

– Você se parece muito com seu irmão.

Ramon a olhou, assustado.

– O que foi? O que está dizendo, garota? – Ramon ficara sem chão; na verdade, estava em choque. – O que disse? – repetiu ele.

– Que você se parece muito com seu irmão.

– Meu irmão?

– Não se faça de desentendido; já sabemos que veio atrás de Raio Azul.

Ramon não sabia o que dizer diante da descoberta da índia, e da emoção de saber que realmente seu irmão estava ali, tão próximo dele.

– Quer dizer que meu irmão está mesmo vivo? – Ramon se levantou e, com entusiasmo, rodopiava sem parar, uma emoção frenética percorrendo todo o seu corpo. – Espera aí. Está dizendo que todos já sabem? Todos quem?

– Se quer saber, inclusive pai Imaraji.

– Está falando daquele índio que chegou conosco de São Paulo?

– Isso mesmo, pai Imaraji. Ele já sabe tudo sobre você e seu pai.

– Sabe o quê? Nem conversamos!

– Para pai Imaraji, nada é preciso ser dito. Sua ida para São Paulo foi proposital.

– Ah, não acredito! Está brincando, não está?

– Pois pode acreditar: era pra eu ir a São Paulo, mas minha mãe e pai Imaraji não quiseram arriscar.

– Não estou entendendo nada.

– Vou te contar tudo, desde que seu irmão aqui chegou.

Nanaeh narrou o que havia acontecido desde o momento em que Raio

Azul chegara quase morto até o presente instante. Ramon, muito emotivo, não conseguia acreditar que realmente o irmão estivesse vivo. Ao término da narrativa, o rapaz disse, com lágrimas nos olhos:

– Não estou acreditando! Estamos falando do mesmo Raul?

Nanaeh, sorrindo, respondeu:

– Claro que estamos; quando o vi descendo da embarcação, mal pude acreditar na semelhança. Ele se chama Raul?

– Sim. Quando poderei vê-lo?

– Pelo amor de Tupã, não fale uma coisa dessas!

– Como não? Preciso ver Raul agora!

– Não é bem assim. Tenha calma; aqui só fazemos as coisas com a aprovação de pai Imaraji, e ele disse que ainda não está na hora.

– Como não? Preciso ver meu irmão; meu pai vai enlouquecer quando souber.

– Ah, meu Deus! Se soubesse, não tinha contado nada. Agora você vai me colocar em apuros.

– De jeito nenhum. Eu não faria isso!

– Posso confiar em você? – perguntou Nanaeh, assustada.

– Pode confiar em mim; não direi nada. – Ramon sentia-se tão feliz, que sua alegria era contagiante. – Como posso compensá-la por me dar tanta felicidade?

– Posso pedir mesmo?

– Mas é lógico que pode!

– Sempre tive muita vontade de jantar no restaurante da pousada onde está hospedado.

Ramon a cortou:

– É pra já; pode escolher o prato que quiser. Se desejar, busco até um pedaço do céu para você!

Há muito tempo Ramon não se sentia tão feliz; parecia impossível tornar a ver o irmão amado.

Logo que adentraram no restaurante da pousada, Ramon gentilmente puxou a cadeira para que Nanaeh se acomodasse, e o garçom trouxe o cardápio. Nananeh segurou uma mão na outra, fazendo gestos e trejeitos como se imitasse uma celebridade, enquanto Ramon ria à toa.

– Pode escolher o que quiser.

– Tem certeza?

– Mas é lógico que tenho! Escolha o que quiser.

Parecia que Ramon havia nascido outra vez, tamanha era sua felicidade.

– Me fale mais dele.

– Falar o quê?

– Sei lá... O que ele faz todos os dias?

– Descobrimos que ele ama pintar e fazer esculturas, quer dizer, praticamente vive só para isso mesmo.

– Ele se interessou por alguma garota?

– Claro que não.

– Por que *claro que não*?

– Ele é muito reservado; não fala muito e só se sente à vontade com pai Imaraji. Raio Azul sabe falar na língua dos índios também.

– Na língua dos índios?

– É, isso mesmo. Quando chegou só falava em espanhol; tivemos que aprender sua linguagem, mas de repente começou a falar nossa língua, o português, e aos poucos aprendeu com pai Imaraji a língua nativa.

– Você também fala como os índios?

– Entendo mais do que falo, mas arrisco algumas coisas.

– Como pode? Raul era o cara mais extrovertido e falante que conheci!

– Talvez tenha mudado por tudo o que passou. Não deve ser fácil não se lembrar de nada.

– Ele fala sobre isso?

– Agora fala menos. Mas sofreu muito; várias vezes pai Imaraji o surpreendeu chorando. Pai Imaraji sempre contava que ele se martirizava por não conseguir se lembrar da família. Família é tudo nessas horas.

– Tem toda a razão. Ele deve sofrer muito.

– Sei que sofre, mas, ao menos agora, lembrou-se de você.

– De mim? – perguntou Ramon, enlouquecido de emoção. – Como sabe disso?

– Quer dizer, não sabemos ao certo, mas pai Imaraji, como sabe tudo que se passa com a alma dele, disse que o rapaz que sempre vem à memória dele é você.

– Acha que, se ele me encontrar, vai me reconhecer?

– Temos esperança que sim.

– Puxa vida, não posso vê-lo mesmo?

– Por favor, Ramon, tenha paciência. Pai Imaraji sabe o que faz.

– Por que tudo o que vão fazer tem de ter aprovação desse índio?

Nanaeh ficou perplexa com o modo como Ramon se referia a uma pessoa tão importante na comunidade onde moravam.

– Acho que não tem noção de como as coisas funcionam por aqui.

– Como assim?

– Você viu como se referiu ao pai Imaraji?

– Não estou entendendo; o que foi que fiz?

– Você se referiu a pai Imaraji como se fosse um índio qualquer.

– Mas ele não é um índio?

– Sim, mas é muito respeitado em nossa cidade.

– E daí? Isso não muda o fato de ele, no fundo, ser um índio.

Nanaeh estava atônita com a falta de respeito do visitante.

– Sim, sabemos que, para vocês, ele é um simples índio. Mas, para nós, que respeitamos acima de tudo a cultura e os costumes, referimo-nos a ele como um membro superior entre todos os moradores. Pai Imaraji é um dos únicos de sua linhagem;, ele é a sabedoria de uma tribo. Sabe de toda a trajetória de seus antecessores; pai Imaraji é o único que viveu as três gerações consecutivas. Em nossa unidade social, ele está ligado aos seus ancestrais, respeitando uma hierarquia. Acima de pai Imaraji não existe ninguém diante de quem necessitemos nos curvar. Pai Imaraji é um dos únicos que ainda vive aqui; o restante dos habitantes já estão na terceira ou até mesmo na quarta geração. Enquanto ele viver, devemos obediência a ele.

– Minha nossa, está falando como se estivéssemos em outro mundo!

– Aqui não é outro mundo, mas respeitamos muito os ancestrais; respeitamos os mais velhos pela sua sabedoria e suas experiências. Aqui temos nossos costumes, nossa cultura, e cultivamos nossas raízes com muito orgulho.

– Quer dizer que tudo o que fizerem, primeiro o índio tem que aprovar?

– Por favor, Ramon, se ainda quiser minha companhia, respeite nossos costumes, nossas raízes. Quando se referir à figura de pai Imaraji, respeite-o.

– Mas não estou desrespeitando; estou só me acostumando com esse negócio de tribo, aldeia, ancestrais. Para mim, ele é um índio e pronto, acabou.

– Mas, para nós, não. Bom, acho melhor ir andando. – Nanaeh se levantou e fez menção de ir embora, mas Ramon a deteve.

– Por favor, Nanaeh, me perdoe. Não estou acostumado a trombar com índios assim sem mais nem menos! Vivo na civilização...

– Não estou falando? É uma ofensa atrás da outra. O que está querendo dizer com *civilização*? Acha que não estamos à sua altura?

– Por favor, sente-se, vai... Perdoe-me. Quando eu falar dele, eu o chamarei de pai Imaraji. Tudo bem pra você? Você está certíssima: devo respeito não só a ele, mas a todos vocês. – Nanaeh tornou a se sentar, e Ramon pousou sua mão sobre a da jovem. – Me perdoe mais uma vez, é que a expectativa de poder ver meu irmão outra vez mexeu comigo. Vocês merecem todo o respeito do mundo, não só o índio... quer dizer, não só pai Imaraji. Afinal de contas, todos vocês estão sendo muito generosos com meu irmão.

– Tudo bem, eu te entendo. A situação pela qual está passando não deve ser fácil. E, depois, vocês estão muito ansiosos por poderem encontrar com Raio Azul.

– Ele se chama Raul...

– Você é uma pessoa de gênio difícil mesmo! Não sabíamos o seu nome, pai Imaraji deu esse nome a ele. Não somos ignorantes; sabíamos que, quando chegou aqui quase morto, já havia um nome de batismo.

– Me perdoe mais uma vez...

– Chega de se desculpar, Ramon. Preciso ir embora. – Nanaeh se levantou para sair, mas Ramon segurou o braço dela.

– Não vá, termine seu jantar. Eu te imploro.

Nanaeh tornou a se sentar.

– Vamos terminar nosso jantar – falou ela.

– É melhor mesmo.

Ramon procurou não falar mais do irmão nem dos problemas que ainda teriam que enfrentar. Terminaram o jantar, e Ramon a levou para casa.

– Boa noite, Nanaeh.

– Boa noite, Ramon.

– Amanhã nos vemos?

– Talvez...

– Ainda está zangada comigo?

– Não, não estou, é que amanhã trabalho.

– O que você faz?

– Entre muitas coisas, dou aulas.

– Muito bom... Então já vou, bom descanso.

Nanaeh se virou para entrar, mas Ramon a chamou.

– Nanaeh... – A jovem se virou. – Obrigado pela noite; gostei muito de conhecê-la. Ah, obrigado também por me contar tudo o que houve com meu irmão.

Nanaeh não respondeu nada, apenas sorriu e se virou para entrar.

– Nanaeh... – A jovem se virou novamente, sorrindo. – Assim que isso tudo terminar, quer ir comigo para a Espanha?

– O que disse? – perguntou Nanaeh, perplexa.

– Gostaria muito de levá-la para conhecer onde moro.

– Ramon, vamos fazer o seguinte: um passo de cada vez. Quero que tenha sucesso com o reencontro com seu irmão, depois nos falamos.

– Tudo bem... Mas, por favor, pense na proposta de ir comigo para a Espanha.

Nanaeh, com um enorme sorriso nos lábios, entrou em casa.

A mãe a esperava.

– Precisava demorar tanto para mostrar a ele onde mora?

– É que fomos jantar...

– Jantar? Onde jantaram?

– No restaurante da pousada.

Jacira ficou intrigada.

– Por favor, mãe, não me olhe assim; não fiz nada de mais.

– Não se iluda pela beleza do espanhol; ele pertence a outro mundo.

– Mas quem disse à senhora que há algum interesse entre nós?

– Esses seus olhos brilhantes. Moço muito bonito, contudo mundos diferentes.

– Mãe!

Jacira se aproximou da moça com carinho.

– Minha filha nunca saiu deste lugar; o mais longe que esteve foi em São

Paulo, e mesmo assim interferi a tempo. Não conhece a vida; aqui é como se fosse um lugar fora do mundo. Ramon é belíssimo, mas não vai se interessar por uma moça simples descendente de índio. Não quero vê-la sofrer.

– Tudo bem, mãe. Não se preocupe. Sei que acha que tenho que viver o resto de minha vida nesta aldeia. E obrigada, ainda, por desmerecer minhas origens! – Nanaeh ficou triste por Jacira menosprezar sua descendência indígena, já que há pouco havia defendido com todo o orgulho sua cidade e suas origens.

– Espere, Nanaeh, você me interpretou mal!

Nanaeh, muito magoada, não atendeu às súplicas de Jacira e se retirou.

Ramon voltou para a pousada. Assim que entrou no quarto, deu pela falta do pai. Havia se passado mais de uma hora e meia quando Miguel voltou:

– Onde estava, pai?

– Fui dar umas voltas por aí, conhecer a cidade.

– Tenho muitas coisas para contar.

– Eu também...

– Conte o senhor primeiro.

– Vi seu irmão.

Ramon olhou para o pai, surpreso.

– Onde?

– Como disse, fui andar pela cidade. Como o lugar é pequeno e já conhecia as três ou quatro ruas, fui andar um pouco na praia. Ele estava sentado em um toco de árvore quando o vi, a alguns metros de onde eu estava. Aproximei-me um pouco para ter certeza de que não estava enganado, e qual não foi minha surpresa... Puxa vida, foi muita emoção; até agora estou tentando voltar ao normal. Era ele ali tão próximo de mim, tão próximo dos meus braços. – Miguel falava com o olhar perdido, sua grande emoção visível, mal conseguindo acreditar no que os olhos tinham registrado há poucos minutos.

– E ele, pai, ele o viu?

– Não. Estava tão absorto recolhendo seus quadros, que não notou minha presença; estava feliz. Daria tudo para saber por que estava tão feliz.

– Foi melhor assim; ainda bem que não se aproximou. Ele não se lembra de nada da vida passada. Nanaeh me contou tudo, desde quando pai Imaraji o achou na beira do mar. Raul estava praticamente morto, o índio é quem cuidou dele e o colocou em pé novamente. Devemos tudo a esse homem. Nanaeh me disse que não sabiam que Raul havia sofrido um acidente de avião. Mesmo assim, penso que foi um grande milagre meu irmão estar vivo.

– Você disse que ele não se lembra de sua vida antes do acidente?

– Isso mesmo, pai. É como se nunca houvesse tido outra vida antes desta.

– Então, como faremos para nos aproximar?

– Nanaeh me explicou tudo: temos que ter paciência. Foi esse índio que teve a ideia de espalhar os trabalhos de Raul por todas as cidades grandes; ele sabia que reconheceríamos suas pinturas. Foi o modo que achou para que pudéssemos procurar por ele. O índio sempre afirmou que Raul não era uma simples pessoa entre tantas; sempre disse a todos que ele era conhecido por suas obras.

– Puxa, estou tão feliz, meu filho. Já agradeci a Deus por ter sido tão generoso conosco. Ei, espera aí. Se ele não nos conhece, então podemos nos aproximar dele sem que causemos nenhum trauma.

– Não é bem assim, pai. Nanaeh disse que o índio estimula seus sentidos para que ele possa se lembrar do passado. Já houve um grande progresso; diz a garota que ele se lembrou de mim.

– Verdade, meu filho?

– Quer dizer, ele teve lampejos de memória, e nesses lampejos o índio disse a ele que o rapaz que ele via era seu irmão.

– Então, não é que ele recobrou sua memória; ele vê apenas a imagem de um rapaz, e o índio é quem disse a ele que se tratava do irmão?

– Exatamente.

– Isso não quer dizer nada...

– Claro que quer, pai. No começo, pensei como o senhor. Só que Nanaeh me elucidou que, se ele vê minha imagem, é sinal de que seu passado está ali; de alguma forma, a memória sabe que há registros de sua vida pretérita; que voltar ao normal é questão de tempo, apenas.

– É mesmo, faz sentido. Como esse índio sabe tudo?

– Não sei, meu pai, não me pergunte. Mas, antes que eu me esqueça, não o chame de índio. Para o povo desta cidade, é a maior ofensa. Acabei magoando uma pessoa tão gentil.

– Estou sentindo que essa *pessoa tão gentil* está ganhando sua atenção.

– Que é isso, pai, não tem nada a ver. Sabe muito bem que sou um tanto quanto chato em questões amorosas.

– É, eu sei. Mas já está na hora de alguém tocar esse coração. Quem nos garante que não será essa indiazinha?

– Vamos mudar de assunto?

– Você reparou quantas vezes disse o nome dela?

Ramon se levantou, contrariado.

– Ah, pai, não começa. Falei o nome dela porque era ela quem estava contando tudo o que houve com meu irmão. Mas poderia muito bem ser qualquer outro habitante desta cidade. Desta cidade, ou desta aldeia? – Ramon perguntou, confuso.

Miguel riu sonoramente do jeito todo sem graça do filho. Sem que o moço esperasse, Miguel lhe deu um forte abraço.

– Puxa, meu filho, estou tão feliz! Vai ser muito bom estar ao seu lado quando encontrar com seu irmão.

Ramon afrouxou um pouco o abraço.

– Pai, estou muito feliz também! Não vejo a hora de ver meu irmão novamente conosco.

– Amanhã mesmo vou procurar por esse índio; preciso ver seu irmão de perto.

– Por favor, pai, esse índio tem nome: é Imaraji. Pelo amor de Deus, vê se não esquece.

– Não vou me esquecer, e, depois, você vai comigo!

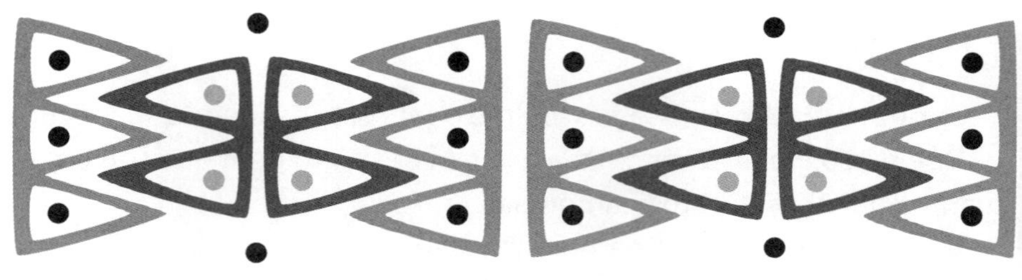

Capítulo 26

PARCEIRAS DE PROVAÇÕES E DE ALEGRIAS

Liz voltou para casa muito infeliz, pois Ramon e Miguel a haviam enganado. Sentia-se totalmente impotente diante daquela situação; só podia desejar que Raul estivesse vivo.

– Onde esteve até agora?

– Ah, Adriana, não me perturbe. Não estou com cabeça para discutir.

– Mas não quero discutir; só fiz uma pergunta. Mamãe está preocupada com você.

– Estive andando por aí.

– Poderia atender o celular, pelo menos.

– Cadê mamãe?

– Foi ao centro espírita rezar um pouco.

– É o melhor que ela tem a fazer mesmo.

– Liz, pare de dar indiretas sobre a mamãe; não se faça de vítima. Acha que ela não sofre com o tipo de tratamento que dispensa a ela?

– A mamãe fez tudo errado.

– Ela fez o que era preciso. Mas você quer culpá-la por tudo o que aconteceu no passado. Mamãe não tem culpa pelo nascimento de Raul, e ainda mais no meio da família em que nasceu.

– Claro que tem. Se tivesse ficado com Miguel quando estava grávida de mim, Raul não teria nascido, e eu não o teria conhecido.

– Quanta bobagem; fico indignada com seu raciocínio. Você nem conheceu Raul; ele apenas vive em sua memória, mas você nem ao menos sabe quais são realmente seus sonhos, seus ideais, suas metas. No fundo, não sabe nem se de fato ele amou você. Está precisando urgentemente amadurecer, isso sim. O que sempre sentiu foi um amor platônico; seu amor nunca passou de ilusões. Enfrente a realidade: sempre amou um homem que até então nunca existiu!

Liz, decepcionada, chorou copiosamente. Sabia que no fundo a irmã estava certa; havia amado fotos, pedaços de recortes, reportagens gastas pelo tempo de muitas revistas já esquecidas, de quem um dia trouxera a público trechos especulativos de uma vida, que não eram sequer baseados no talento nem nas obras do artista.

Um artista deveria ser reconhecido pelas obras que deixou, e não pelo lucro que sua imagem promoveu enquanto esteve no auge da juventude, sendo sua personalidade lembrada pela sociedade por tudo o que deixou para o público. Raul já era reconhecido publicamente, mas, depois do noticiário de sua morte, o artista Raul fora praticamente esquecido. Alguns do mundo da arte só não são esquecidos quando a cultura e os costumes de um país se abraçam com os filhos da pátria; quando a trajetória do artista é reconhecida culturalmente pela sociedade.

Adriana sentiu que fora dura com a irmã, mas era preciso que ela caísse na realidade da vida; que acordasse para o mundo exterior e não mais vivenciasse um amor que nunca possuíra de fato.

– Para de chorar, vai... – Adriana abraçou a irmã com carinho.

– Me acha uma perversa, não é? – Liz perguntou.

– Não, não acho. Mas acho que deveria isentar a mamãe de culpas que ela não procurou, afinal, quem poderia supor que você iria se apaixonar por um homem proibido? Isso acontece com uma pessoa entre trilhões que existem no planeta!

– Você, como sempre, tem razão. Não há culpados; os fatos foram apenas acontecendo.

– Então chega de chorar e vá tomar um banho, que eu esquento a comida para você. Precisa se alimentar; a cada dia que passa está mais magra. Assim, Raul não vai querer vê-la na frente dele.

Liz abriu um sorrisinho sem graça e obedeceu a irmã.

Quando Evita chegou, as duas irmãs estavam deitadas no quarto. Ela abriu a porta devagar, para não interromper o sono delas.

– Mãe...

– Sim?

– Pode entrar, não estamos dormindo.

Evita entrou, e seus olhos estavam inchados e vermelhos de tanto chorar. Liz a abraçou com força.

– Me perdoe, mãe...

– Não há o que perdoar, minha querida.

– Há sim; perdoe-me por jogar minhas decepções em cima da senhora.

Evita passou as mãos pelos cabelos da filha, os olhos marejados de lágrimas.

– Quando se trata da vida, não há culpados, apenas são provações necessárias ao nosso entendimento; só assim evoluímos realmente. Tanto você como eu seremos muitos felizes ainda; só peço que espere e que pratique a virtude da paciência. Sei que há um futuro feliz para você.

– Não sei se terei um futuro feliz, mas sei que posso ser melhor com minha família, e, se Deus assim quiser, vou procurar ser mais justa com os pais que Deus me deu.

Evita deixou cair algumas lágrimas sobre a filha.

– Confie, minha querida, tenho certeza de que poderá ser muito feliz ainda.

Liz abraçou a mãe e silenciou. Quando adormeceu profundamente, sua mãe a acomodou na cama, cobriu-a e foi para seu quarto.

Aquele dia foi de grande proveito para Evita, pois ela pôde refletir sobre os passos que havia dado em sua vida.

Na manhã seguinte, bem cedo, Evita havia acabado de passar o café quando a companhia tocou. Ela foi ver quem era. Logo que abriu a porta, seu coração disparou.

– Consuelo!

– Posso entrar? – perguntou a irmã, chorosa.

– Mas claro que sim! – Evita abraçou a irmã com muito fervor, sentindo que, depois da noite anterior, que havia ido ao centro espírita buscar auxílio, Jesus em sua generosidade tinha lhe dado mais uma oportunidade de rever seus erros. – Entre, entre... Acabei de passar o café.

Consuelo estava ressabiada, mas feliz por ter conseguido passar por cima de seu orgulho.

– Sente-se – convidou Evita, puxando a cadeira para Consuelo se acomodar. – Tem alguma notícia sobre... – Evita parou no meio da frase.

– De Raul? – completou Consuelo.

– É...

– Ainda não, mas estou confiante.

– Para falar a verdade, é o que mais tenho pedido a Deus.

– Tenho orado muito também. Nossa mãe era católica fervorosa; vivia rezando com o terço nas mãos. Na época, queria tanto entender por que ela rezava tanto, mas hoje descobri. Confesso que é o que mais tenho feito; vivo rezando para que seja verdade que meu filho esteja com vida.

– Tenho certeza de que sim.

Adriana e Liz se levantaram e, depois de arrumadas, sentaram-se junto da mãe e de Consuelo.

Liz havia mudado consideravelmente depois de a irmã tê-la chamado à razão. Encontrava-se mais serena e mais compreensiva, e cumprimentou a tia educadamente. Adriana, por sua vez, abraçou-a, feliz.

– Quem bom que a senhora está aqui conosco!

– Obrigada, Adriana, eu estava precisando de vocês.

A manhã transcorria em harmonia entre as mulheres; parecia que a paz e a alegria envolviam aquelas parceiras de provações, e chegaram até a trocar risadas.

O telefone tocou, e Liz correu para atender.

– Alô? Ramon?

– *Sí*, sou eu. – Ramon estava tão feliz que deu a notícia de pronto: – Liz, Raul realmente está vivo!

Liz começou a gritar, eufórica, e as mulheres vieram para a sala partilhar daquela felicidade. Sem conter a emoção, a jovem abraçou a tia, levantando-a do chão.

– Tia Consuelo, encontraram seu filho!

Consuelo não sabia se abraçava Liz ou se chorava; Ramon, ainda na linha, ficou falando sozinho, até que Adriana, mais sensata, tomou o telefone da mão da irmã e respondeu:

– Puxa, Ramon, estamos todas muito felizes, e sua mãe está aqui, chorando muito.

– Minha mãe está aí?

– Sim, está.

– Por isso não a encontrei no hotel. Adriana, posso falar com ela um pouco?

– Claro... Tia, Ramon quer falar com a senhora.

Consuelo atendeu o telefone e, juntos, mãe e filho choraram muito. A felicidade voltara àquela família; todos vibravam os mesmos pensamentos de fé e contemplação.

– Ramon, meu filho, tem certeza de que era seu irmão?

– Claro que temos, mãe! Eu e o papai vamos falar com ele hoje.

– Ainda não conversaram com ele?

– Ainda não, mãe.

– E por quê?

– Por que houve alguns problemas.

– Como assim, meu filho?

– Nada que não possa ser resolvido; ele está muito bem, não se preocupe.

– Como não me preocupar?

– Mãe, por favor, apenas sinta-se feliz. Ele está muito bem, depois te explico tudo direitinho, sim?

– Tá bom, meu filho. O importante é que nosso Raul está vivo.

– Agora tenho que desligar. Quando eu e papai tivermos mais notícias, telefonaremos.

– Está bem. Espero ansiosa a volta de vocês.

Consuelo desligou o telefone e abriu os braços para que a irmã e as sobrinhas pudessem abraçá-la.

Aquele dia foi de muita alegria. Adriana precisou sair para o trabalho, e Liz, depois de alguns meses de licença, também já havia retornado às reportagens. Ficaram na casa apenas as duas irmãs. Evita, pela primeira vez, tocou no assunto sobre sua doutrina. Sem questionar muito, Consuelo aceitou acompanhar Evita ao centro espírita; ela sentia necessidade de se encontrar com Deus e Lhe agradecer por ter trazido seu filho de volta à vida.

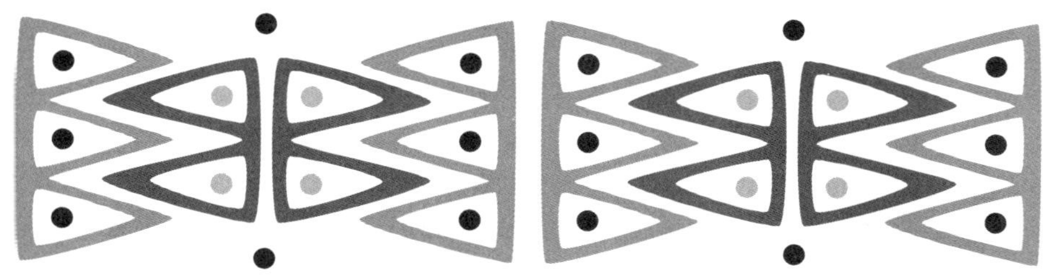

Capítulo 27

RAIO AZUL E RAUL, AMBOS UMA SÓ PESSOA

Ramon, logo que desligou o telefone, foi com o pai tomar o café da manhã. Passava pela recepção, quando teve uma surpresa.

– Senhor Ramon e senhor Miguel, Imaraji deseja conversar.

Ramon olhou para o pai, sem saber como agir. Miguel se antecipou:

– Pois não, senhor, estamos às ordens. Por favor, nos acompanhe no café.

O velho índio não disse nada, apenas os acompanhou. Quando estavam confortavelmente sentados e saboreando a refeição, o índio se pronunciou:

– Imaraji quer que saibam que nunca foi minha intenção comercializar o trabalho de Raio Azul. Imaraji precisava apenas achar família de sangue de Raio Azul. – Miguel e Ramon não o interromperam, apenas escutavam com atenção. – Hoje Imaraji quer marcar um encontro com Raio Azul.

Miguel demonstrou no rosto toda a sua felicidade.

– Mas precisam saber – continuou o velho índio – que ele ainda não está curado da memória; ele tem apenas lampejos de luz em sua mente. Por isso, Imaraji pede paciência. Imaraji espera que com a presença dos familiares ele volte de pronto à sua vida.

– Desculpe, senhor... Como sabia que nós o seguíamos até aqui à procura do meu filho Raul?

Imaraji sorriu.

– Imaraji sabe o que é preciso.

– Mas como? Não entendemos!

– Imaraji confia em Tupã, por isso sei muitas coisas.

– Tupã? Quem é Tupã?

– O Criador do mundo; ele é quem sabe de tudo, eu apenas sirvo de instrumento para suas tarefas.

– Meu irmão não se lembra de nada?

– Raio Azul lembra pouco, mas agradeçam a Tupã. Do jeito que chegou aqui, era pra tá morto ou bobo da cabeça.

– Está bem, senhor. Onde podemos encontrá-lo?

– Na minha casa.

– Em sua casa?

– Isso... Nanaeh vai levar homem branco à minha tenda.

– A que horas?

– Quando quiser; não gosto de marcar hora certa, o importante é ir.

– Sim senhor.

Imaraji se levantou, pegou nas mãos duas partes de uma tapioca que havia sobre a mesa e saiu comendo.

Estava perto do almoço quando os visitantes chegaram.

– Me dê licença, meu pai?

– Pode entrar, minha filha.

Nanaeh os acompanhou até adentrarem a tenda e ficou quieta a um canto. Ramon e o pai entraram, os corações batendo forte dentro do peito.

– Com licença, senhor.

– Podem entrar.

Logo que os visitantes apareceram na humilde casa do sábio índio, avistaram em um canto uma cama coberta por palhas e um lençol sobre ele branco como a neve, tão limpo estava. Deduziram que ali era a cama de Raul. Um pouco mais à frente havia também uma rede, que servia de cama para Imaraji. Havia ainda uma pequena mesa de madeira muito bem trabalhada artesanalmente e um fogão a lenha – isso resumia o lar de Imaraji.

O velho índio os chamou para atravessar uma porta que dava para os fundos da casa, que chamava de terreiro. Assim que Ramon e o pai se aproximaram, viram Raul concentrado em suas obras.

– Raio Azul, tem visita pra você.

Raio Azul ficou estático, ainda de costas, sentindo um arrepio forte percorrer todo o seu corpo. Lentamente, virou-se para ver de quem se tratava. Miguel, por mais que tentasse ser forte, deixou as lágrimas descerem pelo rosto, lavando toda a angústia de anos de sofrimento. Ramon, por sua vez, em passos curtos e lentos, foi se aproximando do irmão, que de imediato se lembrou do rapaz de seus lampejos de lucidez. Por muito tempo ficaram se olhando, sentindo um imenso calor aquecer seus corações, motivado por uma união de amor e afinidades. Quando Ramon não mais suportou o desejo de tê-lo em seus braços, deu o passo decisivo para que seu irmão Raul tomasse a iniciativa. Como já era esperado, Raul abriu seus braços e se uniu de fato a todos os sentimentos mais valiosos que dois seres esperançosos em se encontrar poderiam ter. Foram os minutos mais longos de uma troca sincera e espontânea, que, por mais explícita que fosse, ainda assim escondia a dimensão do amor que em segundos se formou em torno da aura espiritual dos dois irmãos. Miguel, completamente entregue às suas emoções, também se aproximou, esperando pacientemente que seus filhos se abraçassem o tanto a que ambos tinham direito.

– Raio Azul sabe quem é este moço? – perguntou Imaraji.

Raio Azul, com a voz sumida, respondeu:

– É o rapaz que aparece sempre em minha memória.

– Mas sabe o que é de Raio Azul?

– Meu... irmão...

Miguel não suportou e passou seus braços em torno dos dois, ficando ali por longos segundos. De repente, como se estivesse diante de uma grande tela iluminada diante de si, Raul assistiu como a um filme à velocidade da luz: viu seu nascimento, sua infância, juventude, fase adulta. Em uma explosão, todos os que faziam parte da sua vida lhe passaram como um raio. As imagens corriam diante de seus olhos como se estivesse em um sonho longo, atravessando todos os espaços e épocas de uma só vez. Quando o filme de sua história se esgotou até o presente momento, Raul deu um grito de horror, deixando-se cair sobre as areias brancas quando toda a sua vida findou, sentindo nitidamente uma grande explosão e um barulho estarrecedor, além de muitos destroços da fuselagem de uma aeronave em milhões de pedaços sobre o mar. Exausto, Raul voltou a tomar sua vida daquele ponto crucial, como se fosse o do nascimento de um bebê.

Raul, tombado sobre as areias, os olhos cerrados, chorava compulsivamente. Miguel e Ramon se assustaram com aquela cena sofrida. Porém, o sábio índio os interpelou:

– Se afastem... Se afastem...

Rapidamente, Imaraji amparou seu pupilo, colocando sua cabeça com ternura em seu colo. Com as mãos espalmadas sobre a cabeça dele, fez suas preces a Tupã. Aos poucos, o moço voltou aos seus sentidos normais.

– O que houve, seu Imaraji? – perguntou Miguel, preocupado.

– Nada, homem branco. É que Raio Azul acabou de nascer de novo.

– Nascer de novo? Como assim?

– A fé de seu filho fez com que Tupã o resgatasse de volta à vida. Agora, é só Raio Azul retomar seu caminho daqui para frente.

Raul, quando mais calmo, abriu os olhos e, ainda mais emocionado, abraçou o pai e o irmão com desespero, como se houvesse renascido realmente. Imaraji se afastou, deixando-os se acertarem.

Por muito tempo ainda os três, pai e filhos, ficaram juntos para tentar recuperar o tempo perdido. Eram tantas as coisas a serem ditas, que mal se entendiam, até que Nanaeh interferiu:

– Pai Imaraji está chamando vocês. Ele quer comemorar.

Miguel, ainda muito emotivo, abraçado aos filhos, entrou na humilde tenda. A mesa estava posta com algumas canecas, um bolo e chá, que Imaraji preparava quando um novo membro chegava à terra.

– Podem se acomodar. Minha filha Nanaeh, serve os homens brancos.

Raul se ajoelhou diante de Imaraji e, com a cabeça baixa, beijou as mãos do homem que havia cuidado dele por anos de sofrimento e ausência.

– Mesmo que eu ainda viva muitos anos, não terei palavras para agradecer tudo o que fez por mim. Hoje me sinto muito feliz e grato por tudo que o senhor me ensinou. Que Tupã, no dia de hoje, possa iluminá-lo cada vez mais.

Imaraji gentilmente pegou as mãos de Raio Azul e o fez se levantar.

– Se quer me pagar, nunca deixe de ser feliz e bom, como foi até agora. E que possa sempre guardar do lado esquerdo do peito um cantinho para que eu viva eternamente junto de todos os que você ama.

Raul deixou lágrimas caírem sobre as mãos abençoadas daquele índio sábio e generoso.

– Por todo o tempo que eu ainda viver nesta terra, como diz o senhor, eu o terei sempre comigo, não só em meu coração, mas em minha vida em si. Pode apostar que nunca mais deixarei de vir aqui, especialmente para vê-lo. O senhor sempre será uma das pessoas mais importantes da minha história, pode apostar.

Nanaeh, juntamente com os visitantes, chorava de emoção e alegria por tudo ter terminado bem.

– Nanaeh, serve as visitas, minha filha – repetiu Imaraji.

– Sim, senhor meu pai.

Nanaeh os serviu com gosto. Comeram bolo e tomaram chá de ervas especiais daquele ser maravilhoso. Ficaram ainda por muito tempo conversando. Raul pôde, com mais tranquilidade, contar tudo o que havia acontecido no terrível acidente aéreo.

Todos se encontravam em perfeita harmonia. Para Imaraji, não poderia ter bênçãos maiores que ver Raio Azul, o homem branco que havia aprendido a amar como um filho, curado de todas as mazelas daquela provação tão triste.

– Bem, meu filho, já está ficando tarde. É melhor irmos para o hotel; com certeza seu Imaraji já deve estar cansado.

– A bem da verdade, tô desejando mesmo me esticar em minha rede.

Todos riram com a espontaneidade de Imaraji. Miguel e Ramon se levantaram para sair.

– Pai, sei que temos muitas coisas para colocarmos em dia, mas gostaria muito de passar esta noite aqui com pai Imaraji.

– Mas, meu filho...

– Pai... – interveio Ramon. – Deixe que Raul fique mais esta noite aqui; tenho certeza de que ainda há muitas coisas que os dois querem conversar.

Miguel pensou, e em seguida respondeu:

– Tudo bem, mais uma noite não vai me matar. Esperei tanto tempo!

Raul abraçou o pai e o irmão e os acompanhou até a saída da tenda.

Miguel foi para o hotel descansar e acalmar as emoções, enquanto Ramon acompanhava Nanaeh até sua casa.

– Está muito cansado, meu pai?

Imaraji sorriu, feliz.

– Quer saber de rabo de saia, não é isso? – Raul ficou envergonhado. – Como é bom lembrar de tudo, não é meu filho?

– É. sim senhor. Puxa, meu pai, como é bom estar de volta. Como é bom saber quem somos, o que queremos, para onde vamos.

– É, meu filho, é bom mesmo. Mas acalme seu coração; suas dúvidas serão respondidas no tempo certo.

– Mas tenho uma coisa muito grave para revelar ao senhor. Sinto-me o homem mais feliz do planeta, mas, como nos lembramos das coisas boas, lembramos também das ruins, e preciso me abrir com o senhor. Só pai Imaraji poderá me amparar.

– Amanhã Imaraji conversa com Raio Azul. Estou tão cansado.

– Mas, meu pai, preciso muito abrir meu coração.

– Amanhã, meu filho. Amanhã... Vê se deita e descansa seu corpo, pra seu espírito se preparar para a longa jornada que ainda está por vir.

Imaraji, sem mais demora, fechou os olhos e dormiu. Raul teve que fazer o mesmo; se o velho índio pedia que descansasse, quem era ele para discordar?

Ramon, logo que chegou em frente da casa de Nanaeh, sentiu-se pesaroso em ter que deixá-la:

– Está feliz?

– Muito... Nem sei como conseguimos passar por toda essa emoção de hoje.

– Agradeça a Tupã pela volta de seu irmão.

– Agradecer a quem?

– A Deus, Ramon... Deus é o responsável por sua felicidade.

Ramon ficou sem saber o que fazer, já que não acreditava em nada, mas ao mesmo tempo não queria desapontá-la.

– Pode deixar, quando for me deitar eu agradeço.

As palavras de Ramon não convenceram Nanaeh. Ela, humildemente, aproximou-se do jovem e juntou as mãos dele em sentido de reverência, dizendo:

– Obrigado, meu Pai, por ter amparado meu irmão por todo esse tempo. Serei grato à sua generosidade por todo sempre. Vamos, repita comigo.

Ramon, com as mãos entre as de Nanaeh, sentiu uma emoção inexplicável. Sem que esperasse, lágrimas desceram por seu rosto, tocado que estava pelas palavras fortes de agradecimento da jovem. Ele nunca havia sentido com veracidade a força que havia em agradecer com a alma a um Deus no qual até então não acreditava. Sem reservas, repetiu as palavras de Nanaeh, deixando que Tupã tocasse seu coração pela primeira vez.

Nanaeh, delicadamente, soltou as mãos de Ramon, que depressa passou uma delas pelo rosto, enxugando suas lágrimas.

– Não foi tão difícil assim, foi?

– Não, claro que não.

– Não precisa me agradar; sei que não acredita em Tupã, mas haverá sempre uma oportunidade de mudar isso.

– Como sabe o que vai em meu coração?

– Tenho lá meus sinais.

– Como assim?

– Pensa que é só pai Imaraji que sabe das coisas? Eu também tenho meus avisos.

Ramon se rendeu aos encantos da jovem e beijou seus lábios com paixão. Nanaeh sentiu o coração disparar; nunca havia sido tocada por nenhum outro rapaz.

– Preciso entrar – falou, e correu para dentro de casa.

– Posso vê-la amanhã?

Nanaeh não respondeu; apenas jogou um beijo para Ramon com as pontas dos dedos e entrou.

No dia seguinte, bem cedo, Miguel telefonou para Consuelo antes mesmo do café da manhã. Sua felicidade era muito grande e desejava compartilhar tudo com ela; nada mais justo.

Depois de ter recebido as boas-novas nos mínimos detalhes, Consuelo, chorando, agradeceu muito a Deus pela dádiva alcançada. Em seguida, telefonou para Evita e dividiu sua felicidade com a irmã. Tudo se encaminhava para o retorno tão esperado do filho. Os caminhos seguiam com perfeição; contudo, chegava a hora de Consuelo solucionar algumas pendências que deixara em sua vida. Eram soluções que não havia mais como adiar. Estava na hora de renunciar à sua felicidade para que outras pessoas fossem felizes; pelo menos, fora a promessa que fizera a Deus caso ela alcançasse essa graça. Como Deus a havia atendido, era hora de cumprir com sua parte.

Naquele dia mesmo, Consuelo foi almoçar na casa da irmã, junto com as sobrinhas. A felicidade era muito grande; até parecia mentira que Raul logo voltaria, são e salvo. As expectativas de todas elas eram enormes, em especial de Liz, que tão logo conheceria o grande amor de sua vida – embora se lembrassem de que era um amor proibido, a situação fora posta de lado por ora, pois todos vibravam os mesmos pensamentos positivos para o retorno do amante da arte Raul.

Naquela noite, Consuelo pediu à irmã que a levasse ao centro espírita que ela frequentava. Tinha necessidade de se fortalecer para quando tivesse que dar um sentido à sua vida; isso seria necessário para que ela se mantivesse forte para seguir em frente.

Quando chegaram ao centro, as duas irmãs sentaram-se à espera da palestra, que foi comovente. Deus, como pai generoso, sempre procura, através dos médiuns ou de um amigo, trazer as mensagens propícias para determinada pessoa que necessite de auxílio ou esclarecimento oportunos, a fim de que sejam de grande valia para o entendimento daquele determinado filho.

Consuelo pensou: "Como aquela palestrante sabia direitinho o que eu necessitava ouvir?". A palestra fora de muito proveito para esclarecer suas dúvidas e inseguranças.

Ao término, foi levada para as câmaras de passes. Quando saiu, teve a sensação de estar no caminho certo; sentiu que não dava mais mesmo para protelar suas decisões.

Deixou a irmã em casa e seguiu com o táxi para o hotel. Sentia-se diferente, mais forte, mais segura de suas decisões. Tomou uma ducha e se deitou para dormir. Naquela noite em especial, conseguiu dormir como há muito não dormia; seu espírito pôde se ver livre, levitando com vibrações de felicidade a fortalecer seu caminho.

Na manhã seguinte, levantou-se, tomou seu banho e se arrumou com muita elegância. Desceu para o café da manhã e foi direto para o aeroporto, embarcando para a Espanha.

Evita, sua irmã, ligou várias vezes para o hotel, preocupada por ela não ter dado notícias, e foi informada de que Consuelo havia partido e embarcado para a Espanha. Evita desligou o telefone, pensativa.

– O que foi mãe?

– Não sei, sua tia voltou para a Espanha.

– Como assim? Ela avisou que ia embora? Nossa, não esperou para ver Raul?

– Não, não me disse nada. O que será que houve?

– Ah, mãe, não sei! Mas não fique preocupada; vamos dar um tempo até que ela chegue em sua casa, depois nós ligamos.

– E tem outro jeito?

Evita passou o dia todo pensando no que poderia ter acontecido para que a irmã resolvesse voltar para a Espanha sem dar sequer um telefonema ou deixar um aviso.

Capítulo 28

DESPEDIDAS

O dia nem bem havia dado o ar da graça, e Raul já estava em pé, passando um café. Imaraji levantou ainda mais cedo do que Raul e não se encontrava na tenda; só após uma hora é que Imaraji voltou.

– Bom dia, pai. Onde estava?

– Fui buscar leite fresco. E você, por que já está acordado? Ainda é muito cedo!

– Ah, meu velho índio, perdi muito tempo da minha vida, agora tenho pressa!

– *Tutanaia!* Não carece correr; sua vida vai andar como deve, e não como Raio Azul quer.

– Eu sei, pai. Mas não consegui dormir direito, meu cérebro não quis se desligar. O que eu posso fazer?

Imaraji sorriu com satisfação.

– Do que está rindo, índio?

– Índio, não... Imaraji...

– Puxa vida, vou sentir muita saudade do senhor!

– Imaraji também.

Raul colocou café na caneca e serviu Imaraji. Em seguida, também se serviu de café e sentou-se na cadeira à frente do velho índio.

– Meu pai, o que mais sabe sobre meus caminhos?

– Imaraji sabe que Raio Azul vai ser muito feliz, como merece.

– Mas como posso ser feliz se não vou ter quem amo ao meu lado?

– Por que Raio Azul não deixa nas mãos de Tupã o que não tem como resolver?

– Mas deixar tudo nas mãos de Tupã não é sensato. Se eu deixar para que ele resolva, já sei qual será meu futuro.

– Então, se Raio Azul já sabe a resposta, é porque Tupã já resolveu.

Raul se levantou, parou à entrada da tenda e ficou com olhar perdido no céu azul.

– A moça daquele quadro não sai do meu coração.

– Ah, então é a moça do quadro que não deixou Raio Azul dormir?

Raul, ainda com o olhar perdido no céu, respondeu:

– É ela sim, meu pai. O que devo fazer, se nosso amor é proibido?

Imaraji se levantou e, pousando suas mãos sobre os ombros de Raul, respondeu com tranquilidade:

– Não está em suas mãos saber ou não o que fazer; deixa que Tupã sabe o que faz, e você não sabe o que fala.

Raul se virou para o velho índio e concluiu:

– Mesmo que eu deixe nas mãos de Tupã, já sei qual será sua solução. Não posso me revoltar com Tupã ou com a vida, já que ele permitiu que eu continuasse meu caminho por mais um tempo aqui na Terra. Ainda que esteja decepcionado com os caminhos que ele trilhou para mim, devo lhe agradecer por ter trazido de volta à minha memória toda a história que pensei estar perdida.

Imaraji se emocionou com a coerência que conseguira plantar no coração de seu pupilo. Ficou feliz por Raul ter acreditado em seus ensinamentos; ter acreditado que, acima deles todos, havia um ser superior a ser respeitado, mesmo que ainda não compreendesse os desígnios de Tupã.

– Imaraji está feliz por Raio Azul. Acima de qualquer desejo, entenda que Tupã sabe o que é melhor para cada um de seus filhos; não cabe a Raio Azul querer isso ou aquilo.

Raul deixou as lágrimas descerem, agradecendo por estar vivo e lúcido. Sem demora, arrumou algumas poucas coisas que tinha em uma sacola qualquer, ficando pronto para quando o pai chegasse, acompanhado do irmão, para regressar definitivamente à sua vida.

Depois de algum tempo, Miguel chegou com Ramon para pegarem a barca e retornarem a São Paulo.

Ramon e Miguel agradeceram a Imaraji por tudo o que havia feito por Raul. Todos estavam muito emocionados. Raul, em especial, despediu-se de todos os que o acompanharam até a embarcação com um forte abraço, até chegar a vez da pessoa mais importante daquela aldeia.

– Meu pai, não tenho palavras para agradecer tudo o que fez por mim. Nem mesmo palavras para dizer o quanto o senhor foi e sempre será importante para mim, para minha vida. Sou eternamente grato pelos seus ensinamentos. Mas prometo ao senhor que um dia voltarei para revê-lo.

O velho índio era guerreiro, forte, sábio, mas mesmo assim se emocionou ao se despedir de mais um filho que aprendera a amar. Humildemente, deixou cair algumas lágrimas, selando o amor que havia nascido entre ele e Raio Azul.

Raul lhe deu um forte abraço e, antes de se afastar em definitivo, disse a seu ouvido:

– Todas as noites, quando o senhor olhar para o céu para conversar com seus familiares de outra morada, converse comigo também; não deixe que eu me perca no mundo das ilusões. Enquanto eu viver, farei o mesmo, com a certeza de continuar aqui, trilhando seus ensinamentos.

Logo Raul afrouxou o abraço, para não sofrer tanto, e saiu andando sem olhar para trás. O jovem deixava ali, naquela aldeia, todo o amor e gratidão por um velho índio que o ajudara, não por ser iluminado e sábio, mas por ser humano e espiritualmente bom. O velho índio, sem sombra de dúvida, seria sempre para Raio Azul a bondade e o saber de Tupã em forma de Imaraji; em forma de um índio instruído.

– Raio Azul não vai levar as obras que fez aqui?

Raul não olhou para trás, apenas respondeu:

– Leve-as para vender na cidade.

Ramon também deu um forte abraço em Imaraji.

– Obrigado por tudo o que fez pelo meu irmão.

– Agradeça a Tupã.

Ramon olhou fixamente os olhos negros do índio.

– Aprenda a orar e agradecer Tupã por tudo o que ele lhe proporcionar; não é tão difícil assim.

Quando o velho índio terminou de falar, Nanaeh sorriu. Ramon havia aprendido que orar e confiar em Deus era muito importante. Sem conter o que seu coração pedia, abraçou Nanaeh com carinho e pousou um beijo em seu rosto, enquanto algumas lágrimas desciam pelo rosto bronzeado da índia. O jovem, sofrendo por ter que deixá-la, passou os dedos pelas lágrimas e disse:

– Eu vou voltar... – Sem mais, virou-se e continuou seu caminho.

Depois de três dias de viagem, Miguel e os dois filhos chegaram à rodoviária de São Paulo.

Raul se sentia meio que um peixe fora d'água, depois de tanto tempo de convívio com o silêncio da natureza, mas estava feliz por ter voltado às suas raízes.

Para não incomodar nem constranger ninguém diante do filho tão esperado, Miguel não avisou que já estavam voltando, assim pegaram um táxi e foram direto para o hotel, onde deveria estar Consuelo. Ao chegarem à recepção, o mensageiro do hotel veio recebê-los com uma carta, que Miguel guardou no bolso.

– Cadê a mamãe, pai?

– Não sei, Raul, pensei que ela estivesse aqui nos esperando.

– Por favor, senhor, minha esposa saiu?

– Está falando de dona Consuelo?

– Sim.

– Ela já foi embora. Já entreguei ao senhor a carta?

– Entregou, sim, mas pensei... – Miguel não terminou a frase. – Já entendi – respondeu ele, embora não parecesse ter entendido nada.

Logo que Ramon adentrou o quarto com Raul, jogou-se sobre a cama e exclamou:

– Isso é que é cama, meu Deus!

Raul sorriu com vontade do jeito do irmão.

– Tenho que admitir: aqui é muito diferente – concordou Raul.

– Só diferente? A civilização é uma maravilha – exclamou Ramon.

– Também não é assim...

– Não, não é... Pelo amor de Deus, irmão, isso aqui sim é o paraíso pra mim!

– Pois eu gostava de lá.

– Então, volte pra lá.

Raul deu alguns passos, abriu a janela do quarto e, olhando para o movimento frenético da rua, respondeu:

– Não tenha dúvida disso. Assim que puder, voltarei para minha aldeia.

– Você está brincando, não é?

– Não, estou falando sério. Aquele lugar era mágico, e um ótimo lugar para se trabalhar. Quer melhor que um imenso mar, um céu azul e muitos passarinhos para inspirá-lo?

Ramon riu sonoramente.

– Daqui a pouco, vai dizer que andar só com as penas a cobrir o sexo é a melhor coisa do mundo.

– Será que só eu mesmo um dia voltarei para aquela aldeia?

– O que está querendo insinuar?

– Que você deixou seu coração exatamente lá, longe da civilização. – Ramon ficou pensativo. – Não vai me responder? Pensei que já tivesse a resposta na ponta da língua.

– Você está maluco de pensar que eu sentiria vontade de voltar para aquele fim de mundo!

– Não responda por seu coração, porque sei que, se depender dele, voltará o mais breve possível.

– Não tenho nada que possa ter me prendido lá.

– Pois eu acho que Nanaeh já basta para sua volta.

Ramon, rindo sem jeito, abraçou o irmão com alegria.

– Nanaeh... Até seu nome é diferente.

– Ela é maravilhosa; teve muita paciência comigo. Nanaeh também sempre terá um lugar em meu coração.

– Espero que tenha sobrado um lugar para mim também – disse Ramon, muito feliz.

Raul, rindo muito, não deu continuidade ao assunto; sabia que Ramon não iria entender as maravilhas daquela aldeia.

O telefone tocou, e Raul se assustou. Há muito não ouvia um telefone tocar. Foi Ramon quem atendeu.

– Liz? Como está, querida? – gritou Ramon.

Raul, no mesmo instante, sentiu seu coração bater freneticamente ao ouvir o nome *Liz*.

– Vocês já voltaram? Que bom, meu Deus – Liz respondeu.

– Já sim.

– Como foram de viagem?

– Muito cansativo, mas bem...

Liz, mais que eufórica, fez a pergunta que não queria calar:

– E Raul, como está?

Ramon olhou para o irmão com ar de quem solicitava sua presença.

– Posso falar com ele? – pediu Liz.

– Falar com ele? – repetiu Ramon, para ganhar tempo, e o irmão também ouvir o que Liz desejava. Raul fez sinal com a mão, indicando um gesto negativo.

– Sabe o que é, Liz, ele está tomando banho. Chegamos muito cansados!

– Ah, então está bem; mais tarde eu torno a ligar. Todos aqui em casa estão muitos ansiosos para revê-los.

– Está bem, mais tarde nos falamos. – E, desligando o telefone, virou-se para Raul: – O que houve com você? Pensei que o que mais desejasse era falar com Liz!

– Falar com minha irmã, você quer dizer?

Ramon, na hora, ficou chocado com o posicionamento do irmão; parecia até outra pessoa.

– Até quando vai evitá-la? Uma hora terá que...

Raul o cortou:

– Essa hora não vai chegar, Ramon. Se é isso o que quer saber.

– Mas ela não vai desistir.

– Amanhã irei embora no primeiro voo.

Ramon abriu a boca, depois a fechou. Raul ia continuar no assunto, mas achou providencial a chegada do pai, que os obrigou a encerrar a conversa.

– Cadê a mamãe?

– Ela voltou para a Espanha.

– Não me esperou? Devo entender que ela ainda está aborrecida comigo?

– Por favor, Raul, para de falar bobagens. Ela está muito ansiosa para revê-lo.

– Então por que voltou para a Espanha sem me esperar?

Miguel entregou a carta para Raul.

Querido Miguel,

Tenho pensado muito em tudo o que nos aconteceu; sofremos muito com os últimos acontecimentos. Meu maior desejo era receber a notícia de que nosso filho Raul estivesse vivo. E, graças a Deus, ele está.

Estou cansada de errar e de ser cobrada por isso; aprendi que nada fica sem respostas e as minhas já chegaram. Tudo em nossa vida é movido por ação e reação.

Não sei se seus erros foram maiores que os meus, mas penso que neste momento não há um só errado; se houve erros, eles foram cometidos de ambas as partes.

Com o acidente do nosso filho, refleti muito e aprendi que, por mais que procuremos não cometer mais erros, as lições de alguns atos impensados sempre virão, e não quero pagar um preço tão alto assim. Esse acidente com nosso filho amado Raul foi resultado de atitudes que cometi no passado; passei por cima de muitos sentimentos sem pensar nas consequências, e fiz muitas pessoas sofrerem, como minha irmã, Liz, sua filha, Ramon, nosso filho, você, e principalmente Raul, que por minha causa carrega em seu coração um amor proibido.

Pensei muito e cheguei à conclusão de que deve ficar com a mulher que ama até hoje. Não pense que com isso quero ser a perfeita e boazinha, mas prefiro que você sinta carinho por mim do que indiferença. Não estou tomando atitudes impensadas; ao contrário, estou tomando a decisão certa.

Eu o amo mais que minha própria vida, mas amo também meus filhos, e não quero mais fazê-los sofrer com brigas e discórdia. Do fundo do meu coração, quero que volte para Evita e sua filha. Que você ainda possa ser muito feliz.

Antes de me despedir, peço a meus filhos que me perdoem por não tê-los esperado aí no Brasil, mas solicito, por favor, que eles venham à Espanha. Estarei esperando ansiosamente.

Amo muito vocês.

Sem mais...
Consuelo

Quando Raul terminou de ler a carta, muito triste, questionou o pai:

– O senhor ainda ama tia Evita?

Miguel se levantou, contrariado.

– Claro que não. Amo demais a mãe de vocês; não sei de onde ela tirou isso. Aliás, sei sim... Sua mãe, durante todos esses anos de convivência, sempre achou isso, mas ela está enganada. Se há uma mulher que amo, essa mulher é a mãe de vocês.

– Por que não disse isso para ela? – perguntou Ramon.

– Estou cansado de dizer que a amo. Mas ela acha que não. Como vou viver daqui para frente? – perguntou Miguel, amargurado.

Raul abraçou o pai.

– Fique tranquilo, pai, estou indo para a Espanha. Chegando lá, falarei com a mamãe.

– Você está indo para a Espanha?

– Sim, pai, amanhã mesmo eu embarco.

– Mas não...

Raul cortou o pai:

– Por favor, não me faça essa pergunta que está em seus pensamentos.

– Faço, sim. Não vai pelo menos dar um alô para sua irmã?

– O senhor falou muito bem: minha *irmã*. Ainda não estou preparado para essa conversa com ela. Não tenho nada para oferecer a ela neste momento.

– Claro que tem; sua amizade.

– Pai, por favor, não insista. Já está decidido; amanhã pego o primeiro voo e volto para a Espanha. Retornarei para o lugar de onde nunca deveria ter saído.

– Então iremos juntos; minha vida está lá, e não vou mudar nada para facilitar as coisas para a sua mãe!

– Então iremos todos – disse Ramon, também decidido a voltar.

Ramon, sem outra alternativa, naquela noite mesmo foi à casa de tia Evita, onde as três mulheres o esperavam.

– Onde estão Raul e Miguel? Eles não vieram com você? – perguntou Evita.

– Não. Infelizmente, Raul não está muito bem, e meu pai ficou com ele.

– Não estou acreditando, Ramon – exclamou Liz.

– Me desculpe, querida, mas Raul, por enquanto, não virá. Amanhã, inclusive, voltaremos para a Espanha.

– Sabia... Eu sabia. Aposto que sua mãe tem a ver com tudo isso!

– Não, Liz. Você está enganada; pelo contrário, minha mãe já está na Espanha, nem esperou para ver Raul.

– Mas por que, meu filho? – perguntou Evita, preocupada.

– Tia, desde que chegamos aconteceram tantas coisas, que é melhor não entrarmos no assunto.

– Fale, filho. Quem sabe não seja uma desculpa plausível...

– Minha mãe está decidida a se separar de meu pai.

Evita arregalou os olhos, assustada.

– Como assim? Ela não pode fazer isso!

– Mas é exatamente o que ela disse na carta que deixou para meu pai no hotel. É por esse motivo também que Raul decidiu voltar para a Espanha; disse que não vai deixar minha mãe em uma hora dessas.

Liz ficou muito triste. Havia esperado tanto para que pudesse pelo menos ver Raul por breves instantes, e todos os seus desejos mais uma vez foram frustrados. Sem conter a infelicidade, retirou-se e foi para o quarto.

Evita, assistindo a tudo se desmoronar, deixou as lágrimas descerem por seu rosto. No fundo, sabia que não poderia deixar que as pessoas que amava sofressem com tudo o que estava acontecendo.

Adriana ficou sem saber o que dizer ao primo. Sendo bem honesta, contudo, havia achado Raul bem sensato em tomar a decisão de voltar para a Espanha. Ver Liz não seria uma boa escolha; aquele era um amor que, antes mesmo de começar, já havia findado.

Ramon, sem muita demora, despediu-se da tia, de Adriana, e voltou para o hotel.

Na manhã seguinte, como já previsto, Miguel voltou para a Espanha com os filhos.

Raul estava ansioso para ver a mãe, mas sua preocupação era maior. Já estava sendo difícil voltar à vida depois de anos, imagine só ter que rever a mãe que amava tanto em meio àqueles conflitos?

Mas, para surpresa dos três, assim que adentrou a casa, Raul correu para abraçar a mãe, que já o esperava com lágrimas nos olhos. A entrega de um para o outro foi longa; ambos se abraçaram por muito tempo, parecendo não ter fim a necessidade de estarem juntos, banhados por um amor soberano. Consuelo beijou o rosto do filho repetidas vezes; pensou ser um sonho tê-lo de volta em seus braços. A emoção foi muito grande; Ramon e Miguel também choravam juntos com a alegria de ver que tudo havia voltado a seu lugar.

– A senhora foi uma das primeiras de que consegui me lembrar! – Raul falava, e a mãe ainda o beijava, fitando os olhos brilhantes do filho.

– Quando soube que havia uma esperança de estar vivo, pedi muito a Deus para que ele o trouxesse de volta para mim.

– E aqui estou, mãe. A senhora não sabe que sensação boa é sentir seu cheiro, cheiro da minha casa, sentir todos vocês ao meu lado.

Consuelo ficou por horas conversando com o filho, que por sua vez contou como vivera até aquele momento e sobre muitos amigos bons que fizera. Falou muito também de seu pai Imaraji. Consuelo, emocionada, ouvia a história com muita atenção.

– Raul, meu filho, não quer tomar um banho e ver seu quarto? Ainda está tudo como você deixou – sugeriu o pai.

– Claro que quero; já estou indo. – Raul beijou a mãe com muito amor e foi a passos rápidos rever seu quarto.

– Bem, vou com Raul. Preciso aproveitar o máximo de tempo ao lado dele. – Ramon também beijou a mãe e saiu correndo atrás do irmão.

Tudo o que Miguel queria naquela hora era ficar a sós com Consuelo.

– Por que não me esperou no Brasil?

– Não leu a carta que deixei?

– Li, sim. Por que está fazendo isso? Por que insiste em acabar comigo todos os dias de nossa vida?

Consuelo calmamente se acomodou no sofá e continuou:

– Justamente para não mais atormentá-lo que resolvi me separar de você.

– Mas isso não tem cabimento. Nós...

Consuelo o impediu de falar:

– Miguel, entenda, não existe mais *nós*; por favor, aceite minha decisão.

– Quer dizer que de repente decide me deixar e resolve a situação escrevendo uma carta?

– Foi o melhor caminho que encontrei. Aliás, suas malas já estão todas prontas no quarto de hóspedes.

Miguel se levantou, revoltado.

– Isso não pode ser resolvido assim!

– Pode e já está decidido. Eu vou para o meu quarto; estou com muita dor de cabeça. – Consuelo se levantou para sair, mas Miguel a segurou pelo braço.

– Você não pode fazer isso comigo!

– O que mais quer de mim? Estou deixando-o livre para viver com a mulher que nunca deveria ter deixado. Evita ama você, e você também está livre para amá-la.

– Mas não amo Evita, eu amo você!

– Já me enganei por muitos anos, Miguel; sempre soube que ainda amava Evita. Veja bem, não estou contra você ou contra minha irmã; pelo contrário, estou deixando os dois livres para seguir o caminho de vocês. De hoje em diante, a única coisa que me importa é cuidar dos meus filhos. Vou tentar me redimir do sofrimento que causei para Raul; se não tivesse sido tão egoísta, nada disso teria acontecido. Sei que vai ser duro Raul ter que enfrentar seus tormentos, reorganizar seus sentimentos e retomar sua vida, mas, se depender de mim, tudo farei para que meu filho seja feliz. Agora, Miguel, por favor: pegue suas coisas e vá embora; vá viver sua vida como merece.

Dito isso, Consuelo subiu às pressas para o quarto. Assim que fechou a porta atrás de si, deixou-se cair no chão e chorou copiosamente sua dor pelo amor profundo que sentia por Miguel. Parecia até que Consuelo iria morrer, tão penoso lhe era ir contra o grande e único amor que tivera em toda a sua vida.

Miguel, por sua vez, saiu no mesmo instante, deixando seu coração para trás dentro daquela casa, um coração que, sabia, jamais voltaria a ser seu.

Depois de um demorado banho, Raul se jogou sobre a cama e ficou contemplando tudo ao redor.

– Puxa vida, nem acredito que estou de volta à minha casa, no meu quarto... Muito obrigado, meu pai Tupã. Muito obrigado, meu pai Imaraji, por terem me trazido de volta. Obrigado por mais uma oportunidade; desta vez vou tentar acertar, eu prometo.

Após dizer essas palavras de agradecimento, não pôde deixar de se lembrar de Liz. Suas lágrimas desciam, espalhando-se com tranquilidade sobre os confortáveis lençóis. Raul começava seu sofrimento depois de o passado ter voltado à tona; sabia que seria uma grande luta contra sentimentos tão fortes cravados em seu coração, mas sabia também que, para o bem de todos, teria que vencê-los, por bem ou por mal. Tinha convicção de que deveria esquecer para sempre de Liz.

Ramon bateu na porta e entrou:

– Como está se sentindo de volta ao lar? – perguntou Ramon, ao entrar no quarto do irmão.

– Não sei descrever a dimensão dos sentimentos aqui dentro do meu peito. É muita felicidade para um cara como eu.

– Deixe de modéstia; você merece isso tudo e muito mais.

– Sabe, cara, estava justamente pensando em como aprendemos com fatos como esses. Não sabe como aprendi com tudo isso que me aconteceu. Farei de tudo para ser uma pessoa melhor.

– Mas você já é um cara bom.

– Não; só nos damos conta de ser uma pessoa melhor quando passamos por um sofrimento profundo. Quando me lembro do desespero que tomou conta de todos naquele avião... Todos sabíamos que ele estava perdendo altitude, descendo com toda a velocidade. O pavor foi muito grande; eram pessoas gritando, crianças chorando... Foi a imagem mais terrível que já vivenciei em toda a minha vida. Quando ele se chocou contra o mar, partindo-se em mil pedaços, com destroços voando pra tudo que é lado, meu Deus, foi horrível.

– Por favor, chega, irmão. Tudo isso já passou. Agora pense que está aqui em nossa casa, com a mamãe, comigo, com o papai.

Raul estava silencioso, revivendo a tragédia explícita diante de seus olhos.

– Raul, você está bem?

O jovem voltou de seus devaneios.

– O que será que deu com a mamãe e o papai? Por que mamãe tomou uma atitude como essa? Nosso pai vai sofrer muito; temos que fazer alguma coisa.

– O que podemos fazer, Raul?

– Não sei, cara, mas não podemos permitir sequer que o papai saia desta casa.

– Então vamos lá embaixo; ainda devem estar conversando.

– Vai indo; só vou colocar uma roupa e já estou descendo.

Ramon desceu primeiro e, não vendo a mãe na sala, dirigiu-se à cozinha.

– Maria, onde está minha mãe?

– Está trancada no quarto.

– Raul tem razão; temos que fazer alguma coisa.

– Também acho.

– O que disse, Maria?

– Nada, nada... Raul já tomou banho?

– Sim. Por quê?

– Ligaram do Brasil para ele.

– Do Brasil?

– Sim.

– Deixaram recado?

– É uma moça, acho que o nome é Liz. Espere, anotei no papel.

– Não precisa; deve ser Liz mesmo.

Ramon voltou à sala, e Raul já estava descendo.

– Conversou com a mamãe?

– Não, Raul. Maria disse que está trancada no quarto. O que vamos fazer?

– Bem, não faço a mínima ideia. Vamos tentar bater na porta; quem sabe ela nos atende.

Os irmãos fizeram como planejado.

– Mãe, abre, precisamos conversar.

Os rapazes não precisaram insistir muito; logo Consuelo abriu a porta.

– O que foi, mãe, estava chorando?

– Não, meu querido, já passou. Também... nem acredito que está aqui conosco novamente.

– Mãe, não vai levar esse negócio de separação adiante, não é?

Consuelo pegou a mão dos dois filhos e respondeu:

– Vocês estão certos; precisamos conversar, vocês merecem saber.

– Por favor, não confirma minhas intuições.

– Raul e Ramon, vocês precisam entender que o casamento entre mim e seu pai já acabou há muito tempo; apenas concluí a separação.

– A senhora não o ama mais?

– O que importa isso agora?

– Importa, e muito, mãe. Não jogue fora um amor, uma união com laços tão fortes.

– Já decidi, meus filhos, e não vou voltar atrás.

– Mãe, posso lhe pedir uma coisa? – perguntou Raul.

Consuelo beijou a mão do filho.

– Nada do que me pedir agora poderei atender; já conversei com seu pai, é minha decisão definitiva.

– Mãe, quantos gostariam de poder viver esse amor, como o da senhora e o do papai, mas não podem? – argumentou Raul.

Consuelo pressentiu a que o filho se referia.

– Eu sinto muito por seu sofrimento, meu filho.

– Não estamos falando de mim; estamos falando de amor entre um homem e uma mulher. Você não tem impedimento nenhum, para que então sofrer com uma separação?

– É difícil tocar nesse assunto com vocês, mas vou tentar.

Ramon e Raul, olhando para a mãe, esperaram suas explicações.

– Vocês já sabem que seu pai era noivo da minha irmã.

– Já sabemos, mãe – disse Raul.

– Isso mesmo, mas ele escolheu ficar com a senhora, porque... – falou Ramon, até que Consuelo o interrompesse.

– Meus filhos, vocês pensam que seu pai me ama, mas é ilusão; seu pai precisa viver esse amor que eu interrompi, e depois tem...

– Uma filha no meio, não é isso? – se adiantou Raul,

– Isso mesmo. Evita e seu pai têm uma filha, e eu o obriguei a nunca chegar perto dela. Eu estava errada; seu pai não merece viver sob minhas imposições; ele tem todo o direito de conviver com sua filha também.

– Até aí, acho justo, mas agora ele viver com tia Evita já é demais. Meu pai não ama sua irmã, mãe – falou Ramon.

– É o que vocês acham, mas eu o conheço muito bem; sei que reprimiu esse amor por minha causa.

– É sua última palavra? – indagou Raul.

– É sim, meu filho.

– A senhora e papai vão sofrer muito, pois tenho certeza de que se amam demais – disse Raul.

Consuelo abaixou a cabeça, tentando segurar as lágrimas.

– Mãe, não podemos impor nossas vontades; sabemos também que agora nada que nós dissermos a fará mudar de ideia, então façamos assim: quando estiver mais calma, pense melhor em tudo o que a senhora viveu com papai, tudo que construíram juntos; pense friamente, reflita, e depois sim, se realmente não houver mais amor, estaremos do seu lado – falou Raul.

Consuelo não conseguiu segurar as lágrimas e deu um abraço apertado nos filhos.

– Tudo bem... Combinado.

Ouviram então Maria bater à porta aberta do quarto.

– Raul, telefone para você.

– Quem é?

– Liz, do Brasil.

Raul passou as mãos nos cabelos, muito nervoso.

– Diga que não estou.

– Tem certeza? – perguntou Maria, admirada.

Consuelo segurou as mãos do filho.

– É por tudo isso que tomei esta decisão; quem sabe se seu pai conviver com Liz ela não o enxergará de outra maneira?

– Então a senhora está se sacrificando para o bem-estar de Liz e de Evita?

– Não, meu filho, não é isso. Expressei-me mal.

– É isso sim! Não faça isso, mãe. Está tomando a decisão errada; Liz é que terá de se conformar e pronto. Como eu já me conformei. Afinal de contas, somos adultos. Temos que entender os fatos e pronto!

Consuelo sentiu que Raul amadurecera mais do que ela poderia imaginar. Jamais havia pensado que fosse possível, naquela situação, Raul se posicionar como um homem de verdade.

– O que o fez mudar tanto de opinião, meu filho?

– A vida, mãe. A vida... Depois de tudo que passei, senti que nada é mais duro do que se ver morto, e depois descobri que o que sinto por Liz é amizade, porque nem amor de irmão posso dizer que sinto; nunca convivemos juntos para eu poder cultivar outro sentimento. Fique sossegada; descobri muitas coisas em minha vida, e uma das mais importantes é que não existem problemas difíceis ou fáceis; existem apenas problemas para que possamos resolver, é só isso. Não adianta protelar; a melhor solução é resolvê-los e pronto, assim poderemos dar continuidade em nossos caminhos.

Consuelo e Ramon ficaram de boca aberta por Raul estar tão mudado, tão lúcido sobre os acontecimentos.

– O que eu digo para essa garota? – perguntou Maria, ainda parada à porta do quarto.

– Diga que não estou...

Maria se retirou resmungando.

– Não aguento mais mentir para essa garota, coitada!

Todos riram de Maria.

– Você amadureceu muito, meu filho. Tenho muito que aprender com você.

– Vamos superar tudo isso por que passamos, mãe. Temos que confiar em Tupã; ele nos dá a direção, e nós já sabemos qual é a correta. Só existem dois caminhos, mãe: o certo e o errado, não há meio-termo. Ou procuramos prosseguir pelo caminho certo ou mais à frente arcaremos com as consequências. Eu já compreendi que Liz é minha irmã; não vou ser o causador de seu sofrimento. Uma hora ela vai cair na razão também.

– Mas ela continuará insistindo, até que você atenda o telefone.

– Não, irmão. Logo ela vai entender que não quero ter nenhum vínculo com ela. Nem de irmão, nem de nada. Para que sofrer desnecessariamente? De toda maneira, foi bom falarmos sobre esse assunto; precisávamos resolver essa questão. Talvez eu precisasse passar por tudo isso durante esses anos. Só agora consigo compreender que nem sempre o que desejamos é o melhor para nós. Se aqui dentro do meu peito tudo já foi solucionado, tenho que seguir em frente.

Consuelo não se convenceu, apenas sentiu que, para o filho, aquela era a melhor saída para não sofrer, nem causar sofrimento a Liz.

– Bem, estou morrendo de saudade da galeria e vou já pra lá! – disse Raul, todo feliz.

– Irei com você. Espera eu me arrumar? – pediu Consuelo.

– A senhora, mãe?

– Se quer saber, sua mãe aqui foi quem ficou responsável pela galeria por todo esse tempo. Quer dizer, não foi bem assim. Nos primeiros dias que foi dado como morto, mamãe ficou em depressão por um longo período, à base de remédios, passando a maior parte do tempo trancada no quarto. Aos poucos foi reorganizando seus sentimentos, até decidir cuidar da galeria como se estivesse em suas mãos. Mamãe melhorou aos poucos depois de tomar a responsabilidade da galeria para si. – concluiu Ramon a seu irmão.

Consuelo, abraçando o filho Raul, disse:

– A galeria fez muito bem para mim. É como se fosse uma parte de você que estava aos meus cuidados.

– É mesmo? Essa é mais do que uma boa notícia!

Raul, acompanhado da mãe, foi para a galeria. Ramon ainda ficou pela casa, preocupado com a irmã.

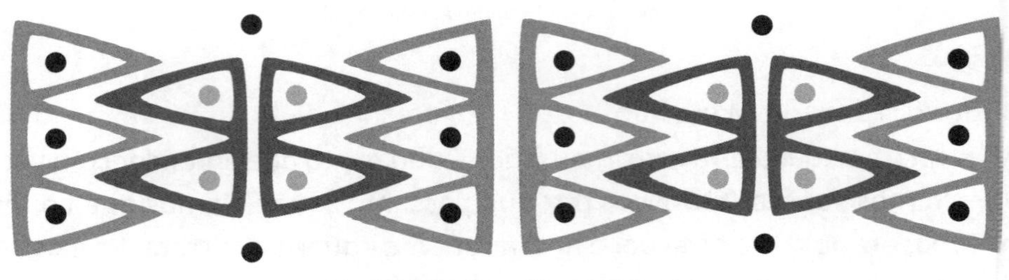

Capítulo 29

VIAGEM INESPERADA À ESPANHA

Liz desligou o telefone, desanimada.

– Não trabalha hoje, Liz?

– Não tenho vontade.

– Pelo amor de Deus, minha filha, não vai cair em depressão outra vez...

Liz não respondeu; apenas foi para o quarto, jogou-se na cama e chorou por muito tempo.

Evita, em silêncio para que a filha não ouvisse, postou-se na ponta dos pés à porta, e não deu outra: sua filha chorava de dar dó. "Preciso fazer alguma coisa. Raul nunca vai estar para ela; ele já se posicionou: para ele, Liz morreu."

Evita foi para o telefone e fez uma ligação. Ramon atendeu.

– Ramon? É tia Evita.

– Tia!

– Sei que está estranhando, mas preciso falar com você urgente.

– Pode falar, tia, o que houve?

– Estou sentindo algo estranho no ar. Sua mãe está aí?

– Não... Por quê?

– Ela voltou para a Espanha sem me avisar; Raul, graças a Deus, está bem, mas não deu nem um alô sequer para nós. Todos o esperávamos com tanta ansiedade, mas ele não teve a mínima consideração de dar, pelo menos, um mísero telefonema. Liz não sai de perto do telefone, esperando que ele retorne. É muita crueldade.

– Eu entendo, tia, mas é melhor a senhora ir desiludindo Liz aos poucos, porque Raul está decidido a não falar com ela, nem nos próximos dias, nem nunca mais.

– Mas por que tudo isso?

– A senhora ainda pergunta? Tia, meu irmão passou por maus momentos; merece agora ter um pouco de paz. Ele voltou muito mudado, já caiu na razão de que Liz é sua irmã e não quer iludi-la mais. Está decidido: não vai retornar nenhum telefonema que ela der. É melhor a senhora ter uma conversa definitiva com Liz.

Evita pensou por alguns instantes, depois tornou a falar:

– E sua mãe? Por que foi embora do Brasil quase fugida?

– Não sei, tia. A única coisa que sei é que minha mãe já entrou com a separação e mandou meu pai embora; ela não o quer mais aqui em casa.

– Não me diga uma coisa dessas, meu filho! Ela decidiu mesmo se separar de seu pai?

– Sim, tia. Eu e Raul conversamos com ela, mas está irredutível. Eu sei que só estou dando notícias desagradáveis, mas são as que tenho pra dar.

– E por que ela está se separando de Miguel?

– Diz ela que é para meu pai ficar livre para a família nova, para que ele possa conviver com sua filha. Minha mãe quer que ele reconheça Liz como filha dele.

– Mas ela não pode fazer isso! Ela ama seu pai.

– Ela já se posicionou; ele até já foi embora.

– Meu Deus de misericórdia, preciso fazer alguma coisa. Sua mãe está se anulando para um propósito que não tem cabimento; ela ama seu pai, e seu pai a ama. Eles vão sofrer muito!

– Já estão sofrendo, tia. Não sei o que faço.

– Fique tranquilo, meu filho, vou dar um jeito nisso.

– Jeito como, tia? Minha mãe está decidida.

– Eu sei, mas sua mãe está enganada; prometo, meu filho, que vou dar um jeito nisso tudo: no sofrimento da minha irmã, no de seu pai e também no de Liz.

– Mas como, tia?

– Preciso desligar; assim que eu puder mando notícias.

Evita desligou o telefone e foi direto para o quarto da filha.

– Liz, arrume sua mala que vamos para a Espanha.

Liz deu um pulo, assustando-se.

– O que está dizendo, mãe? Ir para a Espanha? Não vê que ninguém daquela casa quer nos ver?

– Não discuta; arruma sua mala. Vou ligar para sua irmã agora.

– Mãe... Mãe...

Evita, apressada, respondeu da sala:

– Arrume suas malas, Liz, por favor, quero embarcar o mais rápido possível!

Depois de uma hora, Adriana chegou em casa.

– Mãe, posso saber o que está acontecendo?

– Vá arrumar suas coisas; estamos indo para a Espanha.

– O que deu na senhora, mãe?

– Tenho assuntos urgentíssimos para resolver.

– Mas que assunto tem na Espanha para resolver?

Evita parou por alguns instantes e disse pausadamente para a filha:

– Por favor, Adriana, vá arrumar suas malas. Não faça perguntas.

Adriana, sem entender nada, entrou no quarto sem saber o que fazer.

– O que está havendo com a mamãe? – perguntou a Liz.

– Não sei, só sei que estou arrumando minha mala. É melhor arrumar a sua; ela está estranha, nunca vi mamãe assim.

– E você, para variar um pouco, estava chorando, não é?

– Ai, Adriana, não me perturbe. Por favor, já chega a mamãe, que está meio nervosa.

Em pouco tempo, Evita e as filhas ficaram prontas e foram para o aeroporto. Evita se mantinha calada; as filhas estavam preocupadas, pois nunca haviam visto a mãe daquele jeito. Adriana tentou iniciar uma conversa:

– Mãe, agora que está menos agitada, pode dizer o que está havendo?

– Ainda não está havendo nada, pode ficar despreocupada.

Tiveram que esperar algumas horas. Adriana achou um disparate a mãe ficar esperando tanto tempo no aeroporto; teria dado tempo de ir para casa duas vezes e voltado, mas achou melhor não contrariá-la. E, assim, ficaram esperando pelo horário do embarque.

Liz de vez em quando chorava, e a mãe já estava ficando irritada, porém não disse uma palavra a respeito; preferindo primeiro chegar à Espanha.

Finalmente chegou a hora do voo, e Evita e as filhas embarcaram.

Raul e Consuelo chegaram à galeria.

– Raul, que bom que já retornou – disse Paloma, feliz por reencontrar o moço depois de longos anos juntos. O artista lhe deu um abraço apertado.

– Como você está?

– Eu muito bem, e pelo visto você também está ótimo! Nossa, ligaram de vários jornais e revistas querendo uma entrevista com você.

– Comigo? A que devo a honra? – Raul perguntou, ao mesmo tempo em que andava pela galeria, sem acreditar que estava de volta. Seu sorriso era contagiante.

– E ainda pergunta? O artista espanhol que foi dado como morto de repente surge das cinzas!

– Ah, Paloma, cuide disso para mim. Não pretendo dar entrevista nenhuma; só quero muita paz.

– Mas não pode ter essa atitude; sei que reportagens e entrevistas às vezes nos cansam, mas e as pessoas que o amam, que sofreram com a notícia de que havia morrido? – perguntou Consuelo.

Raul estava muito feliz em meio a seu mundo de quadros e esculturas.

– Está me ouvindo, filho?

– Estou, mãe. O que quer que eu faça?

– Que atenda os jornalistas. Faça uma coletiva.

– Tudo bem, então. Já que está tão empenhada com a galeria, cuida disso para mim. Marca o dia e os horários.

– Mas não sei como se faz isso!

– Não fique nervosa, dona Consuelo, eu a ajudo com os dias e os horários.

– Isso, Paloma, divirta-se com minha mãe.

– Mas antes me conte como tudo aconteceu lá com os índios – pediu Paloma.

– Esse rapazinho aí foi bem tratado; até leite direto da vaca tomava – falou Consuelo.

– É verdade; toda a alimentação de pai Imaraji era orgânica. Tudo colhido e pescado no ato das refeições. Fui muito bem tratado.

– Tirando que está um pouco mais magro, voltou mais bonito. Puxa, estou feliz em vê-lo!

– Eu também. E aqui, como vão indo as coisas?

– Muitíssimo bem. Sua mãe cuidou muito bem dos seus negócios.

– Meus negócios também, viu, dona Paloma!

– Está certo, mãe, pode deixar que dividiremos os lucros.

Depois de andar por toda a galeria para matar as saudades, Raul entrou em sua sala e perguntou de imediato:

– Onde está o quadro que estava atrás de minha mesa?

– Eu cuidei muito bem dele. Liz está maravilhosa naquela pintura.

– A senhora o colocou onde?

– Está na outra sala.

Raul, no mesmo instante, foi para a sala ao lado. Quando entrou e o viu pendurado e com duas luzes, uma em cada ponta, iluminando aquele rosto tão belo, o jovem postou-se à frente e ficou a admirá-lo por vários instantes.

– Que beleza você tem, garota...

Raul continuou a contemplá-lo. Aproximou-se e, passando a ponta dos dedos no contorno daquele rosto, pensou, desalentado: "Temos que ser livres; por favor, garota, estou libertando você; me liberte também... Siga seu caminho, encontre outro homem para lhe fazer feliz. Vou tentar ser feliz de alguma maneira também".

Consuelo, que estava à porta observando o filho, retirou-se em silêncio para que ele não se sentisse constrangido com a dor de amor que ocultava.

– O que foi, dona Consuelo? Está chorando?

Consuelo pegou o braço de Paloma e a puxou para o banheiro.

– O que foi, dona Consuelo?

– Nada, nada... Não quero que Raul me veja assim.

– Mas o que houve, dona Consuelo?

– Ele pensa que me engana, mas está sofrendo muito. Como gostaria de trocar de lugar com ele. Por que, meu Deus? Por que fez isso com ele?

– Calma, dona Consuelo.

– Ele quer ser forte, mas não está sendo fácil. Ele ainda carrega um sentimento impossível. Isso tudo é culpa minha. O que faço, Paloma, para tirar esse amor do peito de meu filho? Por mais que me esforce para me conscientizar de que existem respostas, às vezes me revolto com Deus. Já que é o Pai de todos nós, por que deu esse fel para meu filho beber?

Paloma abraçou Consuelo, penalizada. Sabia que não havia nada que pudesse ser feito; apenas deixou que a senhora chorasse em seu ombro. A moça ficou ao lado de Consuelo até que ela se refizesse. Quando pronta, ambas voltaram para a sala. Raul estava ao telefone com um amigo. Parecia estar melhor.

– Onde estava, mãe? – perguntou ele, assim que desligou.

– Dando uma olhada para ver se os quadros estão todos limpos. Sabe que detesto ver pó nos quadros.

– Hoje à noite vou sair. Vou me encontrar com Ramirez e alguns outros amigos.

– Isso, meu filho, vá passear; você merece, depois de tanto tempo...

– *No esquecimento*, a senhora ia dizer? – concluiu Raul.

– Não foi minha intenção magoá-lo.

– Não há problema algum, mãe. Para falar a verdade, há momentos em nossa vida em que é muito melhor perder a memória mesmo.

– Não diga uma bobagem dessas, meu filho. Nada como uma memória sã!

– Me desculpe... A senhora tem toda razão; é muito bom ter saúde. – Raul deu um abraço na mãe. – Vamos andar mais um pouco pela galeria, dona Consuelo?

Consuelo sorriu e acompanhou o filho, toda satisfeita por ele estar ali ao seu lado. Raul e a mãe ficaram um bom tempo fazendo algumas mudanças por toda a galeria.

Já estava findando o dia, quando Consuelo resolveu ir para casa. Paloma então se aproximou:

– Já marquei a coletiva para hoje no fim da tarde. Disse que será breve.

– Muito obrigado, Paloma.

– Vamos para casa comigo, meu filho?

– Não, mãe, vou ficar mais um tempo.

– Não quer mesmo ir agora?

– Ainda não; estou com muita saudade disso tudo. Quero andar mais um pouco e olhar minha vida refletida nesses quadros. Isso tudo me faz bem, me faz feliz.

– Está bem, meu filho. Espero você para o jantar.

– Logo mais estarei em casa.

Consuelo foi embora, e Raul ainda ficou em companhia de Paloma revendo alguns quadros e algumas peças de escultura.

Raul parecia estar mais tranquilo. De fato, o mundo das artes lhe fazia bem; aquele universo era ainda o que o fazia feliz. O jovem artista nascera para aquilo, para poder transportar às obras suas inspirações de amor, de alegria, de vida. Raul sentia-se vivo quando em meio àqueles quadros e esculturas cujo significado explícito só ele entendia. Nascera para aquele mundo onde tudo era possível; onde poderia cultuar suas ilusões sem ter que dar explicações plausíveis. A arte de fazer arte era seu refúgio; quando diante de uma tela, podia ganhar todo o universo sem sair do lugar. Ele tinha a imensidão do universo nas mãos, como um espírito que ganha a liberdade quando desprendido de um corpo material – era mágico se transportar a muitos lugares possíveis e imaginários.

Raul, aos poucos, voltava a interagir com sua vida, com seu mundo.

Terminava o dia, quando vários jornalistas se posicionaram, e Raul deu uma entrevista clara e breve dos acontecimentos terríveis pelos quais havia passado.

Em seguida, Raul foi para casa.

Logo que entrou em casa, o jantar foi servido.

– Maria fez *paella*, do jeito que você gosta.

– Olha que faz tempo que não aprecio uma boa *paella*!

– Então, hoje é dia, irmão. Ainda bem que estão todos bajulando você; eu aproveito as coisas boas também.

– Ah, meu filhinho mais velho, está com ciúme, é? – Consuelo beijou o rosto de Ramon com alegria.

– Hoje vou sair com Ramirez. Quer ir junto?

– Claro que quero!

– Fico feliz por ver meus dois filhos juntos novamente.

O jantar transcorreu em paz. Contudo, Consuelo só pensava em Miguel. Tudo o que fazia, para todos os cantos que olhava, pensava nele, principalmente na hora das refeições. Estava sendo doloroso encarar a vida sem

Miguel; a cada canto da casa encontrava suas vibrações.

Após o jantar, os irmãos saíram.

Ramirez estava muito feliz pela volta do amigo. Contou milhares de vezes a repercussão que houvera na Espanha por conta de sua morte. Deixou à escolha de Raul para onde deveriam ir; foi uma noite maravilhosa para os irmãos e amigos.

Já era madrugada quando chegaram. Consuelo, temerosa pelo trauma de ter "perdido" um filho, não conseguiu dormir; ficou aguardando por eles. Assim que chegaram, ela acendeu a luz da sala.

– Está acordada, mãe?

– Estava sem sono.

– Por favor, não vai ficar acordada agora por nossa causa, não é?

– Claro que não, meu filho. Estava sem sono mesmo; mas agora parece que ele deu sinal, vou me deitar.

– Boa noite, mãe.

– Boa noite, meus filhos. Vejam se não ficam fazendo hora; vão descansar.

Ramon foi para o seu quarto e Raul para o dele.

Para Raul, era muito bom estar em casa novamente. Ele fez suas preces e agradeceu a bondade de Deus por ter dado mais uma oportunidade para que ele retornasse à sua vida. Em seguida, adormeceu.

Viu-se então dentro de uma grande tenda. Olhou para os lados, e pôde observar que havia muitas pessoas ao redor. Na ponta dos pés, pulando os companheiros, saiu. Era noite quente, o céu completamente tomado pelas estrelas, tantas que pareciam luzinhas cintilando naquele espaço imenso. Raul sentia-se feliz, e uma paz reconfortante invadia sua alma. Caminhou até a beira da praia, onde ondas mornas e tranquilas faziam sua parte: iam e retornavam ao leito imenso daquelas águas azuis e cristalinas.

De repente, ouviu gritaria e estampidos de balas, que, disparadas no ar, ceifavam muitas vidas. Raul voltou correndo e pôde constatar que eram militares sobre seus cavalos invadindo aquela aldeia, onde viu nitidamente que havia muitas tendas iguais àquela da qual acabava de sair. Diante daquele massacre, temeroso, entrou em sua tenda. Muitos de seus familiares, entre pais, irmãos e filhos, encontravam-se ali. Raul, armado até os dentes, começou a golpear o inimigo com muitas flechas certeiras e, com lanças, acertava o corpo do inimigo, que, depois de ser abatido, era traspassado pela flecha, até que Raul se certificasse de que o inimigo já estava morto.

E assim foi madrugada adentro. Ao término da carnificina, lamentou a perda de muitos de seu povo. Eram muitos que aquela aldeia de índios havia perdido. Raul, em meio a muitos mortos, procurava com desespero Estrela de Prata, sua esposa, e seus filhos, Sete Flechas e Tucumã.

– Não adianta mais, Raio Azul. Estrela de Prata e seus curumins já estão mortos – ouviu uma voz dizer.

Raio Azul, em desespero, agarrou-se à mulher e aos filhos. De longe, ecoava seu grito de dor:

– Tupã... Tupã...

Lança de Prata, irmão de Raio Azul, tirou-o de cima dos filhos e da mulher, fazendo-o cair na razão, como devia acontecer com um guerreiro:

– Raio Azul não lamenta... Raio Azul tem que ser forte...

Raul acordou banhado em suor. Lágrimas escorriam por seu rosto, sem que pudesse impedi-las.

– Meu pai Tupã, o que foi isso?

Raul aos poucos voltou ao normal e se viu dentro de seu quarto. Ainda sentindo a agitação de seu corpo, foi à cozinha e bebeu um copo de água. Quando retornou ao quarto, sentiu um perfume suave de mata misturado a ervas, como se estivesse em meio à mata cerrada, que era o prazer dos habitantes indígenas. Porém, sentiu alívio por ser apenas um sonho. Como Imaraji havia ensinado, fez uma fervorosa prece com os joelhos na terra e se deitou, mais sereno, logo adormecendo de novo. Quando amanheceu, Raul despertou bem, embora aquele sonho tenha ficado em sua memória.

Ele tomou banho, arrumou-se e desceu para o café.

– Bom dia, mãe.

– Bom dia, meu filho. Dormiu bem?

– Tive um sonho muito real.

– É mesmo? Como foi esse sonho?

– Sonhei que estava em uma aldeia de índios e era um deles. Esquisito, né, mãe?

– Não... Acho até normal, afinal de contas, ficou por muito tempo morando em uma aldeia.

– É, a senhora tem razão. Cadê Ramon? Já saiu? Por que tão cedo?

– Porque voltou a trabalhar. Já estava na hora. Seu pai precisa dele lá na fábrica.

– Tem razão; que eu me lembre, nunca vi meu irmão tanto tempo longe da fábrica.

– E você, como está se sentindo hoje?

– Muito bem... Puxa, mãe, como é bom voltar para casa. Acho que nunca mais saio daqui. A não ser para ver aquele velho índio; sinto muita falta dele. Mas a senhora tinha razão: aqui é meu lugar, aqui estão minhas raízes. Hoje me considero um cidadão espanhol.

Consuelo beijou o rosto do filho, feliz.

– Não precisa ser tão radical assim.

– O que deu na senhora? Era contra eu sair por aí e me aventurar.

– É verdade; havia muito medo dentro de mim, mas confesso que hoje já não sinto tanta insegurança. Tudo o que passamos com sua ausência me fez amadurecer. Hoje consigo enxergar o quanto fui egoísta; não queria sofrer e, no fim, tive que aprender que nada fica sem resposta. Deus escreve certo por linhas tortas. Hoje assumo que só pensei em mim; que para não sofrer usei do egoísmo. Mas graças a Deus isso tudo já passou. Espero realmente que eu tenha aprendido.

– Eu te amo, mãe.

– Eu também, meu filho. Daria tudo para que você fosse feliz.

Raul abraçou a mãe com carinho.

– Eu sou feliz, mãe. Só por ter sobrevivido, já é uma grande felicidade.

– Foi uma grande lição para nós todos; tenho certeza de que todos amadurecemos com esse episódio de nossas vidas.

– É verdade. Todos tiramos bons ensinamentos com esses últimos anos. Bem, preciso ir. A galeria me espera.

– Tenho algumas coisas para fazer agora pela manhã, mas à tarde vou à galeria também.

– Puxa, dona Consuelo, estou gostando de ver.

– E eu, gostando de ser útil. Além de estar me fazendo bem trabalhar, me sinto agradecida por estar a seu lado. Não quero perder mais tempo com bobagens e mesquinharias; quero aproveitar ao máximo a sua presença e a de seu irmão. Amo você!

Raul beijou a mãe e saiu. Enquanto isso, Consuelo foi à cozinha falar com Maria sobre os serviços domésticos. Depois, foi para o salão de beleza.

Já se aproximava o horário do almoço quando Maria atendeu o interfone:

– Pode falar, Juan.

– Tem uma senhora aqui que diz ser irmã de dona Consuelo. O que faço?

– Pergunte seu nome.

Juan fez o que Maria pediu e voltou ao interfone:

– Seu nome é Evita. E está acompanhada das filhas, Adriana e Liz.

– *Dios*, é a *hermana* de dona Consuelo!

– O que faço, Maria?

– Peça para entrar, por favor.

Juan liberou a entrada das senhoras, e Maria já as esperava à porta.

– Por favor, dona Evita, entre...

Evita entrou temerosa, porém procurou não demonstrar.

– Minha nossa, que casa é essa, mamãe?

– É a casa da sua tia, ora!

Maria gentilmente ofereceu seus préstimos:

– A senhora e suas filhas não querem subir e deixar as malas no quarto?

– Não, não é preciso. Onde está minha irmã?

– Foi ao salão de beleza, mas volta já.

– E meus sobrinhos, não estão?

– Não senhora; os dois saíram para trabalhar.

– Isso é bom.

– A senhora aceita um café, um refresco, uma água?

– Não, obrigada.

– Mãe, eu aceito, sim – falou Liz.

– O que as senhoritas preferem: água, café ou refresco?

– Se não for incômodo, prefiro um refresco.

– Adriana!

– Ora, o que é que tem? Ela ofereceu e eu aceitei; isso é pecado?

– Claro que não... Já volto... – respondeu Maria com um sorriso.

Maria foi à cozinha e, em seguida, voltou com refresco, água e café, e os serviu.

– Dona Evita, fique à vontade. Estarei na cozinha; qualquer coisa, podem me chamar.

Evita agradeceu e ficou sentada no mesmo lugar, sem se mover.

– Adriana, vem cá, olha pra isso!

– Puxa vida, aqui é muito chique mesmo.

– Aposto que todos esses quadros foi Raul quem pintou.

– Liz, para de ser xereta e sente-se. Não mexam em nada; vão quebrar alguma coisa, viu?

– Ah, mãe, parecemos crianças? A senhora acha que vamos quebrar alguma coisa?

– Não sei; essas coisas só acontecem quando não podem acontecer!

Passadas duas horas, Adriana e Liz já estavam cansadas e ansiosas, quando Consuelo entrou.

Evita, assim que a viu, levantou-se.

– Evita!

Consuelo não sabia se chorava de felicidade ou de surpresa.

– Desculpe-me, irmã, mas eu tinha de vir de qualquer jeito.

Consuelo se apressou e abraçou a irmã por longos minutos. Ambas deixaram as lágrimas descerem pelo rosto. Quando a emoção serenou, Consuelo, enxugando as lágrimas, disse gentilmente:

– Sentem-se. Nossa, que alegria vê-las aqui em minha casa!

Liz notou que a tia estava completamente mudada. Não parecia em nada aquela mulher soberba e fria. Com carinho, abraçou também as meninas, e Liz se surpreendeu mais uma vez.

– O que querem tomar?

– Nada, minha irmã, Maria já nos serviu.

– Então vamos subir para se instalarem. – Consuelo já ia pegando as malas da irmã em direção aos quartos, mas Evita interveio, e Consuelo parou no meio do caminho.

– Espere, irmã, antes de nós nos acomodarmos, tenho um assunto muito importante para resolver com você.

– Que bobagem. Chegaram de uma longa viagem e devem estar cansadas. Vamos nos acomodar primeiro, depois conversamos.

– Não, Consuelo, a minha estadia aqui vai depender muito dessa conversa. Para falar a verdade, não vim a passeio.

Consuelo parou e olhou assustada para a irmã. Adriana e Liz, que também não sabiam do que se tratava, ficaram apavoradas.

– Mãe, a tia tem razão, não é...

Evita cortou de pronto a filha Adriana:

– Não, Adriana. Antes de mais nada, preciso conversar com minha irmã com franqueza. Depois, sim, se ela achar que devemos ficar, ficaremos.

Consuelo soltou as malas em um canto da sala e, temerosa, sentou-se, pedindo que elas também se acomodassem.

– Pois bem, minha irmã, sou toda ouvidos. O que mais tem para acontecer?

Evita, muito nervosa, começou a se expressar:

– Irmã, vim até aqui para lhe pedir que reconsidere sua separação e volte para Miguel.

– Se veio até...

Evita a interrompeu:

– Deixe-me terminar, por favor.

Consuelo se calou, e as meninas, com muito medo do que estava por vir, olhavam para a mãe, assustadas.

– Miguel a ama muito, sei disso – falou Evita.

– Como pode saber dos sentimentos de Miguel? Já estou decidida. Depois da conversa que tive com Liz, cheguei à conclusão de que ela estava certa. Não tenho direito nenhum de impedir que você, Liz e Miguel sejam felizes.

Liz olhou para a mãe, temerosa.

– Quando conversou com Liz?

– Alguns dias atrás, no Brasil. Mas não quero que brigue com ela; foi muito proveitosa nossa conversa, e hoje consigo ver que fui muito egoísta. Por causa disso, colaborei muito para serem infelizes; não quero mais continuar com esse remorso em minha vida.

– Para de falar bobagens; você ama Miguel e ele a ama mais do que tudo nesta vida.

– Como pode saber tanto sobre nós, se nem ao menos tivemos um convívio decente? – perguntou Consuelo.

– Irmã, pare de fazer tantas perguntas e deixe que eu termine. A vilã desta história toda sou eu.

– Você?

– Me escute, por favor.

Consuelo se calou.

– Logo que Miguel e eu terminamos, eu o procurei e implorei para que voltasse atrás; para que reconsiderasse sua decisão de se casar com você. Eu fui muito egoísta e dissimulada; nunca fui essa mulher boazinha que minhas filhas sempre acharam. Fiz de tudo para ter Miguel de volta, mas ele desprezou meu amor; sempre era muito firme em relação a mim, e chegamos muitas vezes até a brigar feio. Mesmo assim, Miguel sempre deixou bem claro que a amava e pediu que eu o deixasse em paz. Algum tempo atrás, logo depois que aconteceu essa tragédia com Raul, liguei para Miguel e conversamos muito.

As três escutavam Evita, surpresas.

– Confesso que quis Miguel de volta; implorei muito, até esgotar todos os argumentos e mentiras. E ele, muito íntegro, disse-me que amava você. Que vocês, depois da morte de Raul, brigavam demais, e que o convívio entre vocês dois estava quase impossível, mas mesmo assim ele lutaria até o fim para voltar à vida normal, como era antes. Que moveria céus e terras, mas a faria feliz. Que lutaria com todas as suas forças para vê-la feliz novamente, nem que para isso fizesse penitência para o resto de seus dias. Mas que o amor por você nunca se abalaria, nem mesmo que eu implorasse. Falou que nem mesmo por Liz ele a deixaria. Eu, como perdedora, não quis entender que não era questão de escolha, e sim de amor. Miguel a ama mais que tudo, mais até mesmo do que a própria vida. E você, Liz, é bom que esteja escutando essa minha conversa, para não me cobrar que nunca fiz nada por mim. Eu fiz, mas seu tio Miguel não me ama. Sua tia nunca teve nada a ver com esse rompimento, como sempre julgou.

Liz, envergonhada, chorava muito.

– Miguel sempre foi um homem honesto em todos os sentidos, como cidadão e com seus sentimentos. Eu, por minha vez, sempre fiz de tudo para atrapalhar essa união. Sempre o atormentei para que ele largasse você; sempre desejei que ele fizesse com você o que fez comigo. Quando me deixou a poucos dias do casamento, nosso noivado já vinha se arrastando há muito meses, e eu, para me vingar, arrumei uma gravidez. Fiz de tudo para que ele vivesse o resto de sua vida com o peso de ter tido um filho comigo. Essa foi minha vingança. Queria mostrar a ele que até poderia se casar com você, mas teria que me engolir para o resto de sua vida, pois eu teria aquele filho de qualquer maneira. Só que eu não estava grávida.

As três olharam para Evita, perplexas.

– Isso mesmo, Consuelo. Quando Miguel me deixou, eu não estava grávida; só engravidei depois de alguns meses que você e Miguel estavam casados. Como nós não nos víamos, foi fácil dizer que eu estava grávida de Miguel. E minha vingança foi esta: inventei um filho para que ele ficasse ligado a mim pelo resto da vida. Para que ele, todas as noites, quando recolhido em meio aos seus travesseiros, sofresse o amargor de lembrar que tinha uma filha. Enfim, a verdade é que Miguel não é pai de Liz, e sim Carlos.

Liz, angustiada, deu um grito de raiva, de ira. Consuelo tentou impedir que a sobrinha saísse sem destino e se levantou, mas foi infeliz na tentativa. Liz, em todo o seu ódio, saiu correndo.

– Deixe, Consuelo, Liz precisa ficar sozinha neste momento.

Evita, com a garganta seca, pediu que Adriana fosse à cozinha e trouxesse um pouco d'água. Evita deu alguns goles e depois continuou:

– Assim que você e Miguel se casaram, eu, com muito ódio, me casei com Carlos, pois sabia que ele era louco por mim, e para minha sorte o plano ficou perfeito quando fiquei grávida de Liz. Foi assim que a mentira começou. Eu tinha que me vingar de vocês.

– Mas por que fez isso, irmã?

– Minha única resposta para você é simples: queria me vingar de Miguel a qualquer custo.

Consuelo deixou lágrimas descerem sem cerimônia por seu rosto. Evita, também em prantos, deu uma pausa breve, antes de prosseguir:

– Já há alguns meses resolvi me dedicar a um centro espírita. À medida que eu ia me encontrando na doutrina, fui sentindo algo mudar aqui dentro do meu peito; foi a salvação para meus passos de vingança. Aos poucos, algo foi modificando meus caminhos. Quando senti total confiança, me abri com os colaboradores do centro e eles me ajudaram a me libertar dessa obsessão, das mentiras que eu própria desejava que se tornassem realidade. A ilusão é a pior inimiga em nossos caminhos, porque fazemos dela um modo de vida em que só nós acreditamos piamente em uma farsa, que no fundo nos arrasta para um caminho sem volta. Alimentei em minha alma que Miguel não poderia ser feliz ao lado de outra mulher, mesmo que essa mulher fosse minha irmã. Cheguei ao fundo do poço, reunindo remorso e perturbação em minha alma. E agora talvez seja tarde para que você e minha filha me perdoem, mas não suportava mais ver Liz sofrer sem fazer nada. Era muita crueldade deixar minha filha se sentir suja por amar o próprio irmão. Sinto muito por tudo o que causei também a Raul. E sinto muito também por ter sido fraca e egoísta em querer que você sofresse como eu sofri. Fiz uma promessa: se de fato Raul estivesse vivo, como era a esperança de todos, eu me livraria das ilusões nas quais fui a única a acreditar.

Logo que terminou sua narrativa, Evita se levantou e pegou as malas, dirigindo-se para a saída da casa.

– Espere... – gritou Consuelo, aos prantos. Evita, sem se virar, parou no meio da sala. – Por favor, não vá, *hermana*...

Evita, envergonhada e sem encarar a irmã, respondeu:

– Preciso ir, preciso ficar sozinha. Só peço... quero dizer, se é que posso lhe pedir um favor, é que deixe minhas filhas ficarem em sua casa. Sabe que não disponho de muitos recursos para hospedagem de nós todas em um hotel. E, por favor, peça a Raul que atenda minha Liz e que deixe fluir o amor forte e verdadeiro que, eu sei, ele ainda sente por ela.

Evita foi para porta, e Adriana, muito triste por tudo que ouvira da própria mãe, a seguiu.

– Mãe... Espera. Mãe, vou com você. Não vou deixá-la sozinha...

Adriana chorava em desespero; seu peito parecia prestes a explodir, tamanha a pena que sentia da mãe naquele momento tão sofrido de suas verdades. Evita saiu sem esperar pela filha, e Consuelo abraçou a sobrinha com ternura.

– Deixe, minha filha. Deixe que ela vá; sua mãe precisa ficar sozinha.

– Por que minha mãe fez isso, tia Consuelo? Por quê?

Consuelo, abraçada à sobrinha, tentava acalmá-la:

– Não sei, minha querida, mas quem somos nós para julgar? Sua mãe deve ter sofrido muito mais do que podemos imaginar.

– Por favor, tia Consuelo, perdoe minha mãe... Por favor, tia...

– Calma, Adriana. Não sofra mais. Sua mãe é minha irmã, e não tenho nada para perdoar; tudo isso com o tempo vai passar.

– Por favor, tia, diz que vai perdoá-la.

– Tudo bem, querida. Depois vou procurar sua mãe e a perdoarei, está bem?

Adriana não respondeu, apenas ficou aninhada nos braços da tia, até que passassem todos os sentimentos confusos dentro de si.

– Venha, vamos subir e tomar um bom banho.

Adriana acompanhou a tia, muito envergonhada, mas a generosa Consuelo fez tudo que pôde para deixá-la à vontade.

Depois de Adriana já estar instalada confortavelmente, Consuelo bateu à porta de seu quarto.

– Posso entrar?

– Claro que sim.

– Ainda está chorando? – Quando a tia perguntou, Adriana passou a chorar mais ainda. Consuelo foi carinhosa: – Venha, sente-se perto de mim, sempre quis muito uma filha. Agora posso me dar por satisfeita, tenho você.

Adriana se aconchegou nos braços da tia.

– O que quer para o almoço?

– Eu, tia?

– Você, claro, o que gosta de comer?

– Qualquer coisa serve.

– Então vamos descer e almoçar.

– Estou preocupada com minha irmã. Onde será que ela está?

– Não fique preocupada; tenho certeza de que não vai cometer nenhuma loucura, já que não é irmã de Raul. Ela vai refletir e voltará. – Consuelo, feliz, olhou nos olhos da sobrinha e concluiu: – De tudo isso que foi revelado, fiquei muito feliz por Raul e Liz; mesmo sendo primos, poderão se entender. Quando Raul souber disso, o mundo vai desabar!

Adriana deu um sorriso amarelo.

– Não está feliz por sua irmã? Eu tenho que confessar que estou muito feliz pelo meu filho.

– É... Essa foi a parte boa da história doentia de minha mãe.

– Não fale assim de sua mãe. Quem garante que não faríamos o mesmo, ou quem sabe até pior?

– A senhora parece ter encarado tudo isso numa boa, não é, tia?

– Nós todos estamos sujeitos a grandes erros. Não devemos julgar. Sua mãe está pagando com seu sofrimento. Temos que procurar entender também o lado dela. Bom, vamos deixar de conversa e encher essa barriguinha, hein?

Consuelo desceu com a sobrinha. Em seguida, Ramon chegou e ficou muito feliz com a presença da prima.

– Adorei você ter vindo aqui para casa!

– Como sabia que eu estava na sua casa?

– Para que servem as mães? Para fazer fofocas!

– Sua mãe também contou tudo o que aconteceu aqui hoje?

– Ainda não... Mas não faltarão fofoqueiros, não é?

Adriana riu com a alegria do primo, e todos juntos se sentaram e fizeram a refeição.

Capítulo 30

UM ENCONTRO MUITO ESPECIAL

Liz saiu completamente desorientada pelas ruas de Madri. A jovem tentava entender o que a mãe havia feito, mas, por mais que procurasse ter lucidez, a emoção era maior. Naquele momento, só conseguia sentir muita mágoa pelo fato de a mãe ter inventado uma gravidez que nunca existira.

Ora Liz sentia raiva, ora sentia pena por ter cobrado tanto algumas atitudes da mãe em relação à sua paternidade. Quando não, sentia-se envergonhada por Evita ter feito a própria irmã viver durante anos em meio àquela insegurança.

Liz entrou em um restaurante sobre o qual, havia alguns anos, fizera uma reportagem. Sentou-se e achou melhor aguardar que a poeira dos próprios conflitos baixasse.

Logo após o almoço, Consuelo sentou-se na sala em companhia da sobrinha e contou tudo o que havia acontecido, desde a chegada de Evita, para o filho Ramon.

– Mãe, temos que procurar a Liz.

– Calma, meu filho, achei melhor deixá-la sozinha, afinal, deve ter sido muito difícil ouvir todas as revelações de sua mãe.

– E a senhora, vai falar com o papai?

– Ainda não sei; ele deve estar muito magoado comigo.

– Mãe, papai ama você. Por favor, procure-o, fale de seu amor, não deixe as coisas esfriarem. Meu pai merece ser feliz ao seu lado.

– Tudo bem, meu filho, vou pensar sobre o assunto.

– Vai pensar?

– É, Ramon, tenho que dar tempo a ele; não é porque minha irmã veio aqui e despejou suas verdades que seu pai é obrigado a me perdoar. Deixa as coisas se acalmarem. Neste momento, devemos nos preocupar com Liz.

– Tudo bem, podemos esperar pelo menos até amanhã – disse Ramon, contrariado.

Não demorou muito e Liz voltou.

– Oh, minha querida, ainda bem que voltou! – disse Consuelo. – Está com fome, quer tomar um banho?

– Calma, mãe, assim a senhora deixa Liz confusa – falou Ramon.

Liz sorriu sem jeito.

– Tia, peço perdão por tudo que despejei em cima da senhora aquele dia no hotel.

– Não se preocupe, já nem me lembrava mais.

– Mas eu sim; me perdoe. Sinto por tudo o que está acontecendo em nossa família. Quero pedir mais uma coisa à senhora.

– Pois fale: o que é?

– Posso ver Raul agora?

Consuelo, sorrindo, segurou as mãos da sobrinha.

– Claro que pode; mais nada a impede. Porém, vá devagar. Analise friamente seus sentimentos. Às vezes, esse amor que julgava imenso, forte, pode ter tido influência do proibido; sempre que nos encontramos diante do impossível, tendemos a achar que nosso querer é bem maior que o do vizinho. E, depois, mesmo tendo essa alegria de não serem irmãos, ainda são parentes. Raul e você são primos; pense bem sobre isso, sempre haverá alguns impedimentos entre vocês.

– Já pensei a respeito, mas não consigo conter o amor que tenho por ele, mesmo sabendo que poderemos ter problemas com o futuro.

– Parece que está bem ciente sobre os possíveis problemas; isso já é um grande começo. Amor devastador como o de vocês dois, e por serem primos, não é comum. Quem sabe não é apenas aquela paixão que muitas famílias às vezes enfrentam entre primos?

– Infelizmente, o que sinto por Raul não irá aliviar o peso de sermos primos. Não corro esse risco. Pelo contrário, sempre me senti muito mal comigo mesma por sentir um amor tão forte por Raul. No fundo, nunca aceitei tê-lo como irmão. Hoje, depois das revelações de minha mãe, descobri por que não conseguia considerá-lo apenas como irmão. Quando o amor é verdadeiro, sentimos em nossa alma. Deus não iria ser tão injusto comigo. Na verdade, não sei como, mas não sentia Raul como meu irmão. O amor dos amantes pulsa diferente em nossa alma.

– Tudo bem, querida. Acho mesmo que não vou conseguir convencê-los de serem apenas primos; sei o que é sentir um amor tão forte assim. Então vamos comer alguma coisa; quando estamos apaixonados, não pensamos em nos alimentar, pois sempre achamos que não há necessidade, que o amor é suficiente.

– Vou tomar um banho e depois como alguma coisa – disse Liz.

– Está bem, eu a acompanho. – Consuelo foi com a sobrinha, e Ramon ficou com Adriana.

– Que loucura essa história toda.

– É mesmo. Mas estou com pena de minha mãe; ela também queria ser feliz.

– É verdade... Nós dois podemos fazer algo por ela, o que acha?

– Fazer o quê? Não sabemos para onde ela foi.

– Talvez tenhamos um pouco de dificuldade, mas nada é impossível diante de nossa vontade.

– Mas não sabemos nem por onde começar.

– Confie em mim; afinal de contas, aqui é minha cidade, poxa!

– Ramon, não adianta.

– Vem comigo.

– Aonde?

– Não importa, apenas confie.

Ramon saiu com a prima. Liz se negou a almoçar, mas Consuelo a fez pelo menos comer um lanche. Depois, a moça insistiu em que a tia a levasse à galeria.

Assim que chegaram, Liz, muito nervosa, mal se sustentava sobre as pernas. Antes de entrarem, a tia, preocupada, perguntou:

– Tem certeza de que está preparada para esse encontro?

Liz apertou as mãos da tia e respondeu com sinceridade:

– Não tenho certeza nenhuma, mas meu amor é maior que tudo, tia.

– Prepare-se, pois Raul vai tomar um susto violento ao vê-la.

– Ai, meu Deus, estou tão nervosa! Vem comigo?

Consuelo, mais nervosa que a sobrinha, respirou fundo:

– Tudo bem, vamos.

Liz, a cada passo que dava, parecia estar anestesiada; não sentia as pernas. Um pouco antes de chegar à porta da sala dele, Liz parou de repente.

– Respira fundo e vai – disse Consuelo.

Ela e Liz entraram na antessala, onde Paloma estava sentada atrás de uma mesa.

– Olá, dona Consuelo.

– Como está, Paloma?

– Tudo bem.

– Raul está em sua sala?

– Está sim. Quer que eu o avise?

– Não, não é preciso.

– Mas ele está trabalhando em um quadro, a senhora sabe...

Consuelo, ainda nervosa, antecipou:

– Sei sim que ele não gosta de ser incomodado, mas hoje em especial tenho certeza de que não vai se zangar.

– Agora estou entendendo. Ela é...

– É ela mesma: a famosa musa inspiradora de Raul.

– Meu Deus, será que ele vai suportar?

– Não sabemos; só teremos certeza quando Liz entrar.

Consuelo parou bem na frente da sobrinha e disse carinhosamente:

– Prometa que vai fazer meu filho muito feliz?

– Se ele ainda me quiser, prometo!

– Então agora vá; boa sorte.

Liz estava extremamente nervosa. Seu coração parecia não bater, e sim querer sair pela boca. A jovem respirou profundamente, bateu à porta e entrou bem devagarzinho. Raul, de costas, falou, irritado:

– Paloma, está cansada de saber que não gosto de ser incomodado; só em último caso. Sabe que me desconcentro...

Liz, ao ouvir a voz do homem que amara por vários anos de sua vida através de fotos, reportagens e sites, teve a impressão de que ela soava como uma grande e perfeita sinfonia. Seu corpo todo vibrou freneticamente; por muito pouco, não desfaleceu.

Como Raul não obteve resposta, virou-se, contrariado:

– Fala, Paloma, o que você quer?

Quando Raul cruzou seu olhar com o de Liz, parada à frente da porta, pensou que fosse ficar mudo para sempre. Estático, não esboçou sequer um sorriso. Poderia esperar tudo em sua vida, até mesmo outro lamentável acidente, ter perdido a memória de novo, menos ver parada em sua sala, diante dele, sua musa, que, como mágica, saía da tela das ilusões para se tornar realidade, na qual embriagar-se de amor era possível.

Devagar, a passos suaves, Liz se aproximou do jovem. Quando bem perto, os olhos marejados de lágrimas, se pronunciou com a voz entrecortada:

– Antes de dizer... algo que possa nos magoar ainda mais... nossos corações... escute-me.

Raul nada disse; apenas continuou sem se mover, com milhões de hormônios aguçando violentamente os instintos de um espanhol *caliente*. Suas mãos tremiam; seu coração batia em um frenesi, desejando se entregar àquele amor insano, mesmo sendo julgado e condenado até o fim de seus dias no inferno.

Liz deixava as lágrimas escorrerem por seu rosto, concluindo a verdade explícita de um sentimento que suplicava o toque de dois amantes ardendo em chamas, sem sentirem culpa por trazerem na alma uma grande paixão.

– Não somos irmãos – resumiu Liz, a frase mais esperada de sua vida. No mesmo instante, sem conter os impulsos de sua alma, a jovem se jogou nos braços do primo e, apertando-o contra seu peito, repetiu várias vezes seguidas: – Não somos irmãos... Não somos irmão... Por favor, diz que o que sente... por mim... em nada mudou...

O amor de Raul era mais forte do que os "nãos" da vida. Sem compreender direito o que Liz dizia repetidas vezes, entregou-se ao abraço da jovem, findando os intermináveis anos de amor sufocado por mentiras e omissões. Sem pudor, expôs todos os seus desejos reprimidos. Liz e Raul ficaram abraçados por longos minutos, as almas em êxtase falando a língua mais que expressiva de dois amantes transbordantes de amor e desejo eloquentes.

Raul, sem vontade nenhuma de se desvencilhar daquele abraço, perguntou com voz sumida:

– O que está dizendo?

– Não somos irmãos.

– Não pode ser. Meu Deus! Meu Deus!

Raul, completamente tomado pela paixão, beijou muitas vezes o rosto de sua musa em meio às lágrimas, até que os olhares se cruzaram e não foi preciso dizer mais nada. Que instante maravilhoso; nada era preciso ser dito; era apenas dar espaço para o primeiro beijo acontecer. Então, Raul e Liz se beijaram muitas e muitas vezes.

Consuelo, em silêncio, abriu a porta e se comoveu com o casal entrelaçado em um desejo interminável. Com os olhos cheios de lágrimas, fechou a porta, sorrindo com satisfação.

– E aí, dona Consuelo, o que está acontecendo?

– Nem te conto. Nunca vi um amor assim tão forte. Quer dizer, existe sim... – Com os pensamentos voltados em Miguel, ela saiu sem completar a frase.

Paloma insistiu:

– O que quis dizer com *existe sim*, dona Consuelo?

A jovem, seguindo com o olhar enquanto Consuelo deixava a galeria, disse a si mesma: "Nossa, parece que todo mundo ficou maluco!".

Capítulo 31

EVITA DIZ ADEUS

Já findava o dia quando Consuelo entrou no escritório de Miguel.

– Posso entrar?

Miguel, com o coração a pulsar forte, respondeu gentilmente:

– Claro que sim, esta fábrica também é sua.

– E o dono da fábrica, ainda também é meu?

Miguel, confuso, abriu um sorriso de felicidade e correu para abraçar a esposa.

Miguel e Consuelo se entregaram ao amor de muitos anos. Depois, Consuelo contou ao marido o que havia acontecido desde a chegada da irmã a sua casa. Miguel, por sua vez, confirmou a narrativa de Evita, que por muitas vezes o procurara tentando tê-lo de volta.

– Miguel, estou tão feliz, que nada neste mundo poderia atrapalhar. Mas devo confessar que estou preocupada com minha irmã. Não podemos deixá-la de fora de nossas vidas. Nós dois também erramos quando nos apaixonamos. Evita é minha irmã, foi a única coisa boa que me restou, e eu a amo.

– Mas nunca escondemos nada de Evita; fomos honestos desde o início.

– Eu sei, meu amor, mas não terei minha felicidade completa se não a procurarmos e tentarmos nos entender, afinal, ela é minha irmã.

– Tem toda razão, vamos procurá-la.

Miguel e Consuelo voltaram a se amar como nos tempos da juventude; nada havia mudado. Pelo contrário, as provações vencidas tinham fortalecido ainda mais o amor de tantos anos.

O casal andou por muitos hotéis à procura de Evita, mas não a encontraram. Cansados, resolveram voltar para casa. Assim que entraram, tiveram uma grande surpresa: Adriana e Ramon conversavam com Evita. Logo que chegaram, Evita se levantou, envergonhada. Consuelo, contudo, aproximou-se e abriu os braços para aninhar a irmã querida:

– Que bom está aqui.

– Me perdoe, Consuelo.

– Por favor, Evita, vamos esquecer tudo o que passou e caminhar para um novo e longo futuro. Tudo o que houve foi para que pudéssemos dar mais valor às pequenas coisas do dia a dia. Tiramos proveito de um grande aprendizado; daqui para frente, não cometeremos os mesmos erros.

Miguel gentilmente também a cumprimentou:

– Seja bem-vinda a nossa casa; seja bem-vinda novamente a sua terra natal.

– Adriana me telefonou, e Ramon insistiu que eu viesse. Vocês têm um filho maravilhoso. Mas agora preciso ir.

– O que está dizendo? Não vou admitir esta desfeita.

– Minha irmã, agradeço muito sua hospitalidade, mas preciso voltar para o Brasil.

– Gostaria tanto que ficasse conosco!

– Acho que sei do que Evita está falando, e nós, Consuelo, devemos respeitar seu espaço. Evita precisa ficar sozinha – disse Miguel, sentindo o que ia no coração de Evita.

– Pelo amor de *Dios*, *hermana*, você sabe tanto quanto eu como estou me sentindo. O pior de tudo é o que estou sentindo; preciso procurar ajuda para meu espírito. – E, dizendo isso, Evita pegou sua bolsa de cima do sofá e foi embora. Antes de sair de vez, disse com lágrimas nos olhos: – Desejo toda a felicidade do mundo a você, minha irmã, e a Miguel. Diga para Raul e Liz serem felizes. – Ela abriu a porta, e Adriana foi atrás dela.

– Mãe, por favor, me espere!

Evita parou. Adriana, olhando nos olhos da mãe, disse, chorando em desespero:

– Eu irei com a senhora.

– Não, Adriana, fique por um tempo aqui. Aproveite a companhia de seus tios e seus primos; foram por tanto tempo privadas de amor e de alegria, privadas de uma família. Seja feliz; preciso estar comigo mesma agora. Você já é uma mulher, entende os sentimentos confusos que só nós mulheres carregamos; fazem parte de nosso DNA. Assim que eu estiver curada e equilibrada, nós nos encontraremos.

Evita seguiu adiante a passos largos, ganhando a rua. Um táxi já a esperava.

Adriana se deixou cair em meio ao enorme jardim, e Ramon, como um homem gentil e educado, esperou que sua tia saísse para se aproximar.

– Venha, Adriana, vamos entrar.

Adriana, com a alma terrivelmente triste, acompanhou Ramon.

Capítulo 32

JURAS DE AMOR

Depois de tantas juras de amor, tantos abraços e beijos afoitos, Raul quis saber o que havia acontecido.

– Como descobriu tudo isso?

– Minha mãe não deu muitas explicações; ainda estávamos no Brasil quando deu uma de louca e fez Adriana e eu arrumarmos nossas malas. Até chegarmos aqui, não sabíamos de nada; de repente, começou a contar tudo o que havia acontecido entre nossos pais. Pedi perdão a tia Consuelo; sempre a julguei a vilã da história, mas me enganei. Minha mãe contou tudo, inclusive que inventou estar grávida de seu pai, para fazê-lo sofrer como ela sofria. Agora que me sinto mais calma estou com remorso; preciso encontrar minha mãe.

– Sua mãe lutou com as armas que tinha; temos que entendê-la. Sabemos o quanto dói ficar longe de quem amamos. – Raul beijou apaixonadamente os lábios de Liz; parecia estar vivendo um sonho. Depois de mais sereno, Raul a puxou pelo braço e a levou para outra sala. – Conhece esta jovem?

Liz se aproximou do quadro, emocionada:

– Como pode pintar meu rosto com tanta perfeição? Até as pequenas cicatrizes você fez!

Raul estava feliz; nada mais importava naquele dia. Sem esperar, viu pai

Imaraji diante de seus olhos. Raul então sorriu abertamente.

– Quero que conheça uma pessoa muito importante para mim. Ele disse que eu teria minhas respostas.

– Quem é?

– É um homem maravilhoso; se não fosse ele, não estaria aqui para viver este amor.

– Está falando do índio?

Raul olhou para Liz, espantado.

– Você o conheceu?

– Sim... Quer dizer, mais ou menos.

– Quando o conheceu?

– A história é muito longa, mas vou te contar.

Raul, com um sorriso nos lábios e agarrado a Liz, esperou que ela contasse mais uma trama de suas vidas.

Liz explicou tudo o que havia acontecido naquele dia em que vira Imaraji. Ao término, Raul riu sonoramente e exclamou:

– Ah, mas esse índio é muito esperto!

– Bem... o que devemos fazer agora? – perguntou Liz. Ela era só felicidade. Beijou os lábios de Raul repetidas vezes, sem pressa de nada.

Os jovens retornaram para casa já de madrugada. Pela manhã, quando todos se encontravam à mesa para o café da manhã, Raul e Liz se juntaram à família.

– Minha mãe ainda não se levantou?

Miguel fez sinal para Consuelo.

– Sua mãe voltou para o Brasil.

– Eu sabia... Por que fui tão rude com minha mãe?

Miguel carinhosamente interveio:

– Ninguém tem culpa de nada, Liz. Está tudo bem com sua mãe. Conversamos com ela e já nos entendemos; ela apenas precisa de um tempo, e temos que respeitar isso. Mais do que ninguém, você sabe quantos sentimentos nos tomam sem que possamos reagir. Vamos esperar; nada como o tempo para apagar as amarguras e as decepções da vida.

– Isso mesmo, Liz. Sua mãe está bem; vamos esperar que ela se encontre – disse Consuelo.

– Puxa vida, mas justo agora que Liz e eu íamos nos casar – falou Raul.

– Casar? – perguntou Ramon, incrédulo.

– Vamos? – perguntou Liz, também surpresa, sem saber se dava atenção ao que a tia dizia ou a Raul.

– *Sí... Quieres casarte conmigo?*

Todos os presentes olharam para Liz, que, muito emocionada, respondeu:

– *Sí*... Mil vezes *sí*...

– Então amanhã estão todos convidados a irem ao meu casamento.

– Amanhã? Como assim? – perguntou Consuelo, confusa.

– Se todos quiserem assistir ao meu casamento, terão que me acompanhar.

– Está maluco, meu filho? Não é assim que se casa; têm que correr todos os proclamas.

– Não vamos precisar de documento nenhum para provar nossa união. Quem quiser ir ao meu casamento, arrume as malas, pois amanhã iremos todos para o melhor lugar do mundo!

Miguel e Consuelo, com muito custo, convenceram o filho a dar mais um tempo na união que consagraria de vez o amor dos dois jovens. Os tios jamais deixariam Liz se casar sem a presença de Evita. E assim foi feito; Raul e Liz esperaram três longos meses.

Liz permaneceu na Espanha, com Raul e os tios, e Adriana voltou para o Brasil, encontrando a mãe bem melhor. Estava mais bonita e muito mais leve.

Capítulo 33

RAIO AZUL E ESTRELA DE PRATA

Raul e Liz, acompanhados de seus familiares, chegaram à pequena cidade. Assim que saíram da barca que fazia a travessia da cidade para a pequena aldeia, Consuelo ficou admirada.

– Que lugar maravilhoso, meu filho!

– Aqui não é o paraíso, mas se vive bem.

Raul, ao passar pela pequena cidade onde havia o comércio, foi recebido com muita alegria. Logo se fez um burburinho de que Raio Azul estava de volta. As mulheres olhavam tudo com curiosidade.

A pequena e única pousada que havia no lugar os recebeu muito bem; todos foram instalados confortavelmente.

Consuelo e Evita, embora tivessem gostado da cidade, acharam tudo muito simples para quem estava acostumado à ostentação e à intensa vida das grandes civilizações e das tecnologias de fácil acesso das grandes cidades, contudo se maravilharam com a pequenina aldeia.

Depois de todos acomodados, Raul saiu em companhia de Liz, ansioso para rever pai Imaraji. Quando já muito próximo da tenda, depararam com o velho índio sentado em um pedaço de toco a baforar seu fumo.

– Pai Imaraji...

Assim que o velho guerreiro deparou com seu pupilo, abriu um sorriso de felicidade:

– Raio Azul está de volta?

– Eu não disse, meu pai, que voltaria?

Os costumes do sábio índio não deixavam demonstrar seu afeto como os do homem branco, mas ele não pôde deixar de corresponder ao carinhoso abraço de Raul.

– Essa é Liz – apresentou Raul, feliz.

Liz estendeu a mão para cumprimentá-lo.

– Você é a moça branca do quadro...

– O senhor lembra de mim?

O velho Imaraji sorriu e continuou:

– Pensei que fosse vir com Imaraji aquele dia, moça branca lembra?

– Como poderia esquecer. Mas, oh... Não foi falta de vontade. Ramon e meu tio fizeram tudo às escondidas.

– E o senhor nunca me contou que já a havia conhecido. E também já descobri por que sumiam tantos quadros meus em tão pouco tempo!

– Imaraji fez por uma boa causa. Raio Azul tem dinheiro guardado com Nanaeh e Jacira. Tem um bom dinheiro. Quem disse que Imaraji não sabe comercializar produto de homem branco?

Liz sentia-se a mulher mais feliz do planeta. Sem que o velho índio esperasse, Liz lhe deu um forte abraço.

– Eu agradeço muito por ter cuidado do meu amor.

– Imaraji fez o que qualquer um faria se encontrasse um filho na beira da morte. Agradeça a Tupã por ter trazido seu Raio Azul de volta.

– Mas foi através de suas abençoadas mãos que ele voltou à vida.

– Meu pai, há um propósito para meu retorno.

– Pois pode falar...

– Uma porque senti muitas saudades suas e precisava vê-lo outra vez; queria que visse como estou feliz. Outra é que desejo me casar aqui na aldeia. O senhor pode celebrar nossa união?

Imaraji pigarreou e saiu para o terreiro. Os índios sempre foram vistos pelos homens brancos como guerreiros fortes, linha-dura, corajosos, mas, como qualquer ser humano de Deus, também sentiam fortes emoções brotarem de seus corações. Imaraji ficou no terreiro até conseguir conter seus sentimentos. Raul foi atrás dele.

– O que foi, meu pai, não quer celebrar minha união com a mulher que amo?

Imaraji se virou lentamente e, com olhar fixo em Raul, respondeu:

– Noiva tem que pintar algumas partes do corpo! E os noivos, usar alianças de coco. – Imaraji disfarçou sua emoção por ter de volta seus dois filhos de vidas pretéritas.

Raul, rindo sonoramente, concluiu:

– Que susto, meu pai. Pensei que fosse se recusar a celebrar meu casamento. Não quero mudar em nada o ritual, meu pai. Se precisar que a noiva pinte o corpo, como seus costumes, não faz mal; e com muito orgulho usaremos alianças de coco.

Imaraji pegou dois tocos de árvore e disse aos futuros noivos:

– Sentem... Imaraji quer contar uma história para Estrela de Prata.

– Estrela de Prata? Quem é Estrela de Prata? – perguntou Liz, confusa.

– Não esquenta; pai Imaraji tem mania de dar nomes de índios para nós.

– Imaraji não dá nome a qualquer um; Imaraji dá nome para quem foi batizado na aldeia como índio.

– Não estou entendendo, meu pai, o que quer dizer?

– Imaraji primeiro conta história, depois explica.

– Tudo bem, meu pai – consentiu Raul, esperando qual era a nova do velho índio.

Imaraji também pegou seu toco de árvore e sentou-se à frente dos jovens noivos.

– Há muito tempo, quando Imaraji ainda tinha corpo novo e com vigor, vivia em uma grande aldeia. Nosso povo era unido; era uma grande e feliz família, até chegar homens brancos. Eles queriam de toda maneira que índios trabalhassem para eles. Índio nasceu para ser livre, viver em paz com a família, respeitar nossos rituais, nossa mata, nossos animais, nossos irmãos. Família indígena só matava bichos quando precisava matar a fome; usavam algumas árvores quando tinham necessidade de fazer barco, arco e flechas, utensílios para nosso uso, lanças, machada. E até mesmo folhas e muitas outras plantas como remédios, e na fabricação de tintas, que é nosso enfeite. Como homem branco gosta de roupas bonitas para enfeitar, nosso povo gostava de pintar o corpo. Mas sempre respeitamos nossas terras, nossa natureza; só usávamos o que era mesmo preciso. Para nós, preservar nossas matas era ponto de honra.

"Até que homens brancos, gananciosos, egoístas, com olhos grandes em riquezas do país, vieram para destruir, se impondo em nossa vida, em nossa maneira de ser e viver. Nosso povo não aceitava ser escravo de homem branco, aí começou a guerra entre eles e nós. Lutamos com todas as nossas forças e fé em Tupã. Em uma das noites entre tantas, Raio Azul estava andando por nossa aldeia; desconfiava de que algo ruim estava para acontecer. Raio Azul estava certo; de repente, homem branco invadiu tudo aqui e, com armas de fogo em punho, atiravam para todos os lados, sem saber em quem.

"Eles eram muitos; mesmo assim, lutamos com todas as nossas forças e fé. Quando tudo estava terminado, era uma maldade só: muitos de nosso povo estendidos em meio às areias, sem vida no corpo.

"Raio Azul ficou desesperado quando entrou em sua tenda e viu Estrela de Prata agarrada aos seus curumins Sete Flechas e Tucumã, todos sem vida. Raio Azul saiu gritando com seus pequenos curumins nos braços para os quatros ventos, desafiando Tupã. Naquela noite mesmo, Raio Azul perdeu a razão e blasfemou o nome de Tupã em vão. O ódio que consumia sua alma se materializou em uma enorme mancha preta que saía de seu peito; dava até medo. Sem que esperasse, um clarão enorme se fez nos céus. Os raios chegavam com toda força em nossa aldeia, caíam em vários lugares. Mais uma vez, Raio Azul, muito revoltado por perder mulher e filhos, chamou Tupã para um desafio, dizendo aos berros que ele não era bom como sempre havia achado; que Tupã era ruim e se divertia à custa dos filhos sofredores. De súbito, um raio caiu sobre Raio Azul, fulminando seu corpo em segundos. Quando Raio Azul deu o último suspiro, o céu se abriu e voltou a ficar azul.

"Depois dessa lamentável desgraça entre índios e brancos mortos por toda aldeia, Imaraji lutou muito para não perder a fé e a dignidade de continuar lutando pelo seu povo. Alguns anos se passaram e tudo voltou ao normal; mesmo com muitos índios tendo feito a passagem[1], como eu, muitas tribos ainda continuaram a lutar por causas humanitárias em preservação

---

1 - **Fazer a passagem:** voltar para o plano espiritual. (N. E.)

de nossas matas. Imaraji bateu do outro lado da vida e voltou com o propósito de preparar e amparar Raio Azul quando voltasse, e assim foi feito. Raio Azul, como eu, voltou três gerações.

"Mas, como punição, Raio Azul não teve permissão de Tupã para ter Estrela de Prata a seu lado. Com a alma amargurada por sentir que sempre lhe faltava alguma coisa para continuar sua missão, passava horas fazendo trabalhos manuais e, aos poucos, com a evolução da terra e de nossa aldeia, foi ficando conhecido. Raio Azul acabou se destacando com seus trabalhos, para admiração de toda a tribo e das pequenas cidades em volta; fazia suas pinturas como ninguém.

"A civilização foi chegando e seus trabalhos começaram a ser comercializados. Raio Azul vendia muitas esculturas e quadros pintados. Com o dinheiro que ganhava, foi melhorando nossa aldeia, que se tornou este vilarejo. Raio Azul como agora, sem ter sua índia a seu lado, pintava a figura de uma mulher à qual cada dia ficava mais apegado. Mas em nossa lei não é permitido se apegar às coisas da terra; se tiver apego às coisas materiais na lei de Tupã, não estamos prontos para a evolução espiritual.

"Embora Raio Azul não fosse apegado às suas obras, porque vendia todas para um bem comum de nossa comunidade, era apegado apenas em um quadro que guardava bem escondidinho; ninguém podia ver ou tocar. E assim foi por muitos anos. Raio Azul não fez união com nenhuma índia de nossa aldeia; com muita amargura a destruir sua alma, acabou voltando para o outro lado da vida. Mas eu, velho, como estão vendo aqui, esperei que ele voltasse para poder ajudar em seu retorno e para que pudesse encontrar Estrela de Prata. A provação de Raio Azul era ter Estrela de Prata como irmã de sangue, onde, na lei dos brancos, não poderia fazer união – seria um mal imperdoável. Mas Tupã, generoso, permitiu que, se ele fosse humilde e reconhecesse os valores de desprendimento, de que nada pertence a nós, nem mesmo a memória de um grande amor, tivesse a chance de reencontrar sua amada.

"Raio Azul, quando sofreu acidente de avião e chegou aqui quase morto, eu Imaraji sabia que era minha missão orientá-lo. Raio Azul veio como homem branco, rico e famoso por suas obras, mas com esquecimento de sua mente aprendeu a viver humildemente, sem luxo nem o amor que tanto desejava. Apenas com o necessário para sobreviver, e sem memória para que respeitasse as leis de Tupã. Raio Azul, mesmo sem ter consciência da volta ao passado, conseguiu aceitar que sua união com Estrela de Prata era impossível por ser sua irmã. Ele, com sabedoria, a deixou definitivamente e foi viver sua vida. Raio Azul sabia o que sua alma sentia por Estrela de Prata, mas sufocou seus sentimentos a favor da felicidade e da harmonia de seus pais, e de sua tia com as filhas, que também fizeram parte de sua família indígena: Consuelo, ou Juraci, como sua mãe; Evita, ou Jupiara, irmã de Juraci; Miguel, ou Guaranises, como seu pai, e Ramon como Lança de Prata.

"O círculo da vida que Raio Azul percorreu não mudou; todos faziam parte da mesma provação, com a diferença de que Guaranises fez união com Juraci e Jupiara; nossa lei permitia mais de uma esposa. Tupã é generoso com os filhos, por mais que sejam ignorantes. Não existe o acaso nem coincidências, existe aprendizado. Tudo o que sua tia fez em nome do amor, dizendo que sua futura mulher era filha de seu pai, foi planejado para ver se Raio Azul renunciava a uma única felicidade: a sua, em prol da felicidade de muitas pessoas à sua volta, e foi exatamente o que fez. Raio Azul, espírito guerreiro, renunciou ao que queria e seguiu feliz em seu caminho, para que seus ancestrais, como Evita e Consuelo, também cumprissem suas tarefas de separar amor e posse. Agora está livre para viver esse amor, embora ainda sejam primos. Meu dever era encaminhar meu ancestral na lei indígena: pode união entre familiares, mas na lei dos homens brancos não. Sei que a ciência evoluída diz não ser boa união entre primos; eu, como já vi de tudo nesta terra de Tupã, respeito. Mas minha confiança em Tupã é maior; só nascem brancos, pretos, amarelos ou peles-vermelhas com defeito material se for permitido por Tupã, se necessário para aprendizado dos pais ou resgate dos próprios filhos. Caso contrário, Tupã abençoa."

Quando Imaraji terminou toda a história, Raul e Liz se encontravam completamente entregues à emoção e às lágrimas que desciam por ambos os rostos, lavando toda a amargura e aceitando aquela volta ao passado.

– Sinceramente, meu pai, não sei o que dizer ao senhor diante de tudo que nos contou. A única coisa que posso expressar são meus sentimentos de agradecimento, amor e respeito que sinto pelo senhor e por todo o seu povo; quer dizer, pelo *meu* povo, pois, após tudo isso, sei que há dentro de mim uma alma de índio. – Em seguida, Raul segurou as mãos de Imaraji e as beijou com carinho.

Liz, ainda muito emocionada, não conseguiu expressar o que sentia. Em lágrimas, abraçou o velho índio.

– O senhor deixou claro que acredita em vida pós-morte. Isso é possível?

– Isso não é possível... é realidade. Só com vindas e voltas à casa de Tupã é que se alcança a evolução do espírito. Você fez parte da nossa tribo; em suas veias já correu sangue dos índios guerreiros. Raio Azul já existiu apaixonado por Estrela de Prata, fez união, teve dois curumins, Sete Flechas e Tucumã.

– Como sabe disso, seu Imaraji? – perguntou Liz.

– Imaraji sabe reconhecer seus ancestrais; Imaraji cuidou de seu noivo, porque já sabia se tratar de Raio Azul. Essa foi minha missão. Imaraji, Raio Azul e Estrela de Prata já viveram muitas e muitas gerações. Voltamos muitas vezes; nesta última, Raio Azul e você vieram como homem branco. Mas eu continuo na minha origem.

Raul se encontrava muito emocionado ainda e, com o coração batendo forte, fez seu pedido:

– Imaraji vai abençoar nossa união?

– Imaraji faz muito gosto de abençoar irmão de vidas passadas!

Raul pousou um beijo nos lábios de Liz com a alma em plenitude.

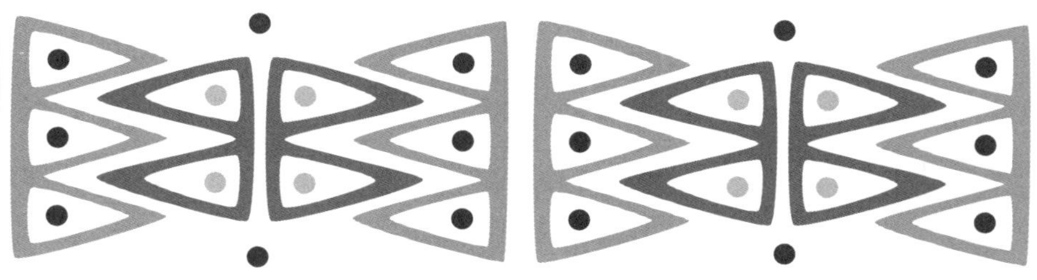

Capítulo 34

UM PEDIDO DE LEI A TUPÃ

Raul voltou à pousada e encontrou todos juntos na mesa, almoçando.

– Onde estavam?

– Fomos ver pai Imaraji.

– Pelo seu olhar, ele aprovou se casarem aqui, não é, meu filho?

– Isso mesmo, mãe, estamos muito felizes. Ele vai ajeitar tudo como manda seus costumes, depois faremos a cerimônia.

– Por favor, sentem-se conosco; vamos almoçar, que está tudo uma delícia – disse Evita, muito feliz.

Os jovens se sentaram.

– Cadê Ramon?

– Não sei, me deixou plantada na praça e sumiu – respondeu Adriana, emburrada.

– Ele não fez isso! – disse Liz.

– Claro que fez, irmã. Mas deixa comigo; quando ele chegar, ele vai ver só!

Raul não conteve o riso.

– Do que está rindo, primo? – perguntou Adriana.

– De nada... Quer dizer, eu acho que sei onde está Ramon – falou Raul.

– Sabe? Então conta pra gente!

– Não, não posso... Isso é assunto dele.

– Está me cheirando a romance... Não é isso, meu amor? – perguntou Liz a seu noivo.

– Eu não disse nada!

– Namoro? Com quem? Neste fim de mundo? – indagou Adriana.

– Se eu fosse você, não desdenhava dessa maneira.

– Do que está falando, primo?

– Eu já disse que não sei de nada.

– Ah, primo, claro que sabe. E pode ir nos contando – falou Adriana.

– Posso almoçar sossegado? Adoro a comida desta cidade! – Raul desviou do assunto, e sua prima foi obrigada a se calar.

Ramon chegou diante da casa de Nanaeh e bateu à porta. Em seguida, Jacira veio atender:

– Raio Azul?

– Não senhora, eu sou...

Jacira não o deixou terminar a frase.

– Já sei... É Ramon, irmão de Raio Azul. Acertei?

– Isso mesmo, senhora. Chegamos há pouco na cidade.

– Que notícia boa! Raio Azul também veio?

– Veio sim. Meu irmão chama-se Raul.

– Raul, Raio Azul, tanto faz.

– Tanto faz não, senhora. Seu nome é Raul.

Jacira se deu conta de que aquele moço tinha um temperamento difícil.

– Tudo bem, já entendi, garoto. Bem... o que deseja?

– Nanaeh está?

– Não, Nanaeh precisou ir para a cidade.

– Então vou ver se a encontro.

– Nanaeh não está aqui na aldeia. Nanaeh foi para a cidade vizinha.

– Vai demorar?

– Não sei; está na casa do futuro marido.

Ramon ficou desapontado. Sem graça, despediu-se.

– Tudo bem, então. Já vou indo. Assim que ela chegar, a senhora pode avisá-la de que a procurei?

– Se ela voltar hoje, aviso, mas acho que não volta.

– Tudo bem, muito obrigado. Ah, estou hospedado na pousada.

Jacira não respondeu, apenas fechou a porta.

Nanaeh, saindo do banho, perguntou:

– Quem era, mãe?

– Ninguém.

– Como ninguém? Ouvi a senhora conversando. Parecia a voz...

Jacira a cortou:

– Se está pensando que é o moço do estrangeiro, está totalmente enganada. Era um vendedor ambulante.

Nanaeh, triste por ter se enganado, foi para o quarto se arrumar. Em seguida:

– Mãe, estou indo na casa de pai Imaraji; volto logo.

Jacira correu para impedi-la.

– Não vai, não.

– Como não? Quero saber notícias de Raio Azul.

– Raio Azul não, Raul...

– Ora, por que Raul? A senhora é a primeira a chamá-lo de Raio Azul, e agora mudou de opinião?

– Isso é. Mas seu nome não é Raul? Pois então, melhor a gente se acostumar. Vai que ele aparece!

– Mãe, está escondendo alguma coisa de mim?

– Eu? Claro que não.

– Está estranha. O que houve?

– Não aconteceu nada, ora.

– Mãe!

– Está duvidando de sua mãe, menina?

– Não, mãe, desculpe. Bem, já vou indo.

Jacira tentou impedir a filha, mas não teve argumentos. Ficou receosa, mas não havia o que fazer. Iria impedir que a filha andasse pela cidade?

Nanaeh entrou na tenda de pai Imaraji.

– Meu pai, está por aí?

– Estou sim... Entra, minha filha.

A jovem de cabelos longos e pretos a brilhar pediu bênção e se ajeitou no toco que havia no terreiro.

– O que está fazendo, meu pai? Vai haver uma festa por aqui?

– Imaraji está limpando o terreiro para a cerimônia, vai ser muito bonito!

– Vai haver um casamento? Quem vai se casar?

– Raio Azul.

– Raio Azul, meu pai? Ele voltou?

– Voltou sim, Nanaeh, e está muito feliz. Sua noiva é bonita como o quê.

– Quando ele chegou, meu pai?

– Hoje mesmo; veio com a família toda.

– É mesmo?

Nanaeh, sem conter sua felicidade, deixou seu amor fluir espontaneamente:

– O senhor sabe se veio...

– O irmão dele? Era isso que ia perguntar?

A jovem abaixou a cabeça.

– Cuida... Cuida... Cuida...

– Até o senhor está contra o meu amor?

– Não. Imaraji está contra você sofrer.

– Por que acha que vou sofrer? Não tenho chance nenhuma com o espanhol?

Imaraji parou tudo que estava fazendo e sentou-se perto de sua indiazinha.

– Olhe pra você.

– O que é que tem eu?

– É tão formosa. Duvido que neste mundo haja uma moça com uma pele e um cabelo mais formosos que o seu. Parece até filha da lua, de tão iluminada que é; mas o espanhol é um homem viajado, conhece todas as ilusões deste mundo de Tupã, é letrado, tem roupas muito bonitas, cheira muito bem, é de muito longe. Acha que ele caiu de encantos pela minha indiazinha? Pois todo cuidado é pouco. Homem branco só faz união com mulher branca.

As lágrimas da jovem de cabelos pretos desciam por seu rosto; a decepção invadiu seu coração, trazendo uma dor insuportável por ouvir palavras negativas de seu pai, a quem sempre escutara, antes de tomar qualquer decisão que fosse.

– Por que ele não pode me amar, o que tem de errado comigo? Também estudei, também sei me comportar, também tenho coração, meu pai.

O velho índio se condoeu:

– Seu mundo é muito diferente do dele. Sua mãe está muito preocupada com esse amor, que você alimenta como uma planta. Ela não vai gostar de saber que ele está aqui em nossa aldeia.

– Ela já sabe.

– Ela já sabe, minha filha?

– Sabe... Ele foi em casa.

– Como sabe disso?

Nanaeh se levantou, contrariada.

– Por que ouvi sua voz; estava saindo do banho, corri para ver se era ele mesmo, mas já havia ido embora.

– E sua mãe?

– Minha mãe se omitiu, claro, mas sabia que era ele; conheço sua voz. – Nanaeh se ajoelhou aos pés do índio. – Por favor, meu pai, eu o quero tanto. Ajude-me...

Imaraji passou a mão em seus cabelos.

– Como Imaraji pode ajudar Nanaeh?

– O senhor sabe tudo... Eu sei que sabe... Diz, meu pai, tenho alguma chance?

O velho índio olhou dentro dos olhos pretos de Nanaeh e respondeu:

– Nem tudo Imaraji sabe; quem pode trazer essa resposta é Tupã. Ore para ele, peça uma lei; se seu amor for correspondido pelo espanhol, ele faz união; se for só ilusão, ele afasta espanhol.

– Mas não quero que Ramon se afaste de mim.

– Faça oração e corra o risco; fique atenta para os sinais que sempre teve de Tupã. Se for permitido, ele trará o espanhol para Nanaeh; se não, ele afasta, e você, como uma guerreira, tem de aceitar.

A jovem abaixou a cabeça. Sabia que as leis de seu povo eram para ser cumpridas, e não contestadas.

– O senhor está coberto de razão; sempre fizemos isso para obter as respostas de nosso Pai Maior. Fique descansado; farei minhas orações para obter a resposta verdadeira.

– Isso, minha filha. Melhor a resposta verdadeira do que a desilusão de um amor. Melhor a verdade do que a ilusão mentirosa. Enquanto isso, Nanaeh pode ajudar Imaraji a arrumar o terreiro para o casamento?

– Posso sim, meu pai, vamos ao trabalho.

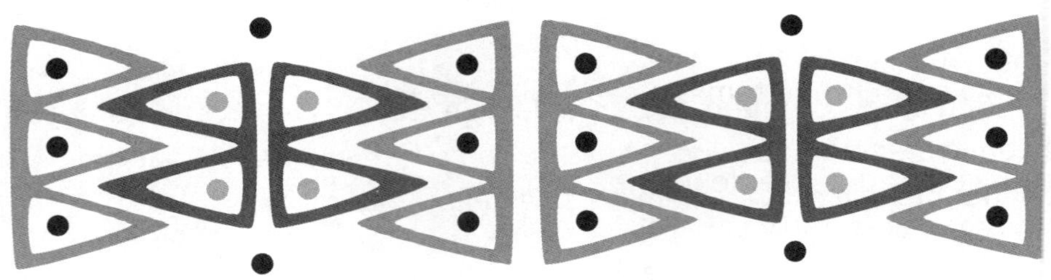

Capítulo 35

RAMON E LANÇA DE PRATA, AMBOS UMA SÓ PESSOA

Ramon voltou para a pousada decepcionado. Todos já haviam feito a refeição e saído para conhecer e prestigiar os trabalhos daquela cidade indígena. Apenas Raul se encontrava deitado na cama. Ramon bateu à porta dele.

– Pode entrar.

Ramon apontou a cabeça pela porta.

– Posso entrar?

– Oh, irmão, claro que sim.

Ramon entrou e se deitou ao lado do irmão.

– Como foi na casa de Nanaeh?

Ramon levantou a cabeça e olhou para o irmão, admirado:

– Quem disse que eu fui na casa dela?

– Ninguém; foi só intuição. A prima Adriana disse que você a deixou plantada na praça. – Dito isso, Raul riu sonoramente.

– Você também está adivinhando, como os índios?

– Como assim?

– O que quis dizer com *intuição*?

– Tenho alguns sintomas de intuição, e não de adivinhação. Vai ver que fomos índios em outras épocas!

– Pelo amor que tem em seu Tupã, não me vem com essa história de que fomos índios.

– Mesmo que tivesse um nome imponente como Lança de Prata?

Ramon levantou a cabeça, assustado.

– Lança de Prata? Até que é legal, cara... Ah, vamos mudar de assunto; esse negócio de falar sobre vidas passadas e ancestrais me choca!

– Tudo bem, então termine de falar de Nanaeh.

– A mãe dela disse que ela está na casa do futuro marido. Disse também que não volta hoje.

– Posso te pedir uma coisa?

– Peça...

– Deixe Nanaeh viver sua vida. Ela não merece sofrer; é uma boa moça, e gosto muito dela.

– Por que eu a faria sofrer?

– Porque ela não é pra você.

– Por que não?

– Vocês são de mundos diferentes.

– Até você é contra?

Raul olhou para o irmão, pesaroso.

– Senti uma ponta de desilusão em sua voz?

– Não posso dizer que amo Nanaeh, mas gosto dela; por mim, eu a levaria para a Espanha comigo.

– Está vendo como você é? Nem bem sabe definir seus sentimentos, já quer levá-la para seu mundo. Sua vida é aqui; eles todos são muito simples.

– E por causa disso não podem ficar mais civilizados?

Raul se levantou para olhar melhor o irmão.

– Ramon, esqueça essa moça; eles são de outro mundo; seus costumes e crenças são outros. Não quero que a iluda. Nanaeh foi uma das primeiras a me ajudar em tudo, até mesmo a andar, e sempre esteve ao meu lado. Se você a fizer sofrer, vou ficar muito bravo.

Ramon se levantou, irritado.

– Eu o acho muito engraçado. Até pouco tempo atrás, Liz era sua irmã, e se que seus sentimentos eram tudo, menos de irmão. Agora eu nem posso gostar de uma descendente de índia que todos caem matando.

– Meu amor por Liz sempre foi dos mais nobres.

– Quer dizer que a atração de homem que sentia por Liz era nobre?

– Ramon, aprenda a definir seus sentimentos com a alma. Se o amor entre mim e Liz era de homem e mulher, é porque havia uma explicação; ninguém em sã consciência ama dessa forma a própria irmã.

– Tá. E daí?

– E daí que nosso amor era para acontecer. Quando Liz e eu fomos à casa de pai Imaraji, soubemos toda a verdade.

– Verdade? Que verdade?

– Ele nos contou nossas vidas passadas. Você é Lança de Prata, como diz Imaraji.

– Não vai começar de novo, né? Ah, tudo bem, continue...

– É difícil uma pessoa como você entender.

– Tenta... – insistiu Ramon.

Raul contou tudo o que Imaraji havia esclarecido sobre suas dúvidas passadas e suas provações. Pela primeira vez, Ramon ficou atento, sem interromper em nenhum momento. Ao término, se pronunciou:

– Cara, que história maluca. Como ele sabia disso tudo?

– Não entendo muito, mas deve ser muito iluminado.

Ramon, olhando para o irmão, perplexo, continuou a questionar:

– Puxa, eu sou Lança de Prata? – Raul soltou uma gargalhada. – Por que está rindo? Não acreditou nele?

– Ramon, você disse bem: eu acreditei, e continuo acreditando. Creio na continuação da vida, mas e você? Você não, cara, você é ateu.

– As pessoas mudam. Por que eu não posso mudar também?

Raul sentiu que seu irmão estava interessado no assunto.

– Está falando sério, Ramon?

– E por que não? Não gosto muito desse assunto de misticismo, mas devo admitir que, quando chego perto desse índio, sinto algo estranho ao redor dele. Sinto uma energia forte nos envolvendo também, e isso é coisa desse índio misterioso.

– Você quer mesmo saber mais sobre esse assunto, ou quer apenas acalmar sua curiosidade?

– É tudo a mesma coisa, irmão. Quero acalmar o que estou sentindo;

quero saber mais sobre meus caminhos.

– E o que é que está sentindo?

– Não vou ficar aqui abrindo meus sentimentos.

– Você está mesmo pensando em Nanaeh com frequência?

– Ei, calma aí, nem eu mesmo sei o que estou sentindo.

Raul estava mais sensível e perceptível às energias ao redor. Com admiração, questionou o irmão:

– Está dizendo a verdade? Está gostando mesmo de Nanaeh?

Ramon se levantou, agitado.

– Raul, não aumenta meus sentimentos; me sinto confuso, só isso.

– Por que não admite que está se apaixonando por ela?

– Porque nem eu mesmo sei o que estou sentindo; confesso que não consigo tirar essa índia dos meus pensamentos. Desde que fomos embora, não consigo esquecê-la. Aliás, está me incomodando muito; acho que amar alguém dá muito trabalho e sofrimento.

Raul ficou feliz. Pela primeira vez, parecia que o irmão estava sendo sincero; pela primeira vez, Ramon estava amando.

– Posso te dar um conselho? Com toda a certeza, Nanaeh e sua mãe irão ao meu casamento. Você vai sentir suas intuições; tenho certeza de que vai conseguir se encontrar em meio aos sentimentos confusos.

– Como vou conseguir encontrar alguma coisa dentro de mim com a mãe ao lado dela?

– Não se preocupe com isso; preocupe-se apenas em ir ao meu casamento; o resto vai acontecer normalmente.

– Posso confiar no que está me dizendo?

– Claro, irmão. Tudo vai se esclarecer.

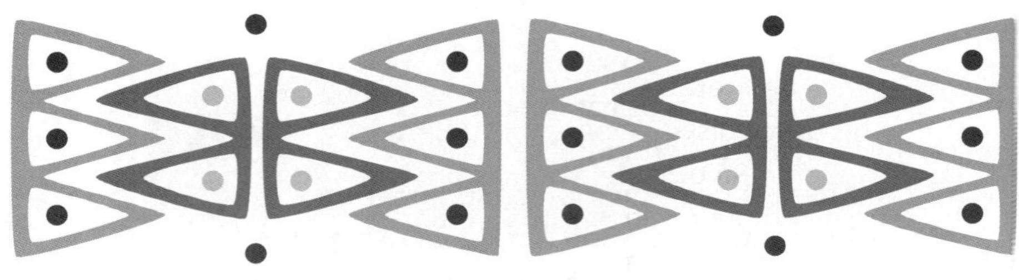

Capítulo 36

CERIMÔNIA DE CASAMENTO

Passaram-se dois dias, e enfim Imaraji celebrou a cerimônia do jovem casal. Foi tudo muito simples, os rituais sendo feitos aos costumes dos índios.

A noiva estava com algumas partes do corpo pintadas, como mandavam os costumes. Muitas das moças daquela aldeia contribuíram na pintura artística da noiva. Todos ficaram emocionados com as sábias palavras de bênçãos do ilustre índio Imaraji.

Ao término, os noivos se beijaram, selando o amor de mais uma provação alcançada.

Ramon realmente sentiu suas intuições, como o irmão havia dito. Ainda que a contragosto de Jacira, que via como o estrangeiro era arrogante, ela permitiu que ele fizesse companhia a sua filha durante a festa, a pedido de Imaraji.

A família, logo após as festividades da união dos filhos, regressaram para suas vidas. Raul e Liz fizeram uma viagem para consumar o amor que havia em suas almas. Ramon ficou mais um tempo na cidade, para tentar seguir os ensinamentos de Imaraji a fim de conquistar a confiança de Jacira. A cada dia, Ramon se enfeitiçava por Nanaeh. Muito desconfiado, ele às vezes achava que ela havia jogado um feitiço sobre ele, pois ele mesmo não acreditava que se rendera a uma simples indiazinha, diante de tantas mulheres que havia conhecido pelos países nos quais estivera.

– Você Lança de Prata.

– O que o senhor disse? – perguntou Ramon.

– Você irmão de Raio Azul, Lança de Prata.

Bom... essa já é uma outra história de amor, que ficará para uma próxima vez. Será mesmo que um desconfiado espanhol cairia de amores pela forte índia Nanaeh?

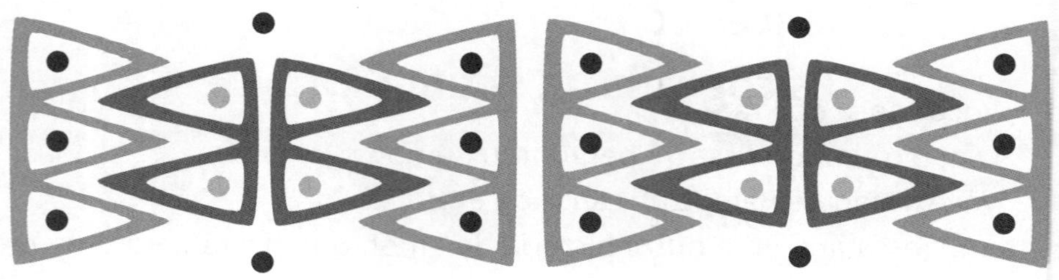

Epílogo

Dedico esta história a todas as tribos indígenas ainda existentes no Brasil.

Há muitos anos, antes mesmo de os senhores brancos terem invadido suas terras, esses povos praticavam seus rituais com base nos fundamentos da existência de vida após a morte. Para eles, nada se acabava; tudo se transformava. Para os brancos, no entanto, eles eram ignorantes; só que, em sua ignorância, eram mais esclarecidos e evoluídos que nós. Os índios sempre acreditaram que seus antepassados continuavam em outra morada. Mesmo depois de partirem para a pátria espiritual, se comunicavam integralmente, fazendo a ponte do índio encarnado com o índio desencarnado – sem saberem, eram grandes médiuns. Respeitavam fielmente seus ancestrais por terem a certeza de que um dia voltariam para o mundo material.

Imaraji sabia que Raul e Liz eram encarnações de Raio Azul e Estrela de Prata, seus ancestrais não muito distantes.

Os povos indígenas devem sempre ser respeitados e reconhecidos como parte de nossa genética: como brasileiros, somos parte direta da cultura indígena; muitos de nossos bisavós ou tataravós viveram em terras brasileiras como membros de famílias indígenas.

Quero homenagear também seus trabalhos manuais e artesanais, pois muito antes da civilização eles já eram grandes artistas, embora sem reconhecimento.

Salvem os índios!
Salve o povo brasileiro!

Romances do espírito Alexandre Villas
Psicografia de Fátima Arnolde

QUANDO SETEMBRO CHEGAR

Silvana sai da Bahia rumo a São Paulo para estudar, trabalhar e crescer na vida, deixando para trás a mãe, a irmã e o irmão. Logo ela consegue uma colocação na construtora de Sidney. Ele e Silvana se tornam grandes amigos e fazem um pacto por toda a eternidade. Não lamentar as provações pelas quais passamos e perdoar sempre são as emocionantes lições deste belo romance, que nos ensina que somos os roteiristas da nossa própria história na escada evolutiva da vida rumo ao aperfeiçoamento.

POR TODA A MINHA VIDA

A família D'Moselisée é respeitada por todos da sociedade francesa, por conta da comercialização de vinhos que se encontram nas melhores adegas e lojas de Paris. Contudo, para Lisa e seus filhos, Lia e Henry, isso não representa nada, pois não podem desfrutar desse conforto com ninguém, pois Jean, o marido, acha desperdício festejar ou receber amigos. Este romance nos traz uma linda história de reencontros de almas afins em constante busca de aprendizado, que lutam para unificar todas as existências vividas com amor e por amor.

ENQUANTO HOUVER AMOR

O médico Santiago e sua esposa Melânia formam um casal feliz de classe média alta. Juntos, eles têm um filho: Domênico. Mas um acidente leva a esposa de volta ao plano espiritual e a família começa a viver momentos tormentosos. Neste romance, Alexandre Villas nos ensina que o verdadeiro amor supera todas as dificuldades, vence os obstáculos mais difíceis e cria vínculos eternos com as pessoas que amamos.

UMA LONGA ESPERA

Laura, moça de família humilde, envolve-se com Rodrigo, rapaz de classe alta. Ela sabia que jamais os pais dele, preconceituosos e materialistas, aceitariam esse namoro. Para piorar a situação, Laura engravida e, iludida por julgamentos precipitados, decide terminar o romance. Rodrigo, sem nada entender e sem saber da gravidez, resolve morar no exterior. Laura tem complicações durante a gestação, o que a leva a desencarnar assim que seus filhos gêmeos nascem. Antes de partir, ela pede que sua grande amiga Isabel cuide das crianças. Assim começam suas aflições.

MEMÓRIAS DE UMA PAIXÃO

Mariana é uma jovem de 18 anos que cursa Publicidade. Por intermédio da amiga Júlia, conhece Gustavo, estudante de Direito. Nasce uma intensa paixão que tem tudo para se transformar em amor... Até Gustavo ser apresentado para Maria Alice, mãe de Mariana, uma mulher sedutora, fútil e egoista. Inicia-se uma estranha competição: mãe e filha apaixonadas pelo mesmo homem.

Envolventes romances do espírito Margarida da Cunha com psicografia de Sulamita Santos

Um milagre chamado perdão

Ambientado na época do coronelismo, este romance convida-nos a uma reflexão profunda acerca do valor do perdão por intermédio de uma emocionante narrativa, na qual o destino de pessoas muito diferentes em uma sociedade preconceituosa revela a necessidade dos reencontros reencarnatórios como sagradas oportunidades de harmonização entre espíritos em processo infinito de evolução.

O passado me condena

Osmar Dias, viúvo, é um rico empresário que tem dois filhos - João Vitor e Lucas. Por uma fatalidade, Osmar sofre um AVC e João Vitor tenta abreviar a vida dele. Contudo, se dá conta de que não há dinheiro que possa desculpar uma consciência ferida.

Os caminhos de uma mulher

Lucinda, uma moça simples, conhece Alberto, jovem rico e solteiro. Eles se apaixonam, mas para serem felizes terão de enfrentar Jacira, a mãe do rapaz. Um romance envolvente e cheio de emoções.

Doce entardecer

Paulo e Renato eram como irmãos. Amigos sinceros e verdadeiros. O primeiro, pobre e o segundo, filho do coronel Donato. Graças a Paulo, Renato conhece Elvira, dando início a um romance quase impossível.

À procura de um culpado

Uma mansão, uma festa à beira da piscina, e, de madrugada, um tiro. O empresário João Albuquerque de Lima estava morto. Quem o teria matado? Os espíritos vão ajudar a desvendar o mistério.

Desejo de vingança

O jovem Manoel apaixona-se por Isabel. Depois de insistir, casam-se mesmo ela não o amando. Mas Isabel era ardilosa e orgulhosa. Mais tarde, envolve-se em um caso de traição conjugal com desdobramentos inimagináveis para Manoel e os dois filhos.

Laços que não se rompem

Margarida, filha de fazendeiro, conhece Rosalina, filha de escravos, e ambas passam a nutrir grande amizade. Um dia, a moça se apaixona por um escravo. E aí começam suas maiores aflições.

Obras da médium Vera Lúcia Marinzeck de Carvalho
Espírito Antônio Carlos

A Intrusa

Uma envolvente história que explica o porquê de tantas pessoas, ao desencarnarem, não aceitarem o socorro imediato e retornarem ao seu ex-lar terreno.

A órfã número sete

O investigador Henrique queria prender um criminoso...
Alguns espíritos também...

O Caminho de Urze

Ramon e Zenilda são jovens e apaixonados. Os obstáculos da vida permitirão que eles vivam esse grande amor?

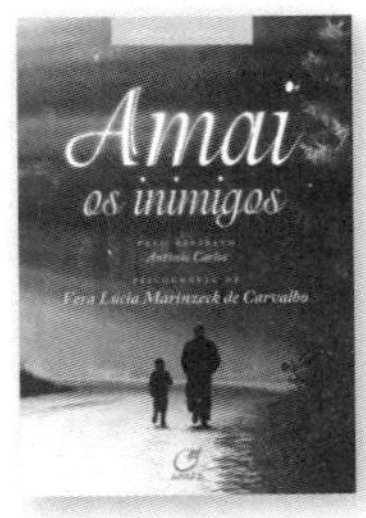

Amai os inimigos

O empresário Noel é traído pela esposa. Esse triângulo amoroso irá reproduzir cenas do passado. Após seu desencarne ainda jovem, Noel vive um novo cotidiano na espiritualidade e se surpreende ao descobrir quem era o amor de sua ex-esposa na Terra.

Véu do passado

Kim, o "menino das adivinhações", possui intensa vidência desde pequeno e vê a cena da sua própria morte.

Escravo Bernardino

Romance que retrata o período da escravidão no Brasil e apresenta o iluminado escravo Bernardino e seus esclarecimentos.

O rochedo dos amantes

Um estranha história de amor acontece no litoral brasileiro num lugar de nome singular: Rochedo dos Amantes.

Espíritos Guilherme, Leonor e José

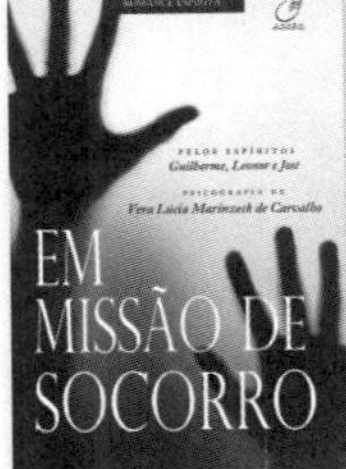

Em missão de socorro

Histórias de diversos resgates realizados no Umbral por abne gados trabalhadores do bem.

Um novo recomeço

O que fazer quando a morte nos pega de surpresa? Nelson passou pela experiência e venceu!

Espírito Rosângela (Infantil)

O pedacinho do céu azul

História da menina cega Líliam cujo maior sonho era ver o céu azul.